UN ESTUDIO DE
La Creación De Dios
Rebosante De Propósito, Dirección Y Consecuencia

Roland K. Beard III

Segunda Edición
Nivel Preuniversitario

Un Estudio de la Creación de Dios
Rebosante de Propósito, Dirección y Consecuencia
Copyright © 2013 por Roland K. Beard III

Todos los derechos reservados. Ningún fragmento de este libro puede ser reproducido o transmitido en forma alguna, o por medio alguno, sin el consentimiento escrito del autor.

ISBN: 978-1-952267-04-8

Ilustraciones: Prayoga Ardi Pradana, Julian Arias, Chidubem Mbamalu, Roland K. Beard III, Jackfi
Diseño de Cubierta: Germancreative, Teresa Skinner
Ilustración de Cubierta: Prayoga Ardi Pradana
Primera Edición: Inglés y Español 2013
Segunda Edición: 2020
Publicado por RJ Beard Publishing
Email: rolandskyone@yahoo.com
Website: http://rjbeardpublishing.com

Prólogo

Me apasionan los fundamentos bíblicos de la Creación. Niños, jóvenes e iglesias en general, necesitan comprender que Dios creó todo lo existente. Creó al hombre en forma diferente al resto de la creación. El hombre fue modelado y formado según la imagen misma de Dios. Él insufló en el hombre Su aliento mismo de vida. La verdad de Génesis puede cambiar la forma en que las personas se ven a sí mismas y al mundo que las rodea. Los creyentes pueden ser fortalecidos y recibir herramientas para defender su fe. Los no creyentes pueden ver que hay otras soluciones, más allá de la creencia común de que todo evolucionó sin plan ni propósito. Además, Génesis define claramente los efectos del pecado en esas primeras generaciones, y el por qué Jesucristo es la única solución para un mundo en pecado. Si no podemos entender la Creación bíblica, no entenderemos la necesidad de la transformación.

Este tema rara vez se discute en las iglesias, las escuelas o los hogares. No encuentro un currículo o un libro adecuado para nuestras escuelas que satisfaga la necesidad que veo. La búsqueda que realizó el autor de este libro tampoco tuvo resultados, así que, con un empujón del Señor, comenzó a escribir. Sus esfuerzos, sumados a la asistencia de un pequeño equipo, han producido este currículo que estimo satisfará las dudas de muchos estudiantes y adultos. Cuando seas retado en tu fe, te convencerás de que la Biblia tiene las respuestas, y muchas de ellas están en el contexto de los primeros capítulos del Génesis, o hacen referencia a lo que se narra en ellos.

Rev. Patricia Capwell, Directora de IFL International, Filipinas

Considero que es un privilegio revisar este necesario y profundo libro del Sr. Roland Beard, ya que se trata de llevar al aula un estudio enfocado en el creacionismo. En mi propia labor de muchos años como educador cristiano, he visto el daño incalculable que se ha causado a la fe de nuestros jóvenes mientras dudan de su entendimiento del 'Caso de la Creación' y, por tanto, del Creador mismo, especialmente cuando entran en el preuniversitario o en la universidad, donde numerosas 'autoridades' intentan minar tan agresivamente esta verdad fundacional. La redención en Jesucristo depende del hecho de la Creación de Dios y de las consecuencias de la caída del hombre. Por tanto, poner en duda el diseño intencionado de Dios en la Creación [y Su registro factual] es poner en duda las Escrituras mismas y, peor, al Salvador al que apuntan. ¿Cuántos jóvenes han abandonado su fe en los altares educacionales de la 'evolución' sólo para hallar en esta teoría una historia sin Dios y sin esperanza?

Después de leer todo el curso ofrecido por el Sr. Beard, estoy asombrado de la magnitud de este trabajo y del impacto transformador que estoy seguro que tendrá en incontables jóvenes vidas, a medida que el Espíritu Santo lo impulse. Felicito a Roland Beard por su voluntad de asumir semejante tarea, y su diligencia para convertirla en un currículo terminado.

A pesar de que no se trata de una obra exhaustiva, en el sentido de que no trata con cada problema potencial asociado con el debate creación-evolución, sí es abarcadora. De hecho, no he encontrado una mirada tan detallada como esta a los actos/procesos de la Creación. Por medio de una perspectiva tanto panorámica como cercana de la actividad de Dios en la Creación, aumenta la apreciación y el asombro ante el Creador mismo. Es un producto excelente que pondría orgulloso en manos de mis profesores para asegurar que los alumnos sean bien entrenados en su habilidad para articular la perspectiva bíblica, comenzando con la Creación.

Bob Sladek, Director de la Escuela Cristiana de Mission Viejo, Mission Viejo, CA, USA

Índice

Prólogo y Comentarios Editoriales..iii

Prefacio del Autor..vii

Créditos de Referencias y Fuentes...ix

Descargo de Responsabilidad..x

Unidad 1 La Fundación Bíblica: La Creación Inmaculada..1
    Perspectiva y Principios Básicos
    Lección 1 El Chef Maestro—Parte 1
    Lección 2 El Chef Maestro—Parte 2
    Lección 3 Los Ingredientes—Parte 1
    Lección 4 Los Ingredientes—Parte 2
    Lección 5 La Dirección del Chef Maestro—Parte 1
    Lección 6 La Dirección del Chef Maestro—Parte 2
    Lección 7 Creación: Día Uno
    Lección 8 Creación: Día Dos
    Lección 9 Creación: Día Tres
    Lección 10 Creación: Día Cuatro
    Lección 11 Creación: Día Cinco
    Lección 12 Creación: Días Seis y Siete
    Lección 13 El Reporte del Jardín Sobre la Creación—Parte 1
    Lección 14 El Reporte del Jardín Sobre la Creación—Parte 2
    Lección 15 Preguntas de Examen

Unidad 2 La Creación Bíblica: La Creación Estropeada..47
    Lección 1 La Gran Tragedia
    Lección 2 Las Consecuencias de las Acciones del Hombre
    Lección 3 La Creación Envenenada por el Pecado
    Lección 4 La Cultura Envenenada Empeora y el Chef Maestro Actúa
    Lección 5 El Diluvio del Génesis—Parte 1
    Lección 6 El Diluvio del Génesis—Parte 2
    Lección 7 El Diluvio del Génesis desde la Cima a través del Periodo de Retroceso de las Aguas
    Lección 8 Las Fuerzas en Acción Durante el Diluvio
    Lección 9 Repercusiones del Diluvio: Comienzos Catastróficos y el Registro Fósil
    Lección 10 Repercusiones del Diluvio: Cambian la Tierra, el Mar y la Vida
    Lección 11 Comienzos Post-Diluvio
    Lección 12 Eventos Alrededor de la Torre de Babel
    Lección 13 Una Revisión de la Creación Bíblica con Respecto a Otros Libros de la Biblia
    Lección 14 Una Revisión de la Creación Bíblica con Respecto a la Solución del Pecado del Hombre
    Lección 15 Preguntas de Examen

Unidad 3 El Registro Bíblico: Una Guía Para Observar el Universo Creado............................98
    Lección 1 Introducción
    Lección 2 El Choque de las Cosmovisiones
    Lección 3 Observando la Creación Desde un Punto de Vista Bíblico: El Sistema Solar
    Lección 4 Observando la Creación Desde un Punto de Vista Bíblico: Más Allá del Sistema Solar
    Lección 5 Observando la Creación Desde un Punto de Vista Bíblico: Los Mares
    Lección 6 Observando la Creación Desde un Punto de Vista Bíblico: La Tierra
    Lección 7 Observando la Creación Desde un Punto de Vista Bíblico: La Atmósfera
    Lección 8 Observando la Creación Desde un Punto de Vista Bíblico: El Clima
    Lección 9 Observando la Creación Desde un Punto de Vista Bíblico: La Vegetación
    Lección 10 Observando la Creación Desde un Punto de Vista Bíblico: Seres Vivos (Excepto las Personas)
    Lección 11 Observando la Creación Desde un Punto de Vista Bíblico: Las Personas
    Lección 12 Dinosaurios y Fósiles 'Vivientes'
    Lección 13 ¿Dónde Están Todas las Personas y los Alienígenas?
    Lección 14 Observando la Creación Desde un Punto de Vista Bíblico: Los Milagros y Dios en Eventos Reales
    Lección 15 Preguntas de Examen

Unidad 4 Parte 1 Comparaciones de la Perspectiva Bíblica y la Naturalista en Base a Temas Comunes....159
    Lección 1 Panorama de la Perspectiva Naturalista
    Lección 2 Panorama de la Perspectiva Bíblica
    Lección 3 El Gran Problema de la Edad
    Lección 4 Comparación de las Cosmovisiones Según la Historia del Mundo
    Lección 5 Comparación de las Cosmovisiones Según los Estudios Sociales
    Lección 6 Comparación de las Cosmovisiones Según las Ciencias Biológicas y Geológicas
    Lección 7 Comparación de las Cosmovisiones Según la Química y la Física

Unidad 4 Parte 2 ¿Importa la Creación Bíblica en el Mundo Real?............................194
    Lección 1 Cuestiones Humanas Fundamentales: Economía, Comercio e Intercambio
    Lección 2 Cuestiones Humanas Fundamentales: Guerra y Paz
    Lección 3 Cuestiones Humanas Fundamentales: Desastres, Enfermedades y Hambre
    Lección 4 Grandes Tendencias: Dónde Estamos y Hacia Dónde Vamos
    Lección 5 Asignación de Proyecto
    Lección 6 Viviendo Activamente Como Estudiante en un Mundo Caído: Una Perspectiva Bíblica
    Lección 7 Viviendo Activamente Para Cumplir los Mandamientos Originales Desde una Perspectiva Bíblica y Preguntas de Examen
    Lección 8 Presentación del Proyecto y/o Examen

Glosario..223
Bibliografía, Fuentes, y Colaboraciones...228
Notas Finales..231
Recursos de Enseñanza..232
    Blogs Inspiracionales
    Recursos Útiles en Video
    Ayudas Visuales
Sobre el Autor..251

Prefacio del Autor

¿Sabes de dónde vienes y por qué existes? Preguntas básicas como esta surgen en la mente adulta, pero aparecen con más frecuencia en los jóvenes. Las respuestas de la Biblia llevan directamente al cuestionamiento de los orígenes y de qué pasó en un principio. ¿Fue una explosión cósmica sin dirección, o el discutido 'multi-universo,' lo que llevó a nuestra existencia, o esta es fruto de las acciones del Dios Eterno y de lo que hicieron los primeros humanos? El presente estudio se basa en la perspectiva bíblica de la Creación, comparándola y/o contrastándola con la perspectiva naturalista dominante [no hay Dios]. Cubriremos las ramificaciones de estas dos cosmovisiones teniendo en cuenta cómo afectan a la historia y a las ciencias, según son típicamente representadas en los libros y cursos de la educación secular.

De hecho, como se hará evidente en el estudio, Dios promueve la observación y el estudio del universo, y también lo hago yo. Este curso alienta a la observación apasionada y al estudio del universo. La cuestión de los orígenes, sin embargo, no es un asunto de la ciencia operacional – la ciencia que estudia y experimenta con el mundo actual. Más bien, es una cuestión de fe en una perspectiva de cómo empezaron las cosas. Una perspectiva es el conjunto de lentes a través del cual una persona interpreta todo lo que ve, pero no podemos medir ni experimentar con los orígenes porque no estuvimos ahí. No obstante, sí es una cuestión histórica. Tenemos un Testigo (Dios mismo) y Su registro. La perspectiva bíblica a menudo ofrece un conjunto totalmente diferente de interpretaciones a partir de las mismas evidencias. Este curso presenta y analiza las diferencias críticas entre una cosmovisión creacionista y una naturalista.

Sin embargo, la mayoría de las personas tienen dudas más allá del cuestionamiento de su origen. Suelen incluir preguntas sobre los dinosaurios, la existencia de los aliens, cómo podemos descender de Adán y Eva, y el por qué este mundo está lleno de problemas y maldad. El desarrollo de la perspectiva bíblica sobre la Creación y la aplicación de esa perspectiva al mundo real proveen respuestas satisfactorias para estas preguntas y muchas otras. En gran medida, esa es la razón de que exista este estudio.

La segunda edición de este curso fue desarrollada a partir de un estudio bíblico del mismo nombre, publicado en 2013. Dicho estudio se hizo en específico para llevar el tema a las personas que no podían permitirse comprar, u obtener fácilmente, literatura o medios cristianos. Más de la mitad de la población mundial está en esa posición. Lo sé, porque he estado en varios de esos lugares. En ellos sólo encontré materiales relativos a los orígenes desde la perspectiva naturalista. La Biblia estaba disponible, pero no había materiales suplementarios que estudiaran los orígenes. La mayoría de las iglesias raramente tocan el tema, a pesar de que es importante para la manera en que vivimos. El estudio original sigue disponible para su descarga gratuita en cwm4him.org y es compatible con las computadoras y algunas tabletas. Se están desarrollando otras versiones para celulares y tabletas.

Esta segunda edición se ha expandido para cubrir un poco más de material, y para que sea más compatible con su aplicación en el aula que el estudio bíblico original. Tiene 61 lecciones, incluyendo la sección de Perspectiva de la Unidad 1, divididas en 4 unidades para cumplir con los requerimientos de la mayoría de las escuelas. El director del Instituto de Aprendizaje Fundacional (IFL) y el Espíritu Santo me convencieron para asumir el proyecto del primer estudio. Muchas personas del IFL me ayudaron con el estudio original y con la Segunda Edición, revisando y apoyando el proceso editorial.

Mientras avanzas en el curso, ten en cuenta que la Biblia permanece tan radical como en los días de Jesús. La información bíblica sobre los orígenes es esencial para su mensaje, pero también es una clave para entender la tierra, a las personas y al universo que nos rodea. Exhorto a los estudiantes a examinar las escrituras que aparecen en las lecciones y a trabajar con las preguntas. Tenemos un propósito, y se supone que nos relacionemos con nuestro Creador. La ciencia operacional ('real') no es tu enemiga, ni está en oposición a este material. El Dios de la Biblia espera una observación disciplinada y un estudio de la Creación, de la misma forma que espera que examinemos disciplinadamente la Biblia (Job 38 y 2 Timoteo 2:15).

En varios campos científicos se ha encontrado evidencia reciente, con información nueva y emocionante que tiene sentido plausible desde una perspectiva bíblica. A continuación, te dejo algunos ejemplos:

- A partir de los fósiles, se ha incrementado dramáticamente la evidencia de que la violencia se extendió por todo el mundo a partir del Diluvio del Génesis.
- Se ha recuperado ADN de dinosaurios, que se suponía fueran extremadamente antiguos, y que no estaban totalmente fosilizados.
- La compleja información de los seres vivos en el campo de la genética, ha ofrecido una increíble evidencia de que la detallada información de las células no podría haberse desarrollado por sí misma.
- La evidencia geológica de otros planetas muestra una complejidad y variedad en el sistema solar que no se había entendido hasta ahora.

Todas estas cosas se explican de forma más plausible desde una perspectiva bíblica, en la que la mano del Creador ha dejado una impronta en la Tierra y el universo que creó recientemente (hace poco más de 6000 años). Esta cosmovisión es mucho más convincente que los argumentos naturalistas, con sus siempre cambiantes suposiciones, necesarias para justificar los niveles y magnitudes de complejidad que se supone se desarrollaron por sí mismos en un proceso aleatorio, a lo largo de un 'tiempo profundo' (billones de años).

El centro del problema, no obstante, es más profundo. Cuando aquellos que investigan la vida, incluyendo a los arqueólogos (la 'ciencia' de los orígenes), están divorciados de la perspectiva creacional bíblica, el resultado es una bancarrota moral y espiritual que termina afectando las vidas más jóvenes y las relaciones. Lo sé, porque me afectó por años hasta que conocí al Creador. Así que este curso concluye con lecciones que explican por qué todo esto importa. Resumiendo, la cosmovisión bíblica afirma con seguridad que un estudiante no existe gracias a un proceso de desarrollo accidental o aleatorio, sino de un proceso dirigido por el mismo Creador, que conoce nuestras identidades, nuestras vidas y los retos que estas incluyen. Más aún, la cosmovisión bíblica atañe al futuro potencial de un joven que busca hacer una diferencia en el mundo que lo rodea. Puede hacerla, y la perspectiva bíblica puede darle el poder para continuar por ese camino.

Roland K. Beard III

Créditos de Referencias y Fuentes

Varios amigos ayudaron a producir tanto el estudio original como este currículo. Les debo un reconocimiento especial al Dr. Carl Wieland y a Michael Oard por revisar el contenido. La Rev. Patricia Capwell, Faylene Beard y Bob Sladek condujeron las revisiones. El Dr. Wieland proveyó una extensa ayuda editorial en la Segunda Edición.

Consulté de forma regular las fuentes de Creation Ministries International (CMI), tanto para el estudio original como para este curso. Su sitio (creation.com) es usado para las notas de investigación de las lecciones. El uso periódico de los materiales y sitios del Instituto de Investigación de la Creación (ICR) y Respuestas en Génesis también fue de gran utilidad. Las fuentes usadas con mayor frecuencia están listadas al final del curso.

Teresa Skinner ayudó en el proceso de publicación.

Descargo de Responsabilidad

Asumo la responsabilidad por cualquier deficiencia en este estudio. A pesar de que la Biblia es infalible, mi presentación o explicación de sus puntos probablemente contenga errores. Aunque he revisado cuidadosamente y tratado de considerar todos los comentarios de los que han contribuido con esta obra, tomo responsabilidad por cualquier error aparente. Los comentarios para sugerir arreglos y modificaciones por parte de aquellos que opinan como yo sobre los fundamentos de la Creación bíblica, son siempre bienvenidos.

Roland K. Beard III

Unidad 1 La Fundación Bíblica: La Creación Inmaculada

Perspectiva y Principios Básicos

A. Objetivo General de la Lección

- Entender el alcance de la clase, incluyendo el cómo y el por qué estudiaremos este material.

A. Plan de la Lección

- Una perspectiva bíblica de la Creación, como cosmovisión, es el contexto para el mensaje del Evangelio y es fundamental para la fe cristiana. Esta perspectiva establece que el universo y todo lo que contiene comienzan y terminan con el Dios de la Biblia.
- La visión naturalista, o evolucionista, del mundo trata de explicar el origen del universo y todo lo que contiene a partir de leyes y procesos naturales, observables. Específicamente, borra cualquier noción de un dios o de la religión.
- Estas perspectivas son llamadas cosmovisiones, porque lo que las personas ven es interpretado a partir de esas suposiciones fundamentales.
- Estas cosmovisiones chocan porque hacen interpretaciones completamente diferentes a partir de las mismas evidencias, pero la perspectiva naturalista también deniega la evidencia histórica del registro de Dios (la Biblia).

B. Lección

¿Por Qué es Tan Importante la Creación Bíblica?

La visión bíblica de la Creación, que involucra a un universo y a una Tierra jóvenes, hechos por el Creador hace poco más de 6000 años, es el contexto para el mensaje del Evangelio de Jesucristo, y es fundamental para la fe cristiana. Toma un minuto para considerar el por qué. Cristo hace referencia varias veces a la Creación o al principio del mundo. Vino a redimir a las personas, o sea, a llevarlos de *regreso* a una relación con Dios porque algo pasó en el principio. Estamos separados de Dios debido al pecado, pero el pecado no se limita a las acciones individuales de unos pocos. La Escritura es clara respecto a que todos hemos pecados o hecho las cosas a nuestro modo. ¿Cuándo empezó? ¿Cuándo ocurrió la separación de Dios? Fue cerca del principio, con Adán y Eva – dos personas reales, de los inicios de la historia. Los eventos están documentados en el libro del Génesis y se mencionan repetidas veces como historia fidedigna durante la Biblia. Si la Creación NO ocurrió como está escrita, entonces no hay necesidad de que seamos salvados de cosa alguna y podemos ignorar fácilmente este mensaje.

La Biblia es mucho más que una guía espiritual y una lista de principios. Es un registro histórico confiable para los cristianos (de hecho, también para otros). Se desprende, entonces, que Dios, su Autor, acierta al ofrecer afirmaciones o comentarios sobre el universo, o la Tierra, o cualquier cosa que contengan. Ya sea que esté usando un lenguaje histórico o poético, la Biblia contiene una rica información que es un punto de partida para todo el que crea que este Registro es verdad. El plan de Dios para la humanidad se refleja en Su Creación. Son inseparables. Por tanto, este curso afirma lo mismo.
Analiza **Nehemías 9:6, Juan 1:3, Hechos 14:15** y **2 Pedro 3:5** para responder las siguientes preguntas:

PPC (Pregunta de Pensamiento Crítico): En cada pasaje, ¿quién está involucrado en la Creación? ¿Hay algo más involucrado en el acto de crear en estos versículos? ¿Qué fue creado, exactamente? ¿Cómo se identifica al Creador en cada pasaje?

La Biblia está llena de pasajes similares, pero todos ellos apuntan al registro original de la Creación en el libro de Génesis. No hay que leer mucho de Génesis, no obstante, para encontrar la historia de cómo el pecado y sus consecuencias cambiaron el estado inicial de la Creación. Esto, también, aparece en numerosas partes de la Biblia y es parte integral de la cosmovisión bíblica. Lee los versículos siguientes para responder el próximo grupo de preguntas: **Génesis 3:19, Jeremías 32:17-18, Romanos 5:12.**

PPC Si en **Génesis 1:31**, Dios afirma que Su Creación era "buena en gran manera" en toda su extensión, ¿qué fue lo que hizo que cambiaran las cosas, según estos versículos?

No obstante, la Biblia afirma que, incluso con los efectos del pecado, la Creación de Dios habla de Su poder en tal manera que no puede ser ignorado, lo cual es la afirmación de Romanos 1:19-20, lo cual también se refiere al registro de la Creación en Génesis.

La cosmovisión opuesta, que es la predominante en esta época, es el naturalismo. En esta era, el concepto bíblico de la Creación es atacado o desechado por la visión naturalista y evolucionista en la mayor parte del mundo y en casi todas las instituciones educacionales. Este sistema de creencias trata de explicar el origen del universo y de todo lo que contiene a través de leyes y procesos naturales, observables, pero también elimina específicamente cualquier noción de Dios. Debido a que los procesos y leyes conocidos son inexplicables en un universo que supuestamente se desarrolló por sí mismo, se utilizan largos periodos de tiempo (billones de años) para incrementar la posibilidad de que un universo se desarrolle aleatoriamente o por casualidad, sin ninguna influencia o dirección externas.

Tanto la perspectiva naturalista como la bíblica son llamadas cosmovisiones, porque ambas son presupuestos básicos a través de los cuales interpretamos nuestro entorno y entendemos la historia. Una cosmovisión es como un par de 'cristales' a través de los que se 've' la realidad. No se puede probar (ni rebatir) porque nadie estuvo presente en el principio. A pesar de que no es posible tener una prueba definitiva, se pueden usar las evidencias del pasado y del presente para ver cuál perspectiva encaja mejor con ellas. Aunque en la Biblia tenemos el registro histórico de los orígenes, y la historia es una forma legítima de evidencia, esta fuente histórica está estrictamente prohibida en la perspectiva naturalista. La cosmovisión bíblica, por otra parte, confía en el registro histórico bíblico (la Biblia) y en su Autor, quien fue Testigo de lo que ocurrió en el principio.

PPC Explica las diferencias principales entre la perspectiva naturalista y la perspectiva bíblica.

No se debe subestimar el poder de las cosmovisiones subyacentes, porque se convierten en el presupuesto a partir del cual interpretamos lo que nos rodea. Las dos posturas lidian con las mismas evidencias, vemos y estudiamos las mismas cosas, pero les damos interpretaciones totalmente diferentes. En resumen, ambas posturas chocan entre sí. La mayoría de las personas no están conscientes de hasta qué punto. Consideraremos este choque con todo cuidado, pero debemos empezar orientándonos hacia la perspectiva bíblica de la Creación, porque es la menos conocida actualmente y es una premisa fundamental para el cristianismo bíblico.

Aunque pueda sorprendernos, muchos creyentes, educadores y científicos respaldan la Creación bíblica, pero sus voces son opacadas por la visión naturalista predominante y que es enfatizada en la mayoría de los libros, medios electrónicos (TV, películas e internet), educación e instituciones. Ya que la Biblia afirma que Dios estuvo ahí y se aseguró de que los eventos quedaran registrados para provecho de la humanidad, revisaremos cuidadosamente esos primeros sucesos. Uno de los eventos clave fue el Diluvio del Génesis, porque sus efectos definieron mucho de la geología, la tierra y lo que sucedió a los seres vivos en los siglos que siguieron a la catástrofe. Varias lecciones tratan sobre el Diluvio y sus ramificaciones, lo que también llama la atención a la amplia disparidad entre lo que afirman la cosmovisión naturalista y la bíblica respecto a qué y cuándo sucedió.

Cómo Estudiaremos el Tema

Un tema tan grande parece imposible de estudiar. ¿Lo es? ¿Y si tu postura ante la vida depende de qué perspectiva adoptes? No importa si eres un estudiante joven, un padre o un profesional; la respuesta al propósito de tu vida depende casi por completo de tu visión del universo. No importa si eres un científico o un pastor de cabras. ¿Así que cuál es la esencia de tu visión del mundo? ¿En qué está basada? Una visión bíblica de la Creación (una perspectiva de los comienzos basada en la Biblia) no es complicada, pero los principios básicos de la visión naturalista tampoco lo son. Sin embargo, llegar a entenderlos requiere pensar un poco, escarbar un poco y discutir un poco. Te sorprenderás de lo mucho que estas posturas afectan el pensamiento. El pensamiento afecta a las acciones, y las acciones repercuten en la vida de las personas. La visión del mundo gobierna muchas metas y la manera en que las alcanzamos.

Hay 61 lecciones en el curso, incluyendo esta sesión de revisión general, divididas en partes para una mejor revisión. Cubren Génesis desde el capítulo 1 hasta el 11:9 (desde la Creación hasta la torre de Babel), otras partes importantes de la Escritura que se refieren al mundo que nos rodea, y los efectos de ese contenido en la educación y el trabajo. Cada lección está diseñada para una hora de clase. Algunas clases y sus ejercicios pueden tomar más tiempo. En un trimestre, pueden aplicarse dos lecciones semanales. Los títulos de las lecciones indican el contenido. Tanto los títulos como los subtítulos de las lecciones aparecen con una fuente de puntaje mayor. Por favor, revisa el índice y fíjate en que las lecciones están divididas en cuatro unidades principales – una para cada trimestre. El estudio comienza con una introducción a la Creación bíblica, el punto de vista menos conocido, pero en la Unidad 3 hay una transición a las aplicaciones bíblicas para las áreas estudiadas. La Unidad 4 está dividida en dos partes. La primera parte cubre una breve comparación entre la perspectiva bíblica y la naturalista con respecto a los temas escolares más comunes. La segunda parte cubre las aplicaciones de la visión creacionista para vivir en un mundo creado.

Para el último trimestre, se ha diseñado un proyecto en equipo para emplear algo del conocimiento adquirido en las lecciones anteriores. Puede ser usado para sustituir un examen final o para complementarlo.

Notas Importantes y una Ayuda Visual:

1. Las preguntas de pensamiento crítico están marcadas como **PPC** y deben ser contestadas y discutidas.
2. Las escrituras en **negritas** son para ser leídas y revisadas.
3. Las palabras en *cursivas* que no están en negritas están listadas en el **Glosario**, al final del estudio.

4. Las notas de investigación que están [entre corchetes] son para su uso en la ventana de búsqueda en creation.com (un sitio de internet). Las palabras en ***negritas cursivas*** son los términos de búsqueda para ese sitio. Los resultados de la búsqueda te darán un trasfondo más rico y más detallado de lo que este estudio puede cubrir.
5. Las referencias clave y una breve explicación del sitio web creation.com están en **Bibliografía, Fuentes y Colaboraciones**, al final del estudio.
6. Las palabras, frases u oraciones de la Biblia aparecen entre comillas ("…") al igual que otras citas textuales. Las comillas simples ('…') son usadas para términos y frases, así como para citas indirectas o parafraseadas.

Usando la Biblia Para Este Estudio

Para los propósitos de este estudio, todos los textos bíblicos tienen importancia, no sólo los textos que parecen ser 'espirituales.' Por tanto, las preguntas básicas de quién, qué, cuándo, dónde y cómo, son apropiadas si han sido incluidas en el texto bíblico. Debe prestárseles atención. Presta atención también a la elección de palabras y a su significado en términos simples dentro del contexto de un pasaje. Repara en la secuencia de los eventos. Anota las referencias a las épocas, los lugares y los cambios de locación. Fíjate en los cambios en el enfoque, las personas o las cosas. Las leyes de la gramática simple son importantes, igual que identificar las partes del discurso (sujeto, verbos y objetos). Por ejemplo, si quisieras un reporte del día escolar de un niño, y fuera importante para ti obtener detalles, ¿qué preguntarías? ¿Qué revisarías dos veces para asegurar que tienes la información correcta? Utiliza ese mismo sistema para acercarte a las secciones de la Biblia que recogen eventos importantes, especialmente los relacionados con la Creación bíblica. La intención de Dios es transmitir información en Su reporte bíblico, así que se supone que la encontremos y entendamos. En resumen, trata a la Biblia como un texto que se refiere a hechos, escrito por un Autor que sabe de lo que está hablando.

La autoridad de la Escritura será tratada en la primera lección, pero añadiré aquí una nota: la Biblia es la autoridad suprema en cualquier tema del que hable. Esto significa que es el fundamento en base al cual todo lo demás es interpretado. La mejor interpretación de un pasaje son otros pasajes, porque son parte de la misma autoridad fundacional. El contenido de la Biblia puede afectar otras referencias, pero otras referencias no provocan que la Biblia sea re-interpretada bajo su luz. Donde la Biblia calla, es posible *conjeturar*, estimar e incluso proponer teorías mientras se mantengan fieles a los fundamentos y la información bíblicos, pero el resultado no tendrá el mismo nivel de autoridad.

Para este curso, necesitarás una Biblia que te sea fácil de leer. Es la referencia principal que usaremos en todo el estudio en lo referente a la cosmovisión bíblica. Las referencias bíblicas, por lo general, consistirán en el libro, el capítulo y los versículos en este orden: el nombre del libro, el número del capítulo y los números de los versículos (por ejemplo: Génesis 1:14-19). La traducción más usada de la Biblia para llamar la atención sobre determinadas palabras y frases es la Reina Valera de 1960 (RV60), pero la mayoría de las traducciones (como la Nueva Versión Internacional o la Biblia de las Américas) no difieren con respecto a las referencias clave mencionadas en este currículo. Si existen diferencias entre las palabras usadas en las traducciones, están listadas por lo general.

C. Asignación

Para la siguiente sesión (Lección 1), lee algunas partes de la Escritura pertenecientes a distintos libros en el Antiguo y Nuevo Testamentos. La mayoría de las lecciones contienen menos lecturas, pero esa lectura indicada es necesaria como orientación general. Te recomendamos que leas esas porciones de una vez, como leerías un periódico o un libro de historia. Te tomará menos de 40 minutos completarlas. Durante la lectura, presta atención a los términos que indiquen grandes conceptos, como principio, tierra, *cielos*, y hombre o humanidad. Presta atención a los verbos como "dejar," "hacer," "crear," "formar," o "completar." Nota las palabras que definen tiempo o progreso, como "principio," "día," "noche," "terminado" o "completo." Fíjate en los tiempos verbales que indican pasado (completó), o presente, o futuro. Aquí están las referencias:

Antiguo Testamento: Génesis 1 y 2, Salmo 146:5-6; Isaías 40:28;
Evangelios y Hechos: Juan 1:1-10; Marcos 10:5-9; Hechos 17:24-27
Epístolas del Nuevo Testamento: Hebreos 1:1-3 y 10, Apocalipsis 4:11

D. Actividad de Aprendizaje

Divídanse en grupos y lean **Génesis 1:1-9**. Es una actividad contra reloj para leer y hacer lo siguiente:
1. Hagan tres columnas tituladas: verbos relativos al hecho de crear, verbos relativos a la observación y palabras relativas al tiempo. Hagan una fila por versículo.
2. En cada versículo, anoten las palabras que encontraron en la columna correspondiente.

PPC Responde las siguientes preguntas a partir de la actividad de aprendizaje:
1. ¿Quién habla, o quién está presente? Identifica el versículo, o los versículos, pertinente.
2. Encuentra y anota la oración que se repite (todas las palabras son las mismas, excepto una).
3. En el versículo nueve, ¿hay alguna insinuación del tiempo transcurrido, fuera de la palabra "día"? ¿Hay alguna referencia a que Dios estuviera dudando o experimentando? ¿Hay alguna pista de que hubiera algo más involucrado, aparte de Dios?

Comparen las respuestas de cada equipo.

E. Resumen Final

Este curso estudiará la perspectiva de la Creación bíblica, la comparará con la perspectiva naturalista dominante y comparará ambas perspectivas con respecto a los temas escolares populares. Se estudiará la aplicación de la cosmovisión bíblica como contexto del Evangelio, con respecto a sus efectos en la observación de las cosas que nos rodean, y a sus efectos en nuestra vida y nuestro trabajo en el mundo actual. Para hacerlo, trataremos el registro bíblico como un acertado libro de texto de historia, cuya autoría pertenece al Creador.

Lección 1 El Chef Maestro—Parte 1

A. Objetivo General de la Lección

- Presentar al Chef Maestro. Clave 1: ¿Quién es Él?

B. Plan de la Lección

- La Biblia explica que Dios es Eterno, el Principio y el Fin, el Alfa y la Omega – todos los términos muestran que Él no tiene principio ni final.
- La Creación de Dios, por otro lado, tiene un principio, y fue hecha por Él.
- Si hacemos una analogía con el hecho de cocinar una comida, Dios es el Chef Maestro. Su Creación es el plato especial, que incluye los cielos y la tierra, y todo lo demás, a excepción de Él mismo.

C. Lección

Resumen

La intención de esta lección es presentar a Dios, el Creador, de forma breve y bíblica, pero también mediante una analogía para ayudarnos a entender lo que Dios hace como Creador. Hagamos una pregunta:

PPC ¿Cómo se cocina un plato especial? Con esa pregunta en mente, ¿cómo empezarías? Haz una lista de varios pasos y prepárate para discutir las funciones involucradas.

Las personas de todo el mundo hacen platos especiales para sus comidas. Ya sea que estés cocinando en una mansión o en una choza, o a la intemperie, el proceso no varía mucho de una a otra. Hay ollas y sartenes, herramientas para pinchar o dar vueltas a la comida, algo de ingredientes, algo de agua y una fuente de calor. Con todo esto a mano, se inicia el proceso en la olla o en la tetera, se añaden los ingredientes, pasa algo de tiempo y un poco después se puede servir un plato especial. Si observas la preparación de un plato especial en la Uganda rural, en Haití o en las Filipinas, o en un establecimiento de comida en el centro de una inmensa ciudad moderna, verás los mismos procesos.

Ahora, considera toda la Creación alrededor nuestro como si estuvieras junto a Dios. Entiende que Dios es el Chef Maestro. Su intención es crear el universo, incluyendo la Tierra y la raza humana. ¿Cómo lo hizo? No tenemos que adivinar porque nos dejó un registro de Sus acciones. Usaremos esta analogía varias veces mientras estudiamos el registro en cuestión. Ninguna analogía es perfecta, esta tampoco lo es, pero es una forma sencilla para que las personas de cualquier continente entiendan el funcionamiento de lo que ocurrió. La analogía también asume que los lectores de este estudio pueden no ser creyentes, pueden ser muy jóvenes o pueden tener algún concepto errado como consecuencia de la visión predominante naturalista que pinta a Dios como algo pequeño o inconsecuente. La analogía ayudará a que esos lectores se hagan una imagen del poder de Dios, quien es el Chef Maestro, mientras revisamos Su registro de acciones.

En esta lección cubriremos la primera de cuatro claves sobre la identidad y naturaleza del Dios de la Biblia. Las claves tienen nombres descriptivos que se centran en el Autor definitivo del Génesis, el registro principal que jamás se haya escrito sobre la Creación. Otra razón para presentar a Dios de manera clara desde el principio del estudio es evitar largas discusiones sobre el Dios del que estamos hablando. En cierto sentido, incluso para un no creyente, es necesario entender desde el principio que este estudio es sobre el Dios de la Biblia. Si alguno de los que están leyendo estas lecciones no tiene un corazón abierto y curioso, o no desea considerar esa premisa, todavía puede evaluar la información como un conocimiento general sobre la perspectiva bíblica. Sin embargo, para el buscador (que no tiene que ser por fuerza un creyente), las lecciones presentarán el punto de vista bíblico de una manera abierta, que lo invitará a considerarlo seriamente, entender lo que significa y ver adónde lo lleva. Esta aproximación directa también es buena para los jóvenes, que pueden no haber hecho una decisión firme acerca de Dios o pueden no haber considerado el poder que ejerce sobre las acciones de las personas la visión que estas tengan del universo. Los jóvenes son curiosos por naturaleza, pero en muchos casos nunca han considerado cómo el punto de vista bíblico es grandemente abarcador – involucrando a todo el universo (la Creación), el cómo ha cambiado por las acciones de los hombres, hacia dónde se dirige y cómo influye en cada persona de cada era.

Referencias y Lecturas Bíblicas. Génesis 1 y **2; Hebreos 1:1-3, 10;** y **Juan 1:1-10** son las primeras referencias de esta lección. Revísalas cuando termines este párrafo. Ten en cuenta que estás leyendo esos versículos juntos como un reporte o referencia de la Creación. Alentamos al estudiante a leer las palabras literalmente. Dicho de otra forma, el significado exacto de las palabras indica la intención del Chef Maestro, que nos está dando un resumen detallado de la creación de todas las cosas. Cuando hayas terminado, hablaremos sobre la primera de las cuatro claves sobre Dios, y responderás las preguntas a partir de los versículos indicados.

Clave 1: Quién es Él. Esta es una subsección corta que se centra en Sus nombres, que nos revelan quién es Él. A menudo, la Biblia relata la función y autoridad de una persona por el nombre que se le da. Esto también se aplica a la descripción de Dios en la Biblia. Muchos de los nombres lo relacionan con el tema de este estudio, ya que lo describen como fuera o más allá del tiempo y el espacio. Y Él es Trino, lo que también se ve en las Escrituras. Por favor, lee las siguientes escrituras y presta atención a los nombres y descripciones que se le dan a Dios:

Dios en **Génesis 1:1** (usado en muchos versículos siguientes, el nombre más común en la Biblia)
Espíritu de Dios (lo vemos en **Génesis 1:2** y se usa de igual forma en otras partes de la Biblia)
"Nosotros" y "Nuestro" en **Génesis 1:26** (refiriéndose a la naturaleza trina de Dios)
    [Nota de investigación en creation.com *Triune God*]
Señor Dios en **Génesis 2:4** y varios versículos más
El Verbo en **Juan 1:1-3** (refiriéndose a Jesucristo, a través del cual todo fue hecho)
Alfa y Omega, el Todopoderoso (con una descripción de lo que significa) en **Apocalipsis 1:8**
Alfa y Omega, el Primero y el Último, el Principio y el Fin, en **Apocalipsis 22:12-13**

PPC Pueden añadirse muchos más versículos, pero en estos en específico, ¿qué tipo de autoridad y poder se nos revela a través de los nombres? ¿Cuál es la extensión del poder de este Ser que se nos describe? Usamos la palabra 'eterno' para explicar que Él no tiene límites, que Él es, a la vez, el Principio y el Fin, el Primero y el Último. ¿Hay algo que no esté incluido, ya que Él es eterno?

PPC ¿Cuán detallado es Dios si hizo todas las cosas, (como se dice en Juan 1:1-3), e incluye en sí el principio y el fin del universo tal como lo conocemos, desde las cosas más grandes hasta las más pequeñas jamás descubiertas, y si gobierna cada ley y cada proceso dentro de la Creación?

PPC ¿Hay algo en el universo que no esté bajo Su mano, si Él es el Dios Eterno? [Nota de investigación: *Creator God*]

D. Asignación

Lee los siguientes versículos para la próxima lección: **Lucas 8:22-25, Isaías 55:8-9, Deuteronomio 8:3, Proverbios 30:5-6, y 2 Timoteo 3:16.**

E. Actividad de Aprendizaje

Analiza brevemente Hebreos 1:1-3, 10 y responde lo siguiente:
1. Explica a través de quién fue creado el mundo.
2. Explica las palabras en el versículo 3, que involucra una función diferente a crear, y cómo fue cumplida. Explica la diferencia entre ambas funciones.
3. Compara las palabras del versículo 2 con las palabras del versículo 10, para explicar qué incluye la Creación de Dios.

F. Resumen Final

La primera clave para entender la naturaleza de Dios es entender quién es Él como Dios Eterno. Abarca todas las cosas, no tiene principio ni final. Es totalmente responsable de la Creación y de su conservación. A diferencia de Dios, la Creación tiene un principio y fue hecha por Él. Como analogía, Él es el Chef Maestro, cuya Creación es por completo obra Suya, como un plato especial. Nadie más estuvo involucrado.

Lección 2 El Chef Maestro—Parte 2

A. Objetivo General de la Lección

- Conocer más sobre el Chef Maestro:
    Clave 2: Cuán Diferente es Su Perspectiva
    Clave 3: El Registro de Sus Acciones
    Clave 4: Con Qué Empezó

B. Plan de la Lección

- La perspectiva del Chef Maestro está por encima de todo, y en todo a la vez. Nada escapa a Su atención. Puede ver por encima de todo, e identificar a la vez el interior de todo.
- La Biblia es el registro de Sus acciones en la creación de los cielos, por tanto, la Biblia es tratada como una historia real. La información fue entregada por Dios, pero escrita y conservada por hombres.
- Ya que Dios es Eterno, la creación de todas las cosas comienza y termina con Él.

C. Lección

La lección anterior cubrió la primera clave de quién es Dios, cuál es Su naturaleza eterna. Esta lección cubre tres claves adicionales para expandir nuestro entendimiento:

Clave 2: Cuán Diferente es Su Perspectiva

El hombre, por lo general, está orgulloso de sí mismo. En la historia, puedes ver a los hombres y a las mujeres en la búsqueda del poder, la autoridad, el atractivo físico y la sabiduría, ya fuera que desearan aplicar esos atributos para el bien o para el mal. Puedes encontrar reclamos de sabiduría en los escritos de aquellos que son considerados los más grandes, porque a menudo se jactan de tener sabiduría extraordinaria, o porque sus escritos han resistido al paso del tiempo. Sin embargo, considera al Dios de la Biblia. La Biblia contiene el registro más antiguo conocido sobre la Creación, le atribuye esa Creación directamente a Dios, y provee un registro escrito que es más antiguo, más ampliamente distribuido y más conocido que cualquier otra referencia. Incluso cuando lo comparamos con el más sabio de los sabios de la tierra, no hay comparación con la perspectiva que Dios nos ofrece en la Biblia. Muchas escrituras muestran como un hecho esa diferencia en perspectiva a través de los eventos que describen. Leamos y analicemos el sentido literal de algunos ejemplos:

PPC Usando **Génesis 1:27**, ¿quién se ha encargado por completo de nuestra hechura, y cómo Dios explica esto?

La impronta de la naturaleza de Dios en el hombre es una afirmación fuerte y única sobre la acción de Dios, y nuestro papel inigualable en la Creación. Varias lecciones ilustrarán este punto en diversas maneras. [Nota de investigación: *in His image*]

Lucas 8:22-25 explica la diferencia entre la perspectiva de Jesús y la de un hombre normal en un suceso de la vida real. Sus discípulos están asustados ante la posibilidad inminente de morir ahogados en una tormenta, pero Jesús está al mando de los elementos, como de cualquier otra parte de Su Creación. Después de calmar la tormenta, fíjate que lanza un reto a sus limitadas perspectivas con una pregunta. Muchos otros milagros registrados ilustran el mismo punto.

Isaías 55:8-9 es un ejemplo excelente en el Antiguo Testamento de la diferencia de perspectiva entre Dios y los hombres. Presta atención a las palabras del versículo 9, que Dios escoge deliberadamente para darnos una idea de esta diferencia. Cualquiera puede hacer la misma afirmación examinando otros eventos bien conocidos del Antiguo Testamento, donde se hace obvio que la visión de Dios no es la nuestra, a menos que Él nos dé la habilidad de ver las cosas desde Su perspectiva.

PPC Comenta este punto: Si Dios es Quien dice ser, ¿no se supone que sea capaz de ver por encima de todo, y de estar también en cada situación? Como Dios, ¿no debe ser capaz de ver todas las cosas perfectamente?

PPC ¿No será capaz de ver por encima de nuestra perspectiva, pero también de identificarse por completo con nosotros? Si no puede hacer ambas cosas, ¿cómo puede ser el Dios Eterno?

Las Escrituras también son útiles aquí, porque nos dan numerosos ejemplos de Sus habilidades de ver desde una perspectiva infinitamente mejor que la nuestra, mientras que se identifica por completo con nosotros. Examinaremos algunas de ellas en las lecciones.

Él nos recuerda constantemente que la forma en que ve y lo que ve son diferentes. ¿Cuál es la importancia de esto en cuanto a la Creación bíblica? Dios nos dio el Génesis como un reporte de la Creación, aunque muchos hombres lo consideran un mito. Un mito pone la perspectiva de Dios al mismo nivel que la historia ficticia contada por cualquier hombre. ¿Acaso los nombres de Dios y la diferencia en perspectiva que hemos estado estudiando sugieren una ficción de un extraño dios sin autoridad real? La diferencia de perspectiva puede volverse muy personal, porque Dios dice cosas sobre el hombre que pueden ser incómodas. Sin embargo, si Su perspectiva es tan acertada como dicen las Escrituras, entonces Él conoce nuestra naturaleza completamente, porque la diseñó. Por tanto, conoce nuestras debilidades, nuestros fallos y la causa de los mismos. Esta premisa hace que la visión bíblica sobre la Creación sea increíblemente poderosa, pero también directamente pertinente a nosotros. Es totalmente diferente del *inocuo*, nebuloso y nada claro principio del universo que dan por cierto los libros de texto, procedentes de una perspectiva naturalista. La perspectiva naturalista no tiene un guardián, ni nadie que se identifique con nuestras situaciones.

Clave 3: El Registro de Sus Acciones.

Muchos piensan que investigar el principio del universo es sólo una cuestión de evidencia científica, y por lo general se refieren al tipo de ciencia repetitiva, experimental y observacional que le ha traído tantos beneficios a la humanidad. Pero eso es un serio malentendido. El tipo de ciencia en el que normalmente pensamos trabaja en base a la forma en que el mundo es hoy en día. Una serie muy elaborada de leyes gobiernan su presente comportamiento. Pero no había nadie en el principio, y el pasado no puede repetirse u observarse. (Incluso la luz que llega de una estrella distante, y que empezó su viaje en el pasado, no nos muestra cómo es la estrella en la actualidad.) El tipo de aproximación científica involucrada en el estudio de eventos pasados es el de las ciencias históricas o forenses. Se usa, por ejemplo, en la arqueología, que estudia las claves del presente para tratar de reconstruir los hechos del pasado. Es como un detective que trata de resolver un crimen, por ejemplo. Las pistas (la evidencia relativa al pasado) pueden ser medidas científicamente, pero alguien tiene que interpretarlas, o contar una historia a partir de ellas. Los mismos hechos pueden encajar en diferentes historias. Si todo esto ocurrió eones en el pasado, a lo que se le llama normalmente 'tiempo profundo,' ¿quién estuvo ahí? Ningún científico estuvo ahí. (Hablaremos sobre la 'evidencia científica de la Creación' en lecciones posteriores, en comparación con el punto de vista bíblico sobre temas comunes.) Sin embargo, Dios estuvo allí, y en Su sabiduría nos dejó un registro histórico de ello en el Génesis. El reporte del Génesis está complementado a través de muchos otros escritores claves usados por Él. Aceptamos el testimonio de testigos a diario en nuestras cortes o en las noticias debido a su evidencia histórica.

PPC Comenta las preguntas y afirmaciones siguientes: Si Dios dice que la Biblia es el reporte de Sus acciones, entonces esas palabras se convierten en una prueba histórica. Basándonos en Su autoridad, Su diferencia de perspectiva y las referencias repetidas a los eventos del Génesis, ¿por qué no sería una prueba histórica aceptable de la Creación, a menos que una persona escoja simplemente no creer que Dios estuvo involucrado, o no creer en ningún dios?

Cuando estudiemos el mundo a nuestro alrededor, veremos que todo tiene sentido al interpretarlo según el registro histórico de la Biblia. [Nota de investigación: ***Bible authority***]

Así que el punto de vista bíblico empieza con una premisa: Dios sabe de lo que está hablando; se aseguró de que los eventos quedaran registrados en la Biblia, y se aseguró de que ese registro quedara disponible a través de las eras. Su intención es comunicarnos información. Ciertamente no necesita esos detalles para comunicarse consigo mismo; ya sabe lo que pasó, Él es eterno. El resultado final es un registro seguro – uno en el que se puede confiar.

El plan de Dios es inusual, sin embargo, porque nos permite escoger si le creemos o no. Incluso recogió en el Génesis los primeros casos en los que las personas eligieron no creer, pero esto es parte de los registros bíblicos que examinaremos. Con toda honestidad, la mayoría de las personas no creen en el registro de Dios sobre la Creación, pero al menos los cristianos debieran hacerlo. En presencia de la perspectiva naturalista moderna que elimina a Dios, hay mucha presión para ignorar por completo Su registro. En vista de la autoridad que Él reclama en la Biblia, tenemos un poderoso motivo para examinar los detalles.

Una importante conclusión puede ser deducida del punto de vista bíblico que depende de la autoridad de la Biblia y el Autor: ese Registro es la autoridad final y *preeminente* en cualquier tema que trate. Ya sea que se exprese como un historiador, un poeta, un científico o un narrador de parábolas, lo hace en el lenguaje apropiado para ser claramente comprendido y apreciado. Si lo que dice toca un tema considerado científico, entonces lo usamos como autoridad en la que basarnos. Si dicha información se presenta de forma histórica, poética o coloquial, eso es algo que Él escoge. Considera unas cuantas escrituras que se relacionan con la autoridad o lugar de la Biblia:

Deuteronomio 8:3; Proverbios 30:5-6; Marcos 13:31; 2 Timoteo 3:16

Clave 4: Con Qué Empezó

Esta breve subsección es semejante a definir la línea correcta de arrancada para una carrera. Considera esta afirmación: Él comienza con Él mismo y termina con Él mismo. Lo sabemos por Sus nombres, que examinamos brevemente. Él es el "principio y el fin" o el "Alfa y la Omega" (lee **Apocalipsis 1:8** y **22:13**).

PPC ¿Hay algo fuera de esas palabras que no sea Él mismo? ¿Puede haber algo fuera de Él que no haya creado o modelado o hecho, si Él es el Dios Eterno?

Su naturaleza eterna, incluyendo lo que dice o lo que ordena, no depende de nada excepto Él mismo. Si no es así, entonces no podemos confiar en Él como el mayor y verdadero Dios Eterno. Así que la perspectiva bíblica de la Creación empieza y termina con Dios. Examinaremos esto más detenidamente en la próxima lección.

D. Asignación

Haz una lista con los verbos y los objetos de las acciones en los versículos siguientes: **Génesis 1: 1, 3, 4, 7, 16, 26, 27.**

E. Actividad de Aprendizaje

2 Reyes 6:17-18 presenta una historia excelente sobre la diferencia entre las perspectivas del hombre y la de Dios, a menos que Dios cambie la habilidad del hombre para ver. Los estudiantes pueden hacer equipos y representar esta escena. Es un acto rápido que puede representarse con poca preparación. Cada equipo puede enfatizar cosas diferentes, que formen parte de la perspectiva general que se desarrollará. Tiempo límite: 10 minutos.

F. Resumen Final

Ya que Dios es Eterno, Su perspectiva es completamente diferente de la nuestra. A pesar de que tenemos la impronta de Su naturaleza, fuimos creados y no tenemos Su punto de vista. El registro de sus acciones en Génesis es una historia confiable, que fue provista por Dios, ya que Él estuvo ahí. Confió la información a hombres fieles, que la escribieron en el Registro. Ya que Él es eterno, es el único Autor de la Creación.

Lección 3 Los Ingredientes—Parte 1

A. Objetivo General de la Lección

- Conocer las primeras palabras de Génesis, el Registro del Chef Maestro.

B. Plan de la Lección

- Las primeras palabras relevantes de Génesis son "en el principio," pero Dios es Eterno, sin principio ni fin. Por tanto, el tiempo, la materia, la energía y el espacio comenzaron cuando Él los creó.
- Sus palabras ordenaron a las cosas que surgieran. Sus palabras son los ingredientes para la creación del universo. No hay nada más involucrado, aparte del Dios Eterno, en el acto de traer todo a la existencia.
- La pregunta, '¿Quién creó a Dios?' no tiene sentido. La ciencia tiene una ley fundamental de causa y efecto dentro del universo que Él creó, pero Él no tiene principio, por lo que no necesita una causa. Él es Eterno.

C. Lección

Resumen

El objetivo de esta lección es determinar los ingredientes usados por Dios en la Creación según Su reporte del Génesis. Con el método que ya mencionamos, examinaremos los 'ingredientes' cuidadosamente, atendiendo a las palabras que son usadas en Su registro. Debemos recordar que la elección de las palabras es obra Suya. Él quiere comunicarse claramente; no exagera; no hace juegos de palabras para confundir; Él es Verdad, y pretende comunicarse de forma a la vez precisa y detallada según lo que necesita la audiencia que eligió: la humanidad. Si usamos los términos de nuestra analogía, donde identificamos a Dios como el Chef Maestro, aquí en el Génesis está creando el universo y siguiendo una receta específica. ¿Cómo lo hace? ¿Dónde está el punto de inicio? ¿Cuáles son los ingredientes?

Esta lección también es una revisión de nuestro acercamiento práctico al estudio de las palabras de Dios. Ya que Él es el Autor y nosotros los lectores escogidos, Su autoridad y poder, que incluyen lo acertado de lo que nos dice, se expresan en el reporte bíblico. Así que las palabras hablan por sí mismas y se confirman entre ellas desde múltiples versículos de referencia. El proceso de nuestra mirada al punto de vista bíblico de la Creación, como resultado, es pragmático, como el usar un buen manual con referencias cruzadas para auto-confirmar las instrucciones. Confiamos en la Biblia para que hable por sí misma debido a su nivel de autoridad, que es el mismo de su Autor. También confiamos en su naturaleza de auto-confirmación para entender mejor lo que está escrito. Así que presta atención a las palabras – a su significado literal, porque Su intención es que entendamos lo que se escribió.

En esta lección de los ingredientes vamos a fijarnos en las primeras palabras del primer versículo de Génesis 1 que nos muestra Su punto de partida, después en los verbos que Dios usa en los versículos sucesivos. Así que vamos a descubrir lo que hace. Mantén esta pregunta en mente, '¿Qué ingredientes usa?'

Las Primeras Palabras Relevantes en Génesis

Lee **Génesis 1:1** y fíjate en las primeras palabras. "En el principio" no significa lo mismo que en Sus nombres descriptivos como "Alfa y Omega" o "el Principio y el Fin". Estos son nombres propios que pertenecen a un Dios Eterno y fuera del tiempo, pero Dios no comenzó el registro de la Creación con Su nombre. Comenzó el registro del universo físico con una frase, "en el principio," para marcar un comienzo, pero Él no tiene comienzo. Algunas personas se han preguntado quién creó a Dios. Para nosotros, todo tiene que tener una causa. Esto lleva a la ley científica de causa y efecto. Pero de hecho, haríamos mejor en afirmar que todo lo que tiene un principio tiene una causa. Pero Dios no tiene principio (ni fin), así que no tiene tampoco una causa. Él siempre ha sido. Preguntar quién creó a Dios es como preguntar con quién está casado el soltero –una pregunta sin sentido. [Nota de investigación: ***Who created God***]

¿Qué fue lo que empezó en Génesis 1:1? De hecho, todo, aparte de Dios mismo. Esto incluye la materia, el espacio y la energía (en estos días se concibe al espacio como algo más que simplemente 'la ausencia de algo'). Esto también incluye al tiempo. Dios está fuera del tiempo; puede declarar el final desde el principio (Isaías 46:10). Los físicos afirman que la materia (que es una forma de energía), el espacio y el tiempo dependen unos de otros, así que deben haber empezado a la vez. Entendemos esto en términos reales porque pensamos que todos los eventos que involucran objetos hechos de materia, toman lugar en tiempo y espacio.

Por tanto, el tiempo se creó al principio. Cuando se creó el tiempo, también se crearon los cielos y la tierra (en el sentido de espacio y materia), que son las palabras que siguen de inmediato a la frase "en el principio." El tiempo se marca con precisión desde estas primeras acciones de la creación.

PPC ¿Qué ocasionó que todo empezara? ¿Hay algo más en Génesis 1:1, además de Él?

[Nota de investigación: ***merism***. El primer versículo de la Biblia se refiere a los "cielos y la tierra". Aunque se trata de dos componentes separados de la Creación, y esto establece claramente que Dios los creó a ambos, también forman lo que en hebreo es conocido como 'merismo,' una forma de abarcar todo lo que hay entre dos extremos. Es la forma hebrea de referirse a lo que nosotros llamamos 'el universo,' o sea, todo lo que existe. En alemán se refieren al universo como 'das All' (o sea, el todo, todo lo que existe). Un ejemplo de otro 'merismo' sería 'buscó a lo largo y a lo ancho,' para decir que 'buscó en todas partes.' Así que en ese sentido, la frase 'los cielos y la tierra' también funciona como una especie de resumen de lo que sigue, más detalladamente, aunque no se restringe sólo a eso.]

PPC Cuando los versículos bíblicos usan la expresión, "los cielos y la tierra," ¿qué se incluye?

D. Asignación

Lee **Colosenses 1:15-17** y **Hebreos 11:3**. Escribe un párrafo para explicar con tus palabras qué se dice en cada grupo de versículos. Prepárate para leerlo en voz alta.

E. Actividad de Aprendizaje

Dividan la clase en equipos. Cada equipo revisará y expondrá las respuestas de la asignación de la lección anterior. Comparen los resultados entre los equipos (5 minutos).

F. Resumen Final

Las primeras palabras relevantes en Génesis son "en el principio." Indican que el Dios Eterno dio comienzo al universo (los cielos y la tierra) en términos de tiempo, materia, energía y espacio.

Lección 4 Los Ingredientes—Parte 2

A. Objetivo General de la Lección

- Entender que los ingredientes del Chef Maestro son Sus palabras.

B. Plan de la Lección

- Génesis (Libro de los Comienzos) puede ser examinado para descubrir las acciones del Chef Maestro para crear, analizando los verbos y objetos que se registran en los versículos.
- Los verbos y objetos en otras partes de la Biblia confirman lo mismo: Dios creó el universo por Sí mismo. No hay otra autoría o fuente.
- Los ingredientes en el principio para hacer todas las cosas fueron las palabras de Dios, lo que se confirma a través de la Biblia.

C. Lección

Esta es la segunda lección que trata sobre los ingredientes que usa el Chef Maestro en Génesis para crear los cielos y la tierra. Continuamos este análisis con una revisión de los verbos en Génesis y en otros libros de la Biblia que confirman lo mismo: Él comienza y completa cada paso del proceso de creación.

Verbos en Génesis (Las Acciones del Chef Maestro)

Los verbos son indicaciones claras del trabajo de Dios en el Génesis. Así que haz una revisión rápida de los siguientes versículos y lista los verbos que aparecen en **Génesis 1:1, 3, 4, 7, 16, 26,** y **27**.

Por una cuestión de tiempo, no vamos a analizarlos todos, pero estos versículos tienen verbos muy representativos. Una vez que los hayas anotado, considera las siguientes preguntas:

PPC ¿Hay alguna indicación de que haya actuado algún proceso, sustancia o persona que no fuera Dios? ¿Hay alguna indicación de que haya estado involucrado algo más fuera de Su orden para realizar esas acciones?

Verbos en Otros Capítulos del Génesis y en Otros Libros:

Examinemos algunos verbos representativos asociados directamente con Dios en escrituras específicas fuera de Génesis 1:

Fíjate en estas palabras en **Génesis 2:7-8**: formó, sopló y plantó.
Fíjate en los verbos en **Proverbios 8:27** y **Salmos 104:5**.
Fíjate en los verbos en **Job 26:7** y **Salmos 104:2**.

En todas estas referencias, es Dios quien está realizando las acciones. No hay asistencia de ninguna otra persona, proceso o cosa alguna. Si revisas **Juan 1:3** (un versículo que ya te orientamos) encontrarás el mismo factor.

PPC Busca y copia, en una pizarra con bastante espacio, **Colosenses 1:15-17**. Subraya los verbos y objetos. Estos tres versículos especifican que Dios 'creó,' y también afirman que el punto de partida (mira el versículo **17**) es Su palabra. El resultado fue la Creación.

En todos los versículos, Su orden o Su palabra es el Ingrediente. Pensamos, dentro de lo limitado de nuestras vidas, que un ingrediente de cualquier cosa es un proceso o un objeto sobre el que alguien actúa. En el caso de la Creación de Dios, todo empieza y termina con Él. La Creación es el resultado obtenido por el Chef Maestro.

PPC Esto nos lleva de nuevo a la pregunta principal de las dos lecciones anteriores: ¿Cuáles son los ingredientes que Él usó en Génesis 1, según los versículos que hemos revisado?

Debe quedar claro que no se trata de ingredientes como los que vemos normalmente. En el principio, no hay ingrediente alguno, sólo el Dios Eterno. Una vez que hubo creado las cosas, pudo empezar a hacer otras con Su Creación. No hay ingredientes aparte de los que se crearon ante Su orden. Su palabra ocasionó la acción y la sustancia. Nada de lo que sucedió en Génesis ocurrió sin Su Palabra. La Creación, por tanto, es totalmente dependiente de Él. Nada más está involucrado. Esta es también la afirmación de **Hebreos 11:3**.

D. Asignación

Lee **Génesis 1:10, 12, 18, 25, 28,** y **31**. Anota las definiciones de 'control de calidad' y 'supervisión' de al menos dos fuentes diferentes. Tráelas para la próxima clase.

E. Actividad de Aprendizaje

Revisa Hebreos 1:3 y compáralo con un evento real en el que hayas visto a Dios sanar a alguien en un estado cercano a la muerte, simplemente, dando una 'palabra' desde un lugar diferente: **Lucas 7:2-10**.

F. Resumen Final

Dios crea por medio de Sus palabras. Los ingredientes para la Creación son Sus palabras. Él ordena; el resultado es la Creación.

Lección 5 La Dirección del Chef Maestro—Parte 1

A. Objetivo General de la Lección

- Entender Su supervisión y control de calidad por medio de Sus acciones en la semana de la Creación.

B. Plan de la Lección

- La supervisión es la habilidad de inspeccionar una situación, o de observar desde un lugar ventajoso o de autoridad general.
- El control de calidad es un término funcional que indica que un productor, o supervisor de producción, tiene autoridad y criterio para juzgar un producto.
- Dios ejerció una supervisión y un control de calidad perfectos durante la semana de la Creación. Demuestra esto en Génesis, y hace afirmaciones con respecto a lo que ha creado.
- Después de crear al hombre y a la mujer a "nuestra imagen" (la imagen de Dios), añade una acción adicional a esta corona de la Creación: "Los bendijo."

C. Lección

Resumen

Las siguientes dos lecciones tratan sobre el control de calidad y la supervisión que Dios provee para Su Creación. Esta lección comienza con Sus observaciones positivas y acción en la primera parte de Génesis, que es el registro de Su Creación en un formato estrictamente histórico.

El Dios de la Biblia es único en comparación con otros dioses o con la perspectiva naturalista. El Chef Maestro afirma claramente que empezó sólo con Su palabra, la cual fue el único ingrediente al principio de la Creación. Cuando comienza a crear, sin embargo, se revela otra faceta de Su naturaleza: Su concentración. Le presta atención estricta a lo que ha creado y a lo que pasa en Su Creación, que está hecha de las palabras que Él provee, en las que establece Su observación de lo que ha sido hecho y explica o comenta desde una posición de supervisión y control de calidad. A diferencia nuestra cuando cumplimos dichas funciones, Él las realiza a la perfección según Su propósito de comunicarse con nosotros, pero no malgasta palabras, así que se muestra conciso y va directo al punto. Cuando da una 'opinión,' es precisa y correcta. Y nos da un reporte con semejante tipo de acción o descripción porque seríamos incapaces de ver la situación como lo hace Él. Quiere que conozcamos los resultados de Su control de calidad y de Su revisión porque nos afectan. Esta faceta de Dios se muestra significativamente en la Creación, y continúa manifestándose después a lo largo de la Biblia. Por tanto, es importante ver cómo ocurre y aprender, temprano en el estudio, a reconocerla.

Supervisión y Control de Calidad.

La palabra supervisión indica la habilidad de ver una situación desde arriba –o sea, desde una posición ventajosa, donde no hay interferencias que confundan ni que interfieran con una aseveración correcta. Si un supervisor es perfecto, significa que puede entender por completo la situación ante él. Esto se debe a que está mirando la situación desde una perspectiva mejor. Así que Dios, que está por encima de todo, ve perfectamente desde Su posición de autoridad, y nos da un reporte totalmente acertado para que podamos entender algo de lo que Él ve. Como verás, Dios está involucrado en la supervisión de Su Creación, y esta supervisión continúa.

El control de calidad, un término moderno para una función antigua, es un proceso por el cual se llevan a cabo la inspección y la prueba de un producto para asegurarse de que los resultados alcanzan un estándar determinado. En la producción, si no se mantiene la calidad, se realizan correcciones o el objeto en cuestión es rechazado como defectuoso. En términos humanos, el control de calidad también se realiza para asegurar que las personas tengan las habilidades o capacidades necesarias para una tarea. La función de la supervisión y el control de calidad son bien comprendidas por los padres, los líderes, los negociantes, los pastores y los profesores. Una faceta increíble de Dios, que se revela claramente en la Creación bíblica, es que se preocupa por la calidad. Tiene estándares para la aceptación y para el rechazo. Debido a que Él es perfecto, Su intervención en los asuntos de la Creación, incluyendo los del hombre, es, por tanto, perfecta. Cuando dice que algo no es correcto o es inaceptable, Su afirmación es perfecta y sin errores. Como ocurre con Su supervisión, Él está involucrado directamente en juicios de calidad desde el principio, y somos afectados por Sus determinaciones.

PPC Entrega al profesor las definiciones que encontraste para 'control de calidad' y 'supervisión' y sus fuentes, y compáralas con la descripción anterior.

Tanto en lo que se refiere a la revisión y al control de calidad, examina los versículos de Génesis (listados abajo) desde un nuevo punto de vista para buscar los verbos y adjetivos que describen lo que hace Dios y cómo Él evalúa distintos aspectos de la Creación. A medida que se sucedan las lecciones, verás cómo Sus funciones al respecto juegan un importante papel en la perspectiva bíblica de la Creación.

PPC Presta atención a las palabras "bueno" o "muy bueno" en los siguientes versículos de Génesis **1:10, 12, 18, 25,** y **31**. ¿Podía existir algún problema en Su Creación en este punto?

PPC Fíjate en la palabra "bendijo" en **1:28**. ¿Cuál crees que sea la razón para esto?

D. Asignación

Lee **Salmos 74:12-17, Isaías 45:5-8,** y **Hechos 17:24-28**. Usando las descripciones de 'supervisión' y 'control de calidad,' busca cada función en estas porciones de la Biblia y describe cómo aparecen narradas en cada una.

E. Actividad de Aprendizaje

Siguiendo las orientaciones del profesor, brinda detalles de un evento en una clase o situación diferente en que alguien, desde una posición de supervisión, diera un 'buen' reporte. Describe la posición de supervisión de esa persona. Describe cómo juzgó lo que se había hecho para decidir que se había aprobado el 'control de calidad.' ¿Cuál fue el criterio para dar una apreciación positiva?

F. Resumen Final

El Chef Maestro, el Creador, proveyó supervisión y control de calidad para cada día de la Creación. Su calificación de "bueno" para cada día y "bueno en gran manera" en el día sexto, es una clasificación que abarca todo. No hay indicación de error, problema, muerte, enfermedad, conflicto ni ningún otro criterio negativo.

Lección 6 La Dirección del Chef Maestro—Parte 2

A. Objetivo General de la Lección

- Entender que el Chef maestro provee control de calidad y supervisión para las personas desde el principio hasta el presente.

B. Plan de la Lección

- La supervisión y el control de calidad de Dios son perfectos. Él ejerce esas funciones desde el principio de Génesis.
- Como Chef Maestro, observa y emite criterios dentro de Su Creación. Si las cosas no están bien, él lo deja claro y toma acciones para corregir el problema, como un administrador de control de calidad en términos humanos.
- Dios recuerda a las personas Su continua supervisión y control de calidad en varias partes del registro bíblico.
- En otras palabras, Él sigue ejerciendo esas funciones. En contraste, la cosmovisión naturalista del mundo no tiene supervisor, ni causa, ni un propósito en sí mismo. La sobrevivencia es puramente accidental, o aquello que sobrevive es, por naturaleza, mejor que el resto.

C. Lección

Revisamos la definición de control de calidad y supervisión en la lección anterior. Al examinar varios versículos de Génesis, vimos que el Chef Maestro ejerció esas funciones mientras creaba, haciendo comentarios (valoraciones) al final de cada día en el primer registro de la Creación. Esas funciones, sin embargo, se extienden a situaciones cuyo resultado no es bueno, y de las que emite reportes y valoraciones negativas. Examinemos algunas:

1. Fíjate en la frase "no es bueno" en **Génesis 2:18**. Aunque ese registro no indica que estuviera sucediendo nada malvado o malo, Dios asegura que no hay una ayuda disponible para Adán. El resultado es asombroso. Dios crea a la mujer a partir del hombre, y define la relación fundamental para ambos. Estudiaremos esto con más detenimiento en otra lección.
2. Fíjate en el reporte y en el juicio negativos que Dios menciona en **Génesis 3:14-17**. En ese caso, no sólo se da un reporte negativo, sino que el Chef Maestro introduce una palabra nueva y *cáustica* ("maldita") que muestra la extensión del disgusto de Dios.
3. Fíjate en la afirmación de Dios en **Génesis 6:12** y **8:21**.

Estudiaremos los cambios que tuvieron lugar en la Creación al principio de la historia del hombre, pero ya puedes ver que la perspectiva bíblica de la creación del universo apunta a la acción directa de Dios en la Creación, pero también en los asuntos del hombre como eventos que pertenecen al desarrollo del universo creado. Las *repercusiones* y ramificaciones de los sucesos muestran la atención cuidadosa de Dios. Así que la perspectiva bíblica de la Creación está en completo contraste con un universo que se auto-desarrolló sin supervisor, sin causa ni motivo alguno.

Para confirmar con otras partes de la Biblia, leíste unos versículos en la asignación para esta clase, y anotaste cómo se mostraba en ellos la revisión y el control de calidad de Dios. Las siguientes preguntas profundizan en cada una de las referencias:

PPC En **Salmos 74:12**, explica cómo 'obrar salvación' es una función activa en el texto que sigue. En **Isaías 45:5-8**, explica a partir del versículo 7 hasta qué extremo llegará Dios para dejar claro que Él es Dios. Explica a partir de **Hechos 17:24-28** cómo Sus funciones de supervisar y controlar la calidad no han cesado en el tiempo.

Salmos 33:13-19 contiene una buena descripción de la posición de supervisión de Dios, unida a la exhortación del versículo 18, donde se nos dice que Dios vela sobre aquellos que le temen y que confían en Su amor constante.

D. Asignación

Lee **Génesis 1:1-9**. Haz una lista de las cosas creadas.

E. Actividad de Aprendizaje

Divídanse en equipos. Cada equipo debe imaginarse como los ayudantes de Dios. Él ha dado al equipo autoridad para crear el restaurante de comida rápida perfecto. Describe 4 cosas que lo harían perfecto. Entonces, asume que un mal administrador toma control, trata mal a los obreros y produce mala comida para los clientes. Ya que ejerces una autoridad completa y te encargas del control de calidad con una supervisión perfecta, describe 3 cosas que harías para corregir la situación y lidiar con el mal administrador. A partir de esta experiencia, escribe la descripción del puesto para el nuevo administrador en términos de la supervisión y el control de calidad que le exigirías. El profesor pedirá a los equipos que expongan los resultados.

F. Resumen Final

El ejercicio de supervisión y control de calidad por parte de Dios comenzó con el Génesis. Él sigue ejerciendo esas funciones.

Lección 7 Creación: Día Uno

A. Objetivo General de la Lección

- Comprender lo que sucedió el primer día de la Creación.

B. Plan de la Lección

- Dios hizo una elección específica de palabras y de lenguaje para asegurarse de que entendiéramos su significado dentro de Su Registro.
- El patrón de palabras en los primeros ocho versículos de Génesis es lenguaje simple para indicar que los días de la Creación fueron días de 24 horas.
- El Día 1 de la Creación marca la creación del tiempo, los cielos y la tierra (en su estado inicial acuoso y sin forma; la oscuridad estaba sobre "la faz del abismo").
- El Espíritu de Dios se menciona por primera vez en este primer día de la Creación.
- Dios creó la luz (el día) en el primer día, alterando la condición inicial de tinieblas.

C. Lección

Resumen e Introducción

En las primeras lecciones, comenzamos con nuestra discusión sobre Dios, el hecho de que Su perspectiva es diferente, el registro de Sus acciones en la Biblia, y el ingrediente con el que comenzó a crear el universo (Su palabra o mandato). Esto es distinto a considerar una perspectiva impersonal o naturalista del universo. También examinamos la injerencia de Dios en Su Creación, en términos de revisión y control de calidad, analizando palabras y pasajes concretos de las Escrituras.

Hablamos sobre la importancia de las palabras elegidas por Dios en el reporte que nos dio. Los principios importantes para estudiar ese Registro incluyen prestar atención al significado literal de las palabras y oraciones, al igual que entender las múltiples referencias que hablan del mismo tema. Estos principios adquieren importancia a medida que las lecciones progresan, porque examinaremos versículos específicos. Haremos menos lecturas, pero examinaremos más las palabras y frases para asegurarnos de entender lo que Dios nos dice.

Esta lección cubre el primer día de la Creación tal como lo encontramos en **Génesis 1:1-5**, que debemos leer ahora.

PPC Usando las notas que tomaste en la asignación, haz una lista con todo lo que fue creado el primer día. El profesor pedirá la referencia del versículo y las anotaciones para mostrarlas en la pizarra.

El Chef Maestro Comienza

En la última lección, presentamos la primera frase ("En el principio") del registro bíblico de la Creación que Dios nos dio. Al igual que en una carta o postal, donde las personas comienzan escribiendo la fecha, Dios nos presenta el tiempo creado. Él, siendo eterno, creó el tiempo para Sus propósitos, que incluyen el comunicar el principio de su trabajo de creación. El resto de la oración es simple. Lee por tu cuenta las palabras que se usan. En una oración, tenemos tiempo, tierra y cielos en sus formas originales. Este famoso principio, tan bien conocido y tan a menudo desechado, merece que lo analicemos bien. Génesis no nos da a entender que haya nada involucrado ni presente en el principio más allá de Dios. El verbo que se usa en este versículo, en pasado, y el sujeto, Dios, no dejan lugar para ningún otro mecanismo. Es simple. El Dios Eterno creó.

Un Patrón Para Observar

Con el paso de los días (los seis días de la Creación), hay algunos patrones en los que reparar. Se repiten para nuestro beneficio –no para el Suyo, porque Él es eterno y conoce todas las cosas. Pero nosotros no podemos saberlas a menos que Él nos las diga. Si nos repite algo o nos muestra un patrón distintivo, tomamos nota. Uno de esos patrones se muestra en cada uno de los seis primeros días de la Creación. (Él descansó en el séptimo día, pero podemos asumir que ese séptimo día tuvo la misma duración que los otros seis.) Démosle una breve mirada, porque las implicaciones son profundas y la información que nos ofrece es impactantemente distinta de cualquier otra perspectiva. Lee la última oración de cada uno de los siguientes versículos de **Génesis 1:5, 8, 13, 19, 23** y **31**.

Escribe la frase que se repite y discute las siguientes preguntas:

PPC Comenta: ¿Hay una forma más clara de asegurarse de que entendamos que los eventos de cada día de la Creación ocurrieron durante un periodo de tiempo, común y reconocible, que conocemos como un día solar (24 horas)? [Nota de investigación: ***ordinary days***]

PPC Asumiendo el significado literal de las palabras, ¿hay otra interpretación razonable del tiempo que duró cada día de la Creación?

Se han dado otras definiciones, pero los expertos de la Creación bíblica, estudiosos de la Palabra que creen en la infalibilidad de la Biblia, y estudiosos judíos de importancia clave (ya que esto fue escrito en hebreo) han llegado a la misma conclusión: cada día es en verdad un día solar, o una rotación completa de la Tierra. Hay también varios estudios y artículos que comparan la frase con otras partes de la escritura donde se usan términos o frases similares. La respuesta es la misma: esos días son días regulares de 24 horas de duración. Nosotros, como la audiencia objetiva de Dios, debemos ver esto sin confusión alguna. Más tarde daremos otras fuentes y referencias para aquellos que deseen investigar más este asunto.

Nota: A medida que las ideas sobre las largas eras de tiempo se hacían dominantes, algunos cristianos intentaron introducir un espacio en el Día 1, entre el versículo 1 y el 2. El propósito era intentar que ese periodo de largas eras de tiempo encajara en la Biblia. Todas las teorías respecto a ese 'espacio' tienen la misma intención. Al hacerlo, sin embargo, deben ignorarse las palabras directas, y es preciso aceptar que ocurrieron millones de años de catástrofe, muertes y enfermedades (todo ello malo) frente a la valoración que Dios hizo de Su obra (toda buena). También hay un problema en el Nuevo Testamento para los que aceptan ese enfoque, ya que en él se establece que la muerte y los efectos del pecado llegaron a través del pecado de Adán, que ocurrió <u>después</u> de la Creación.

Como lector, fíjate en que el primer versículo del Génesis da fe del primer evento que se reporta al principio del primer día. El Autor de la afirmación sabe lo que está diciendo, y pone una frase al final de cada día para que podamos marcar el tiempo con Él a medida que explica el resto de lo que hizo.

Día 1.

Por favor, fíjate en el versículo 2. **¿De qué manera se identifica Dios a Sí mismo en este versículo?**

Aquí tenemos la primera vez en que se menciona el Espíritu de Dios. Se menciona en muchas otras escrituras. Una referencia muy conocida es **Juan 14:15-21**, donde se describen Sus propósitos, después que Jesús es resucitado. En este caso, el Espíritu de Dios se describe flotando de forma atenta y dispuesta –listo para actuar sobre un cielo y una tierra aún en formación. No hay pérdida de tiempo cuando Dios actúa.

Fíjate en lo siguiente:
1. El control de calidad y la conclusión de Dios en el versículo 4 con respecto a lo que ha creado.
2. Cómo Dios nombra a la luz y a la oscuridad tal y como aparecen ante nosotros en la Tierra.
3. La afirmación que da fin al día, y la forma en que está dicha en la última oración del versículo 5.

Lee **1 Juan 1:5, Juan 1:5,** y **Juan 8:12** que se refieren a Dios como luz –en el sentido de santidad perfecta, en contraste con la oscuridad moral. Pero la luz física fue creada por Dios en el primer día de la Creación. Al final del día 1, tenemos ciclos de días y noches. De ahí podemos deducir que la Tierra ha empezado a rotar, y que la luz llega desde una dirección fija. La fuente original de luz de este día 1 (no se nos dice exactamente qué es) no puede ser el sol, ya que este no es creado hasta el día 4, después de lo cual la luz del día 1 ya no es necesaria. [Nota de investigación: *light before sun*]

Fíjate en que no se menciona ninguna aparición gradual de la Tierra. La Tierra, aunque desordenada y vacía, es establecida junto con los cielos y es descrita como "aguas." En cierto sentido, es una esfera de agua sobre la nada, lo cual coincide con la descripción de la Tierra en **Job 26:7**. Su forma esférica se menciona en **Isaías 40:22**. (La idea de una tierra plana nunca fue parte de la perspectiva bíblica.)

PPC Con el estudio de los versículos hasta aquí, ¿cómo describirías el estado de la Tierra al final del primer día de la Creación?

D. Asignación

Lee **Génesis 1:6-9** y describe con tus propias palabras cada una de las cosas que fueron creados.

E. Actividad de Aprendizaje

Considerando los resultados de las acciones del Chef Maestro en el primer día de la Creación, comenta lo que ocurrió primero en contraste con lo que afirman la mayoría de los libros del mundo secular.

F. Resumen Final

El primer día de duración solar de la Creación incluyó la creación de los cielos y la tierra –marcando también el inicio del tiempo– pero la tierra está vacía y cubierta de agua, sin luz. Entonces, Dios crea la luz y separa la luz de las tinieblas, nombrándolas (día y noche). Afirma que la luz es "buena."

Lección 8 Creación: Día Dos

A. Objetivo General de la Lección

- Comprender qué ocurrió en el segundo día de la Creación

B. Plan de la Lección

- El Día 2 parece ser el más corto si lo juzgamos por la cantidad de cosas que se crearon en él, pero lo que se hizo es esencial para la vegetación, los seres vivos y, por supuesto, la humanidad.
- Separar las aguas es más que una simple división, es la creación de las características de cada categoría para el agua y la atmósfera.
- Se separan las aguas que estaban debajo y sobre la extensión. Esto se discute entre los científicos y especialistas de la Creación, pero no se conoce su significado exacto. En cualquier caso, la atmósfera en sí contiene una humedad significativa.

C. Lección

El Trasfondo

El Día 1 marca la creación de los cielos y la tierra a manos de Dios, o lo que es más comúnmente explicado como el comienzo del tiempo, la materia y la energía, junto con la Tierra. Sin embargo, la Tierra es descrita como informe y vacía, con tinieblas flotando sobre la "faz del abismo." Es una descripción tanto de la Creación hasta este punto como del Espíritu de Dios listo para la acción. Y, de hecho, la acción sigue con la creación de la Luz y la separación de la luz y las tinieblas, así que ahora tenemos día y noche –términos elegidos por Dios. Un científico describió esto como una matriz acuosa en rotación. El primer paso del Chef Maestro se ha completado, marcando el final del primer día con el familiar patrón de palabras al final del versículo 5.

Día 2

Lee **Génesis 1:6-8**, que describe los eventos de la Creación en el segundo día. Este parece ser el día más corto en términos de la cantidad de cosas que se hicieron en él, pero tiene un resultado en verdad magnífico. Este momento de la Creación separa las aguas de las aguas –debajo y encima del "firmamento" o la expansión que fue nombrada "cielo" por el Señor. Desde nuestro punto de vista, ya que Él nos está dando información intencionalmente, tenemos una definición comprensible, ya que estamos en la tierra; podemos mirar hacia arriba y ver los 'cielos' o 'expansión.' Parte de esto queda fuera de nuestra atmósfera, que continuará siendo cambiada a medida que continúe la Creación. La parte de la "expansión" que vemos mejor o que mejor apreciamos es la atmósfera.

No se conoce el significado exacto de las aguas que estaban sobre la expansión; Dios no nos da detalles. Es razonable pensar que algunas de las características de la atmósfera, y puede que de las aguas que estaban "sobre" la expansión (o firmamento), fueron alteradas durante los eventos posteriores a la Creación. La parte de la atmósfera que nos permite vivir, por supuesto, permaneció tal y como era en el principio.

Es fácil olvidar la importancia de la atmósfera porque siempre hemos vivido en ella. Pero considera sus componentes, densidad y características, que se mantienen en un delicado equilibrio. Sin sus componentes, nada puede vivir ni crecer. La forma en que el sonido viaja en el aire depende por completo de sus características. La música depende de ella por completo. Su espesor alrededor de la Tierra es extremadamente superficial, pero es el espesor correcto para la vida, el clima y el vuelo.

Hay partes superiores de la atmósfera, mucho menos perceptibles, pero que son estudiadas y monitoreadas cuidadosamente porque son esenciales para la protección de la vida, ya que actúan como filtros o reflectores de la radiación que no podemos ver. Por otro lado, es transparente, lo cual permite la absorción apropiada de energía y una 'ventana' a través de la que podemos ver el espacio.

Nota: Más allá de la atmósfera tenemos más espacio, que es algo creado. El espacio es inusual. Para nosotros, es como un gran contenedor de las cosas que se crearon el Día 4, pero el espacio es una entidad creada –no es sólo ausencia de materia. Hacia el final de los primeros dos días tenemos tiempo, espacio, materia, algo de movimiento (rotación), energía inherente, una tierra acuosa y una atmósfera, todo ello en espera de la siguiente orden del Chef Maestro.

PPC Investiga las características generales de la atmósfera en otros planetas del sistema solar y compáralas con la atmósfera de la Tierra. Recuerda: Ningún otro cuerpo planetario (ni estrellas) ha sido producido todavía en este punto del registro que hizo Dios de la Creación, pero tenemos mediciones acertadas procedentes de las últimas décadas que nos brindan información atmosférica de varios de ellos. Sus atmósferas son radicalmente diferentes. ¿Qué has investigado?

D. Asignación

Lee el registro del Día 3 de la Creación que aparece en Génesis (**Génesis 1:9-13**). Revisa también los siguientes versículos en Salmos y Job y anota los tipos y funciones de vegetación que se mencionan: **Salmos 104:14, 16; Job 38:25-27; 39:8, 40:15; y 40:21-22.**

E. Actividad de Aprendizaje

Asumiendo una densidad atmosférica de 10000 m (muy por encima de la mayoría de los climas y más allá de lo que podemos respirar) y un radio aproximado de la Tierra de unos 6300 km, dibuja en la pizarra el radio de la Tierra a una escala de 1m=6300 km. Después, calcula la densidad de la atmósfera a igual escala y dibuja su radio. Observa y comenta sobre el propósito principal de la atmósfera, teniendo en cuenta su espesor en comparación con el planeta que dibujaste a escala.

F. Resumen Final

El Chef Maestro creó la atmósfera y el espacio más allá de ella en el segundo día de la Creación. Separó las aguas por medio de un "firmamento" o "expansión."

Lección 9 Creación: Día Tres

A. Objetivo General de la Lección

- Comprender qué sucedió en el tercer día de la Creación.

B. Plan de la Lección

- Recordatorio: Las palabras de Dios son deliberadas, pensadas para comunicarse con nosotros, y van directo al punto. En vistas del interés del Chef Maestro en nosotros, se supone que debemos descubrir los detalles; nos hizo para que fuéramos inquisitivos.
- La Tierra antes del Diluvio se veía diferente a cómo la vemos hoy. Es razonable concluir, a partir de las palabras del tercer día de la Creación, que la Tierra era una masa compacta, totalmente lista para recibir la vegetación.
- La vegetación, las plantas que producen semillas y las que producen frutos llenos de semillas, son creados en este día. (Más adelante, Dios declara que son la fuente de comida para los seres vivos y para la humanidad)
- Dios nos presenta la palabra "especies," cuyos límites son fijados. Cada "especie" está diseñada para reproducirse a sí misma.
- El Supervisor Maestro emite dos evaluaciones de "bueno" al final de este día de la Creación.

C. Lección

Resumen

El Día 3 es dinámico para la tierra. El Chef Maestro reúne las aguas, las llama "mares," y hace aparecer la tierra seca. Entonces, llena la tierra con vegetación. Algunas de las cosas que Él crea son inmediatamente reconocibles; otras comienzan a describir algo que ya no vemos de la forma en que fueron. (Algunas cambiaron un poco después de los primeros siete días, como resultado de las acciones de la humanidad y la consecuencia de las mismas. Cubriremos esto en la Unidad 2). Para el final del Día 3, se ha hecho mucho en la superficie de la tierra para prepararla en pro de las cosas vivas.

Las Palabras

Como hemos hecho hasta ahora, prestémosle atención a las palabras y a las frases. Dios no malgasta palabras. Es deliberado. Su reporte es un resumen, y no un documento detallado ni erudito.

PPC ¿Por qué nos daría Dios únicamente un resumen histórico? Es apropiado preguntárselo. Pudo haber escogido no darnos nada de información o darnos demasiada. ¿Por qué esta dosificación considerada? Analiza esto antes de pasar al siguiente párrafo. Considera esta situación: Si fueras un supervisor benevolente a cargo de muchas personas y quisieras comunicar lo suficiente para mostrarles tus intenciones, pero también quisieras que ellos se acercaran, preguntaran y aprendieran, ¿cuánto les dirías?

Recuerda que el registro que hace Dios es para que lo entienda el lector común. O para que sea leído a alguien que no puede leer, pero que es capaz de entender la 'narración' de lo que está escrito. Es bueno considerar Su público objetivo, porque los detalles de la Creación que comienzan a mostrarse desde este punto en adelante son los relativos al mundo que podemos ver alrededor nuestro. Es increíblemente complejo y fascinante. Sabemos por otras escrituras, especialmente las de Job, que Él pretende que observemos Su Creación para apreciar Sus maravillosos hechos, como se dice en los Salmos. Así que es comprensible que el tiempo básico y las categorías de la Creación sean presentados en una forma acertada y deliberada con palabras específicas, pero que el descubrimiento de los detalles se nos deje a nosotros.

Día 3

Lee **Génesis 1:9-13**.

PPC Haz una lista de las cosas que se hicieron en el día 3 por medio del comando de Dios. Una vez que la termines, enumera algunos de los procesos que son parte de las cosas creadas. Este ejercicio, incluso con la capacidad de observación de un niño, nos muestra rápidamente la magnitud de lo que se hizo durante el día 3.

La tierra seca parece una categoría muy simple de sustancia, pero las cosas que forman parte de la misma, como los suelos, las rocas, la forma de la tierra alrededor del agua, la forma en que actúa el agua en el límite entre la tierra y el mar, todos ellos son muy complejos. Han fascinado a las personas durante siglos. El granjero reconoce los distintos tipos de suelos. Estos suelos fueron específicamente creados para la vegetación.

Fíjate en que la aparición de la tierra seca fue motivada por una orden. La tierra seca fue preparada en verdad para lo que seguiría en el día 5 y en el día 6. Puedes pensar en una tierra empapada que ha estado expuesta constantemente al agua, pero eso no es lo que se describe. No es sólo tierra; es tierra seca que se ha reunido y preparado a la orden de Dios —lista para el siguiente paso. También nota que se le ordenó a las aguas "reunirse" para que apareciera la tierra seca. Esta descripción es un poco diferente de lo que vemos actualmente en la superficie de la tierra, pero los cambios, que ocurrieron en el Diluvio del Génesis, alteraron el diseño original. Discutiremos esto en próximas lecciones. Pero por ahora, fíjate en que la descripción de lo que Dios creó implica que al principio había una única masa de tierra.

Los versículos 11-12 son el registro de Dios creando toda la *vegetación* en la superficie de la tierra. De hecho, Su orden está al principio del versículo 11. "Produzca" es la orden, y el resto del versículo describe los detalles. La respuesta a la orden se especifica al final del versículo: "Y fue así." Podemos identificar las particularidades creadas, porque las vemos hoy en día. Desde las plantas pequeñas hasta las gigantescas secoyas, desde las plantas de hojas diminutas hasta los árboles de grandes hojas, desde el arbusto más simple hasta el más complejo mini-ecosistema de un pino, Dios vio todo eso antes de que fuera creado y le ordenó "fructificar." En el proceso, estableció los ciclos necesarios para su continuidad: producirían semillas y frutos. Podemos admirar los bosques; Él los vio antes de que existieran. Vemos un campo lleno de plantas o hierbas mecerse en la brisa; Él lo conocía antes de que fuera plantado. Nos maravillamos ante el complejo sistema de raíces y la producción de clorofila que convierte la luz en alimento; Él lo diseñó todo antes de que se manifestara en la tierra. El total de la variedad y complejidad es demasiado para que podamos imaginarlo, y es una elocuente fábrica de comida para lo que sigue. El versículo 12 describe la respuesta al comando de Dios, incluyendo la 'opinión' de Dios de que la misma era "buena."

PPC Examina la lista de cosas creadas que hiciste al principio de esta lección. ¿Has considerado la cantidad de detalles que se resumen en estos breves versículos? Explica la precisión en las condiciones de la atmósfera, que hizo posible el bio-sistema, y que era conocida por Él incluso antes de que existiera.

Nota: No hay ni una pizca de duda, dificultad, ni tiempo compactado. Algo queda claro: cada uno de los tipos de esta parte de la Creación define una 'especie' y los lazos entre las mismas han quedado fijados. [Nota de investigación: *What is a kind?*]

PPC Si Dios dice que las cosas produzcan según su 'especie,' ¿qué piensas que eso significa, y cuán firme es esa orden? Utiliza este ejemplo en tu explicación: hierbas.

Cuando Dios establece algo, es permanente a menos que Él lo cambie. Por tanto, producir según la 'especie' es enfático. Los tipos significativos de vegetación tienen límites. No se desarrollaron de materiales no-vegetales, y producen según su especie y no otra. No hay cambio, proceso ajeno de desarrollo o evolución que cruce los límites fijados por Él. El principio de esta restricción y su funcionamiento a lo largo del tiempo es exactamente el mismo que aún observamos. Aunque algunas plantas se extinguen y otras parecen tener un sistema imperfecto, esto se debe a que otros eventos ocurrieron después de la Creación como consecuencia del comportamiento del hombre, y todo eso afectó a la vegetación. Estudiaremos esto en próximas lecciones.

Dios cierra este día con la misma descripción del principio y el final del día.

PPC Revisa las palabras de cierre en comparación con los días 1 y 2. Hasta aquí, tenemos tres días de Creación con una afirmación en común para mostrarnos el paso del tiempo. Así que, ¿cuánto tiempo ha pasado desde el principio de la Creación hasta el final del tercer día –desde el principio hasta una Tierra con terreno seco, vegetación plena y mares?

D. Asignación

Lee **Génesis 1:14-19, Salmos 19:1-6, e Isaías 40:25-26**.

E. Actividad de Aprendizaje

Considera los suelos que existen actualmente a nivel mundial. Haz una lista con tantas consideraciones como puedas, y explica los diferentes tipos de suelos y las características que los hacen adecuados para cierta vegetación en particular. Encuentra al menos tres tipos de suelos diferentes en tu entorno y anota las diferencias.

F. Resumen Final

El Chef Maestro creó en el tercer día los mares, la tierra seca y la vegetación –una exquisita preparación final de la tierra, que queda lista para recibir lo que Dios tiene reservado para los Días 5 y 6.

Lección 10 Creación: Día Cuatro

A. Objetivo General de la Lección

- Comprender qué ocurrió en el cuarto día de la Creación.

B. Plan de la Lección

- Dios vuelve a prestar atención a los cielos, creando luces en el mismo y declarando sus propósitos principales (separar el día de la noche; mostrar señales y estaciones, marcar los días y los años; iluminar la Tierra).
- El sol y la luna reciben una atención específica en la Creación de Dios, son los que rigen el día y la noche.
- Las estrellas, en su amplia variedad, son creadas durante el mismo día. Todo lo que contiene la esfera celestial queda totalmente completo.

C. Lección

Resumen

El cuarto día de la Creación produce la múltiple belleza de los cielos. La magnificencia y el poder de Dios se muestran en la variedad y tamaño de las cosas que crea. Los procesos y leyes que crea comienzan a proclamar la profundidad de Su sabiduría. Cuando la mayoría de los creyentes analicen lo que ha sido hecho para el final del Día 3, y ahora en el Día 4, verán una Tierra multifacética lista para la vida, y un despliegue en los cielos para ser apreciado por la humanidad, cuando sea creada en el Día 6.

El Día 4 de la Creación bíblica puede ser chocante para la creencia predominante de que los innumerables objetos del espacio tardaron billones de años en desarrollarse. Sin embargo, los hallazgos de los últimos 50 años, incluyendo los que se relacionan con nuestro sistema solar, sugieren que el poder de Dios para crear instantáneamente se extendió a los cielos, de la misma forma que a la vegetación del Día 3 de la Creación. Más aún, la complejidad, el tamaño y los tipos de materiales, procesos y condiciones que se encuentran en el cosmos, desafían toda idea de un desarrollo accidental. El trabajo de Dios en este día es espectacular, y Él lo señala en varias escrituras. Lee **Génesis 1:14-19**.

PPC Usando la referencia del Génesis como punto de partida, explica el propósito de los cielos tal como es definido con más amplitud en Salmos 19:1-6. Explica qué se confirma en Génesis a partir de Isaías 40:25-26.

PPC Haz una lista de las cosas que se produjeron el Día 4. Haz una segunda lista con los verbos y relaciónalos con los objetos creados.

Si analizas tu lista, verás que Dios creó una serie de objetos en el espacio con un propósito en mente. Los objetos del sistema solar (aparte del sol y la luna) se incluyen en la definición de estrellas que nos da Dios. Se les llamó 'estrellas errantes' en un pasado, porque no se quedaban quietos en una posición relativamente fija como las estrellas del firmamento. El sol y la luna son descritos separadamente y se les dan propósitos separados. Son más obvios para nosotros y rigen en nuestros cielos, como dice Dios, por su cercanía e influencia en la Tierra.

Como el sol produce la luz dominante que conocemos ahora, a pesar de que la luz fue producida en el primer día de la Creación, entonces Dios también refinó las fuentes de luz en este cuarto día de la Creación.

Podríamos hablar por horas sobre la naturaleza especial del sol, la distancia ideal a que está el sol de la Tierra, el tamaño único de la luna y sus sutiles efectos en la tierra, y la multitud de objetos del espacio profundo que pueden ser imaginados hoy en día. Los satélites artificiales nos han dado una inmensa cantidad de datos de los planetas, que demuestran que cada uno de ellos es único en su tipo. Las conjeturas sobre el origen, cuando excluyen a Dios, han estado sujetas a constantes cambios a medida que los nuevos datos contradicen las suposiciones originales. A través de todos estos cambios, las órdenes de Dios y sus resultados permanecen sin cambios, su estudio los revela magníficos, y declaran la gloria de Dios como se dice en el Salmo 19:1-6. Al final, tenemos un reloj preciso que mide el tiempo en la Tierra, marca las estaciones y nos recuerda que el universo tiene dirección en el tiempo. El comienzo del tiempo, por supuesto, fue creado por Dios en el primer día.

Fíjate en la afirmación con que Dios cierra el reporte en Génesis 1:18 (La última oración) y 19, donde da Su completa aprobación del final del Día 4 de la Creación, y lo termina con las mismas palabras que usó para marcar el fin de los días anteriores.

Al concluir el Día 4, la esfera celestial está completa y lista para su observación y estudio. Los propósitos y efectos prescritos para la luna también están completos. La fuente original de luz para la tierra, que se describe en el Día 1, fue removida.

D. Asignación

Lee **Génesis 1:20-23, Job 12:7, Ezequiel 17:23, Job 41**. Enumera 10 características prominentes de la criatura que se describe en Job 41.

E. Actividad de Aprendizaje

Usando el conocimiento general de los estudiantes que aprenden sobre el sistema solar y las estrellas, haz una lista de categorías de diferentes objetos del espacio y defínelos de forma general. Calcula la energía de una estrella estándar ($E=mc^2$) y encuentra el número aproximado de estrellas que contiene una 'ciudad estelar' (galaxia) para obtener la energía estimada de una galaxia.

F. Resumen Final

El Día 4 marca la creación de objetos en el espacio, desde nuestro sistema solar hasta galaxias en el espacio profundo. El tamaño, la distancia y las características de los objetos son una confirmación directa de la gloria y el poder de Dios.

Lección 11 Creación: Día Cinco

A. Objetivo General de la Lección

- Comprender lo que ocurrió en el quinto día de la Creación.

B. Plan de la Lección

- El Día 5 usa la palabra "especies" para dos reinos de seres vivos: las criaturas voladoras (aves; lee la nota debajo) y las criaturas marinas. (Una 'especie' es una definición limitante, porque cada especie creada sólo puede reproducirse según sus características).
- Las criaturas marinas y las voladoras son creadas en el día 5.
- Dios usa un lenguaje y unas órdenes inconfundibles para que los mares se llenen de criaturas, y para que las criaturas voladoras vuelen sobre la faz de la tierra.
- Las órdenes del Chef Maestro en los Días 3 y 5 incluyen a los mares, la tierra y el aire, que se llenan de vegetación, criaturas marinas y voladoras. Entran en operación complejos ecosistemas –preparados para el siguiente día de la Creación.

Nota: La palabra "aves," que se usa en la mayoría de las traducciones modernas de la Biblia, se traduce más literalmente del hebreo como 'criaturas voladoras.' Esto incluye seres como los murciélagos y los pterosaurios.

C. Lección

Resumen

Se puede decir que el curso, o dirección, del trabajo de Dios en la Creación cambia en el día 5. Llegamos ahora a las acciones de Dios que llenaron de vida los mares, la tierra y el aire. Estas acciones preparan la tierra para el último día de crear. Esto significa que entran en operación complejos ecosistemas, en plena madurez. La Tierra es ahora un hábitat listo para el último día creativo. Lee **Génesis 1:20-23** para ver lo que concierne al quinto día de la Creación.

PPC Como hicimos con los días anteriores de la Creación, busca los verbos que Dios usa en los versículos 20 y 21, así como los objetos de esos verbos (las cosas creadas). Toma nota del hábitat que se les asigna. ¿Aparece otro hábitat para ellos, o se espera que ocurra una transición a otra 'especie' en lo que se dice? Describe en términos numéricos lo que está presente al final del día, después de que Dios los "bendice."

Nota que la palabra "especie" es usada dos veces –una para las criaturas del mar y una para las criaturas voladoras. Esta palabra se refiere a la agrupación de las cosas. "Especie" es una definición muy limitada. La palabra '*género*,' usada en algunas traducciones de la Biblia, se ajusta mejor al significado. Hay muchas familias de cosas creadas en ambos reinos. Así que cada reino tiene muchas especies, pero el elaborado (se podría decir que milagroso) código en los genes de cada una incluye el potencial para que más adelante se desarrollen varias razas dentro de las especies. Sin embargo, las 'especies' no se cruzarán ni se convertirán en otra especie. Dios puso límites y especificó que cada especie se reproduciría según sus propias características. Por mandato de Dios, una especie no puede reproducirse con otra ni convertirse en otra.

Los detalles de cualquier especie son complejos. Considera esto: Dios, en Su sabiduría, creó el concepto, la estructura, los materiales, los sentidos de todas las criaturas voladoras en este día. Incluye sus vuelos complejos, la habilidad de buscar comida, sus llamados y demás. Incluye también las interacciones correctas con la atmósfera, la tierra y la vegetación que forman un hábitat. Así que cada especie de criatura alada es única, y se relaciona de forma diferente con su ambiente. ¿Puedes ver cómo cada especie creada, más que la creación de un género, es una creación interrelacionada, con vínculos entre las especies y las fuentes de comida que comparten?

Fíjate en el verbo "bendijo" en el **versículo 22**. Mira las palabras que siguen y que indican los números de aves y criaturas marinas. Así que Dios no sólo creó los géneros de aves y seres marinos, también ordenó que sus números se incrementaran y llenaran tanto las aguas como los cielos. Con un conocimiento general de los increíbles tipos de criaturas marinas y voladoras que vemos hoy en día, sólo podemos imaginar cómo se veía la escena. La vegetación lujuriosa, unida a incontables criaturas acuáticas y aves, formando un ecosistema complejo y en funcionamiento. Sólo les faltaba una influencia, la de las cosas que serían creadas el sexto día.

Mira la referencia al tiempo que hace Dios en el versículo 23. Compara la estructura de la oración con las palabras que usó al final de los días previos.

D. Asignación

Lee **Génesis 1:24-2:3**. Haz una lista de lo creado. Encuentra los mandatos que se le dieron al hombre y enuméralos. Encuentra las definiciones en el diccionario para las palabras 'someter' y 'dominar.'

E. Actividad de Aprendizaje

Una criatura marina excepcional (según énfasis de Dios) se describe en Job 41. En base a la asignación de la clase pasada, en la que hiciste una lista con los atributos del Leviatán, forma de 3-4 equipos. Hagan una rápida ilustración de las partes de la criatura, usando su imaginación, pero asegurándose de que encajan con las características descritas en Job 41. Comparen los dibujos (15 minutos).

F. Resumen Final

Las criaturas voladoras y marinas son creadas y se multiplican en la tierra y en los mares, respectivamente, en el quinto día de la Creación de Dios.

Lección 12 Creación: Días Seis y Siete

A. Objetivo General de la Lección

- Comprender qué ocurrió en el sexto y séptimo días de la Creación.

B. Plan de la Lección

- Las criaturas de la tierra se mencionan por primera vez en el Día 6, cuando Dios empieza a formarlas en amplias categorías de "especies" definidas por Él mismo: ganado, animales que se arrastran y bestias. Su hábitat ya está completado y listo para recibirlos.
- El "hombre" es creado a partir de la propia imagen del Chef Maestro. Varón y hembra son creados de forma separada y distintiva.
- Dios se identifica a Sí mismo como "nosotros" y "nuestra" para mostrarnos Su naturaleza de Trinidad (tres en uno), que es confirmada en otros libros de la Biblia. (El Espíritu de Dios es mencionado en el primer día de la Creación.)
- La posición y el propósito del hombre en relación con el resto de la Creación es regir o tener dominio sobre las cosas en el mar, la tierra y el aire.
- Las plantas y árboles de semilla son dispuestas por Dios como alimento para los seres vivientes.
- Dios termina la Creación en el sexto día, y la valora como "muy buena," y descansa de su obra creativa en el séptimo. Bendice el séptimo día y lo "santifica."

C. Lección

Resumen

El registro bíblico de la Creación termina en un clímax notable en el Día 6, con la creación de los "seres vivientes," aquellos que tienen aliento de vida, y que habitan en la tierra. La parte más notable es la creación del hombre a imagen de Dios. Miles de criaturas, además del hombre, son creados el mismo día —al igual que el resto de las facetas de la Creación en los demás días. La tierra y los cielos, en este punto, están totalmente listos para Su obra. La impronta de la imagen de Dios en el hombre, en particular, hace de este día algo enteramente único —incluso sin considerar el resto de las cosas— en comparación con cualquier otra parte de la Creación. Entonces, Dios hace algo diferente en el séptimo día. Lo "santifica" y lo convierte en un día para reposar de la tarea de crear.

Día 6

Como se orientó, expongan las respuestas a la asignación de la lección anterior. Relee el reporte del sexto día de la Creación en **Génesis 1:24-31**.

PPC ¿Hay algún vacío entre las 'especies' de cosas que se enumeran y la siguiente oración que dice "Y fue así"? Algunas traducciones dicen, "y sucedió." ¿Han indicios de experimentación o debate por parte de Dios en el proceso de crear lo masculino y lo femenino?

PPC Fíjate en la afirmación final, breve pero acertada, que Dios hace al final del versículo 25 sobre la Creación descrita en los versículos del 22 al 25. Compara esa afirmación con el versículo 31 y analiza la diferencia en perspectiva para la segunda afirmación.

Nota que la creación de las especies básicas de criaturas **incluye** a los llamados 'dinosaurios' y otras criaturas extintas que aparecen en el registro fósil. Las 'especies' de criaturas, sin importar su hábitat, varían inmensamente en tamaño, peso y una miríada de detalles. Usualmente se olvida que el mundo comenzó con una colección de vida que no vemos actualmente pero que inicialmente **coexistió** con los humanos. Por supuesto, como estudiaremos más tarde, las acciones de los primeros humanos creados tuvieron consecuencias en unas cuantas generaciones. Una de ellas fue un diluvio universal (el Diluvio del Génesis) que cambió radicalmente las condiciones de hábitat y causó la extinción de muchas de las especies que fueron creadas al principio, pero que no sobrevivieron al Diluvio o a sus consecuencias. [Nota de investigación: *dinosaurs* –un término inventado en el siglo XIX]

Los versículos del 26 al 28 son el reporte de cómo Dios creó al hombre el sexto día. Es una creación separada que no está conectada con las criaturas de la tierra, excepto por el hecho de que ocurrió el mismo día. El hombre también tiene el aliento de vida y comparte el mismo hábitat, la tierra.

Fíjate que en la primera parte del versículo 26, Dios se identifica a Sí mismo usando el plural "nosotros." En Génesis 1:1 la palabra usada para Dios es en verdad el plural *Elohim*, pero el verbo "creó" está en singular. Lee **Génesis 1:2** y **Juan 1:9-10** para más detalles sobre este concepto de que Dios es a la vez plural y singular.

Aquí Dios define esta parte de Su Creación con respecto a Él. Dice que el hombre es hecho a imagen de Dios, algo que no dice del resto de las criaturas.

PPC Analiza el significado de esto.

Lee **Génesis 1:27**. Con la autoridad y precisión con las que Dios escoge las palabras, ¿hay alguna forma precursora del hombre? ¿Hay alguna indicación de que este evento de la Creación haya comenzado en un día previo al sexto día? ¿Hay algún experimento, cambio, alteración o modificación de esta parte de Su Creación? ¿Puedes ver por qué esta visión bíblica del hombre es radical comparada con la típica explicación actual del origen del hombre?

¿Hay alguna ambigüedad o significado oculto en la lectura simple de estos dos versículos? ¿Un significado oculto sería consistente con la clara intención de Dios de comunicarnos lo sucedido?

PPC Génesis 1:25-26 también expresa un deber universal del hombre en relación con el resto de la Creación. ¿Cuál es?

PPC Lee **Génesis 1:28** y presta atención a la bendición de Dios y a Sus mandatos. ¿Cuáles son esos mandatos?

Nota 1: En contraste con el mundo moderno, donde la humanidad es considerada poco más que un animal avanzado (consistente con la evolución), Dios pone al hombre aparte. Dios dice tanto en Génesis 1:26 como en el versículo 28 que el hombre debe tener dominio sobre Su Creación. No somos, como supone la evolución, iguales a cualquier otra parte de la Creación. Con la impronta de Dios en nosotros, debemos ser mayordomos sobre el resto de la Creación. No podemos serlo sin gobernar, sin asegurar su apropiada utilidad, su sustentabilidad, y sin usar su fruto apropiadamente para nuestro beneficio. [Nota de investigación: **dominion, stewardship**]

Nota 2: El verbo "llenar" es la palabra hebrea *male*. [Nota de investigación: **replenish the earth**].

Lee **Génesis 1:29-30** y define los tipos de comida para el hombre (en primer lugar) y para las criaturas (en segundo lugar) que son parte del plan original de Dios para la Creación. Fíjate en las últimas palabras del versículo 30 que indican la ejecución de la orden dada por Él a las criaturas vivientes, incluyendo las personas que Él creó.

PPC Compara **Génesis 1:22** con **1:24**. ¿Cuál es el significado claro de las palabras con respecto al tiempo que tomó que Su orden fuera obedecida? Fíjate que la orden de Dios para "varón y hembra" es un poco diferente en **Génesis 1:28**.

PPC Fíjate en el **versículo 31** y analiza el juicio acertado y completo de Dios sobre todo lo que hizo en los seis días de la Creación, que incluyen las cosas, las leyes que gobiernan el universo, los procesos y las respuestas a Sus mandatos. ¿Hay algo que Él identifique como imperfecto o NO bueno? ¿Hay alguna mención de muerte, enfermedad, hambre, maldad, crueldad o cosas así?

La situación nos lleva a muchas preguntas con respecto a lo que vemos hoy día. Pero las preguntas serán contestadas por el mismo Dios. La perspectiva bíblica de la Creación incluye el reporte de lo que salió mal, cuándo sucedió y qué cosas se afectaron. En este punto, sin embargo, toda indicación del registro de Dios y Sus afirmaciones respecto a los seis días de la Creación muestran que todo funcionaba maravillosamente.

Fíjate en las últimas palabras de **Génesis 1:31** en términos de tiempos verbales. Estas palabras señalan el principio y el fin del sexto día de la Creación. Comprueba si concuerdan con las expresiones usadas al final de los días previos. Toma nota también del **Capítulo 2:1**, donde Dios define el fin del periodo del sexto día de creación. ¿Son simples los términos? ¿Está completo el trabajo de la Creación? ¿Según quién?

Recuerda, Dios es breve pero exacto en la descripción, así que el comentario final que hace, además de anunciar que la Creación está completa, es una frase descriptiva de la gran variedad de lo que ha hecho. En verdad, Su Creación de seis días es vasta, con una colección de cosas, procesos, géneros y complejidades que el hombre ha comenzado apenas a descubrir y apreciar. Y la opinión de Dios sobre todo ello es que es "bueno en gran manera," lo que añade un énfasis a la afirmación de "bueno" que fue citada anteriormente. En este momento (al final de los seis días) no hay muerte, ni maldad, ni error alguno en ninguna parte de la Creación.

El registro del Día 7 ocupa dos versículos. La Creación está terminada. La humanidad, así como el resto de las criaturas vivas, no se desarrollarán más en un sentido evolucionista. (Esto no incluye los procesos de adaptación y cambios a partir de la flexibilidad genética de los seres vivos). Con toda la Creación a la vista, Dios hace dos cosas. Primero, escoge reposar de la obra creativa. Segundo, "santifica" el día y lo aparta como el día final de la semana de la Creación. Hay más significado en esto, como revela después la Biblia, como un patrón de actividad.

D. Asignación

Lee **Génesis 2:4-25**. Describe con tus palabras, en dos párrafos, cómo imaginas el jardín, con la mujer y el hombre ocupando un lugar especial, específicamente diseñado, y visitado por Dios.

E. Actividad de Aprendizaje

PPC Analiza lo siguiente: ya que el hombre fue creado a imagen de Dios, ¿qué nos dice sobre Él nuestro diseño completo (cuerpo, alma y espíritu)?

F. Resumen Final

El sexto día de la Creación da como resultado el resto de las criaturas vivientes y la humanidad. El hombre, sin embargo, es creado de forma diferente, a imagen de Dios, y se le da el mandato de multiplicarse, sojuzgar la tierra y tener dominio sobre las cosas en el mar, la tierra y el aire. Dios descansa de crear en el séptimo día y lo santifica.

Lección 13 El Reporte del Jardín—Parte 1

A. Objetivo General de la Lección

- Comprender los eventos en Génesis 2:4-17

B. Plan de la Lección

- El reporte del 'Jardín' o de las 'generaciones' está escrito desde una perspectiva terrenal, donde Dios ha puesto al hombre y a la mujer en su hábitat. El hábitat tiene notables características, como puede verse en la descripción de Dios.
- Dios hace un lugar definido, llamado "Edén," cuyo contenido, incluyendo dos árboles especiales, fue determinado y establecido por Dios de manera muy específica.
- El hombre es creado con un intelecto completamente funcional, una amplia capacidad de lenguaje, capacidad creativa y en comunión con su Creador. Esta comunión fue pensada desde el principio.
- El hombre es llevado al Edén desde su lugar de creación con un propósito específico, y con restricciones específicas definidas por su Creador.

C. Lección

Resumen

El registro de la Biblia sobre la Creación está escrito desde dos perspectivas. Génesis 1 trata sobre Dios, el Chef Maestro, creando todas las cosas; es un informe diario del proceso hasta que ha sido completado, incluyendo un día de descanso. El registro de Génesis 2, en cambio, se centra alrededor de la creación del hombre. Es como si Dios nos invitara a contemplar una parte de su mundo creado, donde el primer hombre habría de vivir. [Nota de investigación: no hay contradicción entre estos capítulos: ***Genesis contradictions.***]

¿Por qué se toma la molestia de hacer que veamos el primer hábitat del hombre tan claramente? Estamos hechos a Su imagen, y Él se preocupa por nosotros. Lo sabemos desde el primer reporte. ¿Es tan necesario este acercamiento? Esto nos da el único registro de cómo eran las cosas antes de las acciones y decisiones del primer hombre y la primera mujer, que cambiaron todo para siempre. Para concebir cuánto ha cambiado el mundo, tenemos que saber cómo era antes. Este reporte pone al hombre como centro del trabajo creativo de Dios, que está muy lejos de ser un proceso evolutivo accidental y sin dirección, donde el hombre fue un accidente trivial.

NOTA

Ya has visto que las palabras, frases y el lenguaje específico juegan un importante papel en este estudio. Normalmente, las personas leen demasiado rápido. Con la nueva tendencia de los medios a poner informaciones rápidas, leer cuidadosamente y pensar sobre lo leído se ha vuelto poco popular. Las mismas tendencias pueden verse tanto en las sociedades ricas como en las regiones en desarrollo. Ten esto en cuenta mientras avanzas. Este estudio se basa en leer cuidadosamente e interpretar las palabras en su significado literal. Las palabras bíblicas no son humanas, aunque los humanos las hayan escrito. La perspectiva bíblica atribuye esas palabras a Dios. Recuerda, Él estuvo ahí. Él hizo que todo esto ocurriera. Hay una tendencia marcada a poner la Creación bíblica en la categoría de un mito elaborado, que se desecha a menudo. ¿Es así? Lee cuidadosamente las palabras de la Biblia. Tómate tu tiempo. Para cuando lleguemos a las Unidades III y IV, el énfasis que hemos hecho en estas primeras lecciones dará su fruto, porque la diferencia con otros puntos de vista se hará obvia para el lector promedio (mayor o joven). Eso es precisamente lo que pretendemos. Y si esta versión de los hechos es en verdad obra de Dios, como cree el autor de este estudio, entonces otros estarán preparados para considerar el efecto de esta perspectiva bíblica de la Creación sobre la forma en que vemos el mundo y el universo que nos rodea, en comparación con una perspectiva naturalista.

El Reporte

Lee Génesis 2:4-25. Haz un breve resumen poniendo un título o pensamiento clave a cada párrafo. (La mayoría de las traducciones identifican los párrafos señalizando la primera palabra, pero otras usan un espacio o símbolo para indicar los párrafos.) **Después continúa con las notas que damos abajo. Si tu traducción de la Biblia no tiene las señalizaciones, usa estas secciones de la Escritura para este ejercicio: Génesis 2:4-7, 8-9, 10-14, 15-17, 18-25.**

Notas para Génesis 2

Versículos 4-7. El versículo 4 deja claro que sigue tratando sobre el mismo cielo y la misma tierra de que se habla en Génesis 1:1. Los versículos del 5 al 7 nos dan la descripción de Dios sobre Su propia Creación, necesaria para el reporte del 'jardín.' Es diferente del enfoque usado por Dios en Génesis 1, porque Dios comienza por decir que no hay nadie que trabaje la tierra, una carencia que necesita solución. Esto lleva a Dios a referirse a la creación del hombre. Es una perspectiva más cercana y personal en comparación con Génesis 1. El toque personal de Dios está involucrado, como indica la palabra "formó." El esfuerzo de la creación, como la actividad creativa en Génesis 1, no tiene lugar a lo largo de mucho tiempo. No hay experimentación ni un largo proceso; lo hace inmediatamente, y añade Su parte de darle vida al hombre soplando en su nariz. Las palabras tienen el toque personal de Dios. Él pretendía, desde el principio, tener compañerismo con el hombre, la corona de Su Creación.

Versículos 8-9. Dios nos da una imagen del Jardín del Edén que plantó. El Edén se describe como un lugar lleno de árboles, hermosos y buenos para comer. Se menciona un proceso de regadío que no proviene de la lluvia. También señala un lugar central en el jardín con dos árboles especiales. Uno es el árbol de la vida, que no vuelve a mencionarse hasta 3:22-24. El segundo es el árbol del conocimiento del bien y del mal, que se menciona en 2:17 y en otros versículos que siguen.

Versículos 10-14. Describen el entorno en la región del jardín, que se caracteriza por hermosos ríos y sustancias especiales de la tierra. Recuerda: Dios está hablando de una Creación que ya ha evaluado como muy buena, así que hay indicios de belleza y características especiales en el lugar donde será ubicado el hombre. El entorno no es accidental, sino diseñado a propósito y mencionado específicamente para nuestro beneficio.

Versículos 15-17 Regresan al reporte de Dios sobre Sus acciones al poner al hombre en el jardín para que lo trabaje y cuide de él. Dios le da al hombre Su primera orden y restricción: comer de cualquier árbol, excepto del árbol del conocimiento del bien y del mal. Desobedecer le traerá la muerte. Es Dios quien lo afirma, así que es seguro.

PPC ¿Qué es el árbol de la vida? Sabemos que era especial (versículo **2:9**) y que si comían de él habrían obtenido o probado algo excepcional (lee el versículo **3:22**). ¿Se le dio a Adán alguna restricción con respecto al árbol de la vida? Considera que Jesús dijo que Él es el Camino, la Verdad y la Vida (**Juan 14:6**) y **Juan 1:4** explica que Jesús contenía la vida. Así que analiza las posibles características o naturaleza del árbol de la vida en el Edén. Para confirmar las respuestas o mejorarlas, lee **Génesis 3:22** y **24**.

PPC Si Dios dice que el árbol del conocimiento del bien y del mal está prohibido porque su fruto causaría la muerte de Adán si este lo comiera, ¿cómo se suponía que Adán supiera lo que era bueno o malo? ¿Era necesario que lo supiera?

El árbol de la vida en el Edén es, al menos, una poderosa presencia de Vida –no un árbol ordinario. De igual modo, el árbol del conocimiento del bien y del mal no es un árbol ordinario, y contiene justo lo que se dice. Piensa que esta historia no es un mito, porque Dios no miente ni engaña, así que las descripciones tienen la intención de reportar la situación real en el Jardín del Edén.

Ahora, analiza las afirmaciones del joven rico sobre el 'bien' en **Mateo 19:16-17**. El joven tenía su propia idea de lo que era el bien, pero venía de una fuente que no era Dios. Jesús le dijo que tenía una idea errada sobre el bien. ¿Dónde había obtenido esa definición del bien y el mal que Jesús cuestionó, si no venía de Dios?

PPC Considera esto: si somos como Adán, descendemos de él, y pudiéramos regresar en el tiempo, al Jardín, para escuchar las instrucciones de Dios en el principio, ¿cómo podía saber Adán lo que era bueno y malo sin comer del fruto del árbol prohibido?

La descripción de todos los árboles es atractiva, incluyendo el del conocimiento del bien y del mal (lee **Génesis 2:9**). Sin embargo, Dios prohibió a Adán comer de este último. Hay cosas que nos parecen atractivas, y podemos cuestionarnos por qué Dios las prohíbe, pero también podemos estar seguros de que es por nuestro bien, ya que Él es el supervisor perfecto (lecciones 5 y 6). La sentencia por comer el fruto del árbol prohibido parece extrema, ¡pero es el único árbol con restricciones! Veremos algunas de las ramificaciones de haber comido del fruto prohibido a medida que progresemos por las lecciones.

D. Asignación

Lee **Génesis 2:18-25**. Resume en dos oraciones lo que sucede, usando tus propias palabras.

E. Actividad de Aprendizaje

La clase se dividirá en equipos. Cada equipo debe leer Génesis 2:15 y conformar un grupo de tareas que crean que Dios pretendía que el hombre cumpliera en ese versículo. Recuerda, en este punto de la Creación no hay muerte ni enfermedad, y la Tierra está acabada de crear. Según Dios, todo es "muy bueno." Ten esto presente mientras formulan las tareas. Comparen los resultados de cada equipo (10 minutos).

F. Resumen Final

El Chef Maestro hace un reporte de la Creación desde una visión personal y una terrenal, desde el hábitat creado especialmente para el hombre (el Edén).

Lección 14 El Reporte del Jardín—Parte 2

A. Objetivo General de la Lección

- Comprender los eventos en Génesis 2:18-25.

B. Plan de la Lección

- La mujer es formada de la costilla del hombre para ser su ayudante. Ninguna otra cosa es adecuada. Dios lleva la mujer al hombre.
- El hombre y su esposa tienen una relación definida, apartada de la relación con sus padres.
- Los atributos clave de la relación son establecidos por el Creador.
- Hay evidencia en el Registro de Dios de que no había presente muerte, enfermedad, conflicto ni ninguna otra cosa 'mala;' la Creación en su vasta extensión fue declarada como "muy buena." La relación del hombre con Dios, y entre el hombre y la mujer, era inmaculada.

C. Lección

La lección anterior cubrió la primera parte del segundo capítulo de Génesis, la presentación personal que hace el Chef Maestro de la Creación. El lector observa como parte de la escena local. Este punto de vista es diferente y se centra en la Creación y en el lugar especial que ocupa el hombre. Esta lección llega al final de ese reporte.

Génesis 2:18-25 describe otras observaciones y acciones de Dios. Ocurren dos escenas diferentes. Los versículos 18-20 cubren la primera escena; los versículos 21-25 cubren la escena siguiente. Sin embargo, el hilo conductor de ambas escenas es la intención de Dios de encontrar la ayuda adecuada para el hombre (lee el versículo 18).

El primer y perfecto hombre, con libertad para escoger y un intelecto con sabiduría suficiente para nombrar todas las especies de aves y animales, es realmente asombroso. Fíjate que para entender lo que Dios les decía, la primera pareja, a diferencia nuestra, debía tener incorporado un vocabulario, o sea, un entendimiento de las palabras fue implantado en la Creación para tener comunión con Dios y para entender información compleja. En esto diferían de sus descendientes, que aprenden el vocabulario durante su desarrollo infantil, algo que estos dos no tuvieron. [Nota de investigación: *naming the animals*.]

Adán aún no está completo, porque Dios quiere que tenga una ayuda idónea. Después de que el hombre termina de nombrar todo, Dios hace al segundo ser humano, que el hombre llama "mujer." [Nota de investigación: Ella no es hecha directamente del suelo, como Adán, sino del cuerpo de él. ¿Por qué? *Kinsman-redeemer*. También, fíjate en que las costillas crecen de nuevo tras una operación quirúrgica; *Adam's rib*.]

Génesis 2:24 Es la declaración de Dios sobre el objetivo de la relación entre Adán y Eva. La referencia a la institución del matrimonio, la relación entre hombre y mujer, creada y ordenada por Dios, es corta y poderosa, pero a menudo referenciada en otros libros de la Biblia. Jesucristo repite la referencia, como se dice en **Mateo 19:4-6, Marcos 10:6-9,** y **Lucas 16:18**. Génesis 2:25 es muy expresivo respecto a la actitud elemental de Adán y Eva hacia ellos mismos y hacia Dios, porque no sentían vergüenza en su desnudez. [Nota de investigación: *marriage*].

Nota general: Este reporte es personal. El toque de Dios a través de Sus acciones nos muestra una atención y un amor completos. El jardín debe haber sido increíble, lo que también sugieren otras escrituras. El reporte se basa por completo en las acciones personales de Dios hacia el hombre y la mujer. Los ha hecho a Su imagen para tener compañerismo con ellos. Después de formarla a ella, se la presenta a Adán. El reporte termina con el comentario de Dios respecto a que no sentían vergüenza de su desnudez. Su jardín, la presencia de ellos, la cercanía con Dios y su falta de vergüenza, todo es considerado "bueno en gran manera" por Dios —el término que él usa en Génesis 1:31.

PPC Ya que Dios hizo el reporte del jardín para comunicarse con nosotros, ¿qué ves en él? Recuerda que es un jardín perfecto, plantado por el Dios Eterno. Las palabras en Génesis 2 son universales: para ser entendidas e imaginadas por cualquiera a lo largo de las eras. **Discute cómo debe haber sido, ya que no podemos verlo ahora. ¿Y la descripción del entorno? ¿Y el primer matrimonio entre el primer hombre y una compañera especialmente formada?**

PPC ¿Hay alguna pista de algo incorrecto o incompleto? ¿Hay alguna señal de que el hombre tuviera dificultades o límites para obtener comida, aparte del árbol del conocimiento del bien y del mal? ¿Hay alguna sugerencia de que las necesidades de él o de la mujer no estuvieran completamente cubiertas?

Los registros de la Creación desde dos perspectivas muestran que la conclusión de Dios respecto a todo lo que había sido hecho es que era "bueno en gran manera." El Dios eterno y perfecto hace las cosas a través de Su palabra y en corto tiempo. El significado de las palabras es simple. No hay detalle en la Creación que no esté sujeto a la supervisión y control de calidad perfectos de Dios. Así que las evaluaciones de Dios de "bueno" durante la semana de creación, y la evaluación de "bueno en gran manera" al final del día sexto, son un claro indicador de que el mundo en este punto no tenía maldad, muerte ni enfermedad —en contraste con la actualidad. Aparte de las enfermedades, una de las causas principales de muertes, heridas y dificultades en nuestro mundo actual es el mal comportamiento humano, sumado a los desastres climáticos (inundaciones, viento, lluvias fuertes, sequías y truenos) y los eventos geológicos (terremotos, tsunamis y volcanes). Nada de esto está presente en el registro de la Creación en los Capítulos 1 y 2.

D. Asignación

Lee Génesis 1 y 2. Resume cada capítulo en un párrafo.

E. Actividad de Aprendizaje

Formen equipos. Teniendo en cuenta las lecciones hasta aquí, la mitad de los equipos hará una lista de las cosas que crean muestran la relación entre Dios y el hombre en el principio. La otra mitad describirá la relación entre el hombre y la mujer. Después de cinco minutos, expongan las listas y discutan los resultados de las relaciones en vertical (Dios y el hombre) y en horizontal (hombre y mujer) según la intención original del Chef Maestro.

F. Resumen Final

La creación del hombre y la mujer, unidos con las características clave que Dios declaró para su relación, forma el cuadro perfecto de las intenciones originales de Dios. El intelecto, el vocabulario y las capacidades de Adán y Eva eran ideales (Adán nombró todas las especies de seres vivos). Dios esperaba, razonablemente, que el jardín sería mantenido de forma apropiada. El Creador estaba presente con regularidad. Toda la situación era ideal.

Lección 15 Preguntas de Examen

¿Cuáles son las diferencias esenciales entre una cosmovisión bíblica y una naturalista/evolucionista?

Identifica qué se creó en cada uno de los seis primeros días de la Creación, tal como se presentan en Génesis 1.

¿En qué se diferencian los puntos de vista de Génesis 1 y 2?

Explica la relación clave de la humanidad, que Dios define en Génesis 1 y 2.

Unidad 2 La Creación Bíblica: La Creación Estropeada

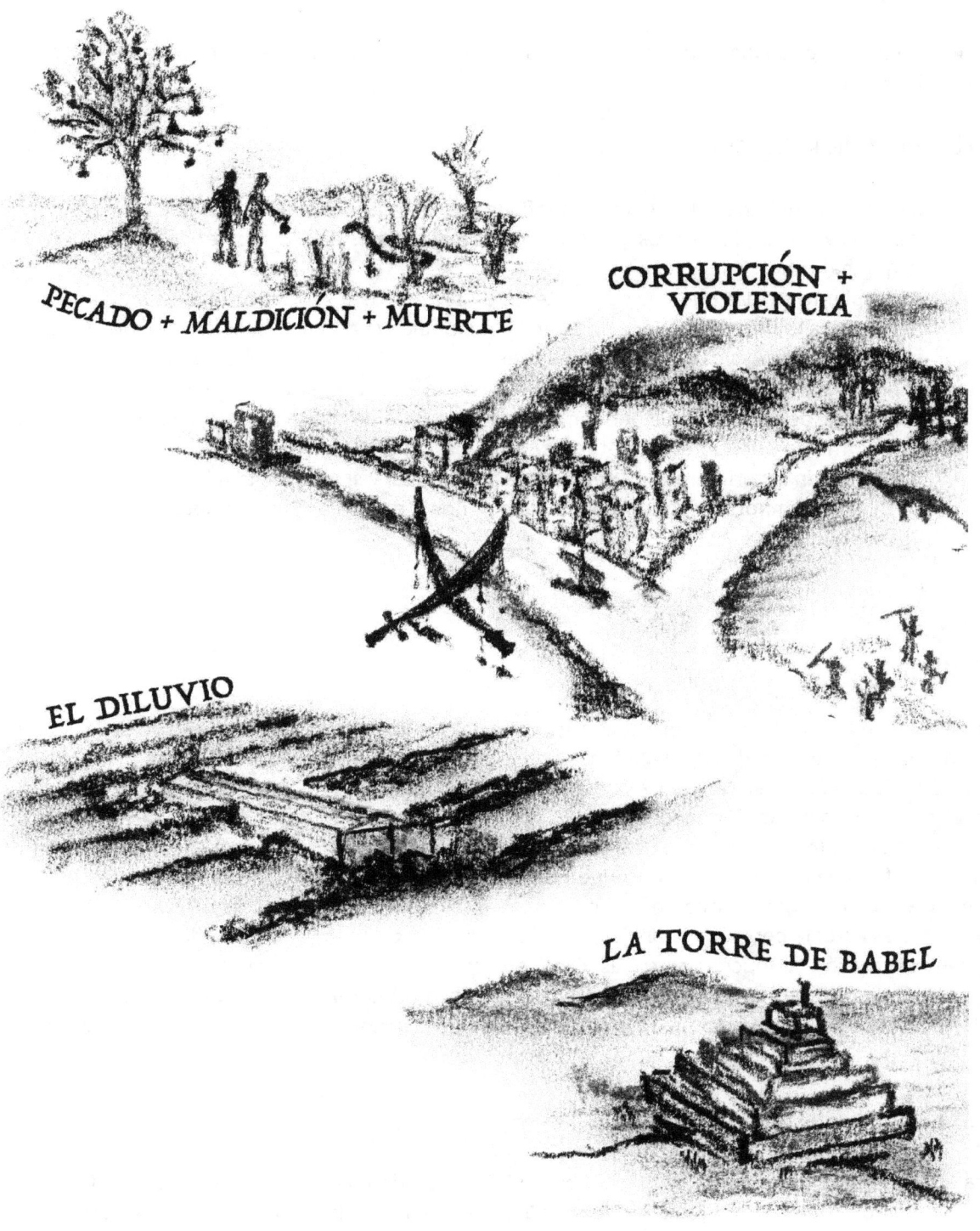

Lección 1 La Gran Tragedia

A. Objetivo General de la Lección

- Comprender desde Génesis los eventos y acciones de los que intervinieron en la 'Caída' del hombre.

B. Plan de la Lección

- La Creación del Chef Maestro fue desafiada por la pregunta de la serpiente: '¿Ha dicho Dios en verdad…?' La serpiente prosigue con una afirmación más directa y enfática de que Dios no hará lo que ha dicho.
- La serpiente es más que una serpiente; es un ser real astuto y malvado, tentando al primer hombre y a la primera mujer al sugerirles que podían ser como Dios, conociendo el bien y el mal, sin Dios y sin serias consecuencias por desobedecer el mandato del Creador.
- El hombre y la mujer actúan: escuchan a la serpiente, observan las cualidades del árbol prohibido, determinan que pueden obtener sabiduría de él, sin Dios y volviéndose semejantes a Él, y terminan por comerlo por turnos.
- El cambio en las primeras dos personas es inmediata, y su respuesta a la aparición de Dios es clásica del comportamiento humano cuando nos atrapan en una desobediencia: se esconden de Él.

C. Lección

Resumen

Esta lección, por supuesto, está directamente conectada a los informes de la Creación de los Capítulos 1 y 2. Involucra un reporte de Dios sobre las acciones del hombre cercanas al principio. La imagen de la Creación hacia el final del Capítulo 2 está llena de maravilla, pero está a punto de ocurrir una tragedia con el poder de cambiar el mundo. El mundo antes del Capítulo 3 es difícil de imaginar. No tiene mucha relación con el mundo actual, que está muy lejos de ser "bueno en gran manera" como fue clasificado por Dios al final de los 6 días de creación en Génesis 1. Lo que pasó en Génesis 3 cambió todo. Por eso lo llamamos la Gran Tragedia, y como ocurre con todas las tragedias, hay consecuencias. Uno de los resultados es este: la perspectiva bíblica, debido a las implicaciones de lo ocurrido en el Capítulo 3, inquieta el corazón de muchas personas. Creer en este registro implica que tenemos responsabilidad en lo sucedido y sufrimos las consecuencias. Así que muchos prefieren creer en un universo sin propósito, autor o dirección —y por tanto, sin responsabilidad alguna. Nosotros, sin embargo, asumimos como cierto el reporte de Dios, y examinamos lo que ocurrió.

Una Lectura Cuidadosa

Esta historia se lee demasiado a menudo como un cuento infantil o mítico; por tanto, con frecuencia no se lee cuidadosamente. Por favor, lee **Génesis 3** como hechos reales con palabras y eventos escogidos por Dios para comunicar con claridad algo que sucedió. Haz algunas notas respecto a las siguientes preguntas a medida que lees los versículos:

PPC ¿Quién está allí? ¿Cuándo está Dios presente junto a Adán?

PPC Cuando Dios hace una pregunta, ¿quién necesita saber la respuesta? ¿Dios, o la persona a la que se dirige? Si se dirige a una persona en la Biblia, ¿la pregunta y la respuesta también son pertinentes para nosotros –el público para el que se escribió el libro?

PPC ¿Cuáles son los eventos principales? Los eventos están definidos como escenas de un libro o representación. (Los cambios de eventos están marcados por significativas variaciones de lugar, de personas o de tema.)

Prepara una lista de los sucesos y las escrituras relacionadas con cada uno en Génesis 3. Para cada evento, escoge un título y una oración corta que resuman lo que sucedió.

Queremos, como clase, identificar rápidamente las acciones/eventos importantes y llegar a una oración que resuma cada uno. Se darán instrucciones para ello. Cuando se complete el ejercicio, analicen las tres notas siguientes:

Notas sobre el Reporte de Dios

1. EL CAMBIO. Ha comenzado una tragedia, y el primer versículo del Capítulo 3 muestra el cambio, porque algo cuestiona la verdad de lo que Dios ha dicho. Este reporte comienza con una sorpresa: una serpiente parlante con un rasgo distintivo –es astuta. Dios explica que su nivel de astucia supera al de cualquier otro animal, y en su reporte se nota que tiene una excelente capacidad de lenguaje. Debido a los hechos que se exponen, también sabemos que ya estaba en el jardín que Dios hizo. No sabemos cuánto tiempo ha pasado desde el final del Capítulo 2 y el principio del 3. Probablemente no mucho. Eva aún no ha concebido. ¿Así que quién es esta criatura? Para completar la información, debemos ir a otras escrituras, como **Job 1, Lucas 10:18, Apocalipsis 12:2-9,** y **20:2.** [Nota de investigación: *who was the serpent?*] El terreno había sido preparado por el enemigo de Dios y de nuestras almas para aproximarse a Adán y Eva. Empezó con Eva, planteando una simple pero profunda pregunta que retaba sutilmente la dirección de Dios: '¿Quiso Dios decir realmente lo que dijo?'

2. UNA NOTA SOBRE EL MAL. Para aquellos que pueden no estar familiarizados con la Biblia, Dios provee información crucial en las escrituras, como las que citamos arriba, con respecto al mal. Dios se refiere al mal de distintas formas, pero una de las claves para entender el mal es la existencia de seres espirituales con poder maléfico. Es desafortunado que los medios continúen dando una imagen típicamente incorrecta de esto, así que puede ser útil no pensar en películas, videos y cosas así. El punto de vista bíblico involucra un ser espiritual definido (Lucifer o Satanás), pero también hay otros seres espirituales que lo siguen (demonios). La motivación para sus acciones te sonará conocida: querían ser como Dios. No es muy diferente de Adán y Eva queriendo entender el bien y el mal por sí mismos, prescindiendo de Dios. Los hechos, el pecado de Adán y Eva y la rebelión de los seres espirituales en el cielo, ocurrieron cerca del principio. Esto puede provocar una pregunta: ¿por qué Dios hizo eso? Es más correcto hacer la misma pregunta de una forma distinta: ¿Por qué Dios hizo a las personas capaces de decidir si lo seguían o no? Quizás, parte de la respuesta es que el amor verdadero involucra la libertad de rechazar el amor. Si crees que tu hijo está programado para amarte y no tiene otra opción, ¿pensarías que eso es amor verdadero? En la sabiduría y perfección de Dios, Él hizo a Adán y Eva capaces de elegir si confiaban en Dios o no. En la vida diaria, lidiamos con las consecuencias de

nuestras decisiones y elecciones, igual que Adán y Eva sufrieron las consecuencias de sus acciones en el jardín. Los efectos son a largo plazo, como estudiaremos después.

Si examinas tu lista de eventos, fíjate en la conversación que ocurrió entre Eva y su enemigo. El enemigo no malgasta el tiempo, su cuestionamiento de si Dios realmente quería decir lo que dijo va un paso adelante: si ella come la fruta del único árbol que Dios prohibió, de seguro NO morirá. Dios explica en **Génesis 3:6** y en los versículos siguientes que Eva ya tenía la raíz del problema: quería sabiduría propia y ser igual a Dios. No pasa mucho tiempo antes de que Eva y Adán coman de la fruta; sus ojos son abiertos porque algo ha cambiado en su interior. Dios, sabiendo lo que ha ocurrido, viene a hacerles una pregunta. Él ya conoce la respuesta. Puedes leer el simple reporte de Dios sobre lo que Adán le dijo, nuestra típica respuesta cuando algo malo ocurre: culpar a alguien más. Pero el daño está hecho. Ambos han pecado; sus corazones han cambiado y su conocimiento del bien y del mal ha cambiado. El costo de sus acciones es alto. Están físicamente vivos, pero han muerto espiritualmente, según la advertencia de Dios de que comer del árbol les causará la muerte. La advertencia de Dios en el hebreo literal es, "Muriendo, ciertamente morirán." Y comenzaron a morir físicamente ese mismo día; la muerte física se hace inevitable para ellos y para sus descendientes. La muralla entre Dios y el hombre no puede ser penetrada por lo que el hombre haga, y el responsable de que exista esa muralla es el hombre mismo. Desde entonces, los hombres han intentado esconderse de Dios, como lo intentaron Adán y Eva al esconderse entre los árboles. Esconderse de Dios no funcionó entonces; tampoco hoy.

D. Asignación

Lee Génesis 3:14-24 y anota dos cambios físicos y un cambio en la relación que hayan tenido lugar. Busca la definición de 'querubín' en al menos dos fuentes distintas.

E. Actividad de Aprendizaje

Después de dividirse en equipos, interpreten una situación. Un grupo de estudiantes romperá una regla conocida, buscando una manera de ocultar la evidencia, transfiriendo la culpa a un estudiante en particular, que la transferirá a su vez a otro estudiante. Respondan la siguiente pregunta: ¿quién sería el principal responsable y qué castigo le impondrían? Analicen cómo ese proceso es similar a la Caída del Hombre en Génesis 3:13.

F. Resumen Final

La Caída del Hombre ocurre como resultado de la desobediencia deliberada al mandato de Dios, y es motivada por el deseo del hombre de ser como Dios y prescindir de Él.

Lección 2 Las Consecuencias de las Acciones del Hombre

A. Objetivo General de la Lección

- Entender las consecuencias de las acciones del hombre y los efectos que tuvieron en la Creación en general.

B. Plan de la Lección

- La serpiente, el hombre y la mujer enfrentan las consecuencias de sus acciones, que no tienen límite de tiempo. Son permanentemente cambiados.
- La Creación del Chef Maestro cambia: el Creador anuncia muerte, dificultad en el parto, dificultad en el trabajo, y cambios tanto en la tierra como en la vegetación.
- Dios mata a un animal, hace ropas con la piel y viste a Adán y a Eva.
- Dios afirma que Adán y Eva han llegado a ser "como uno de nosotros" al conocer el bien y el mal. Los aleja del Edén y pone un guardián para impedir que tengan acceso al árbol de la vida, porque si comen su fruto pueden vivir para siempre. Ahora deben morir y regresar al polvo.
- Los libros del Nuevo Testamento confirman repetidamente los efectos de la 'Caída' del hombre en la Creación, y hacen referencia al único Remedio para las consecuencias del pecado y la muerte: tener fe en Jesucristo. Toda la humanidad tiene el mismo linaje y tendencia al pecado, mostrando la necesidad del Remedio de Dios.

C. Lección

Revisa **Génesis 3:14-24** y sigue las instrucciones del profesor para exponer los cambios físicos y relacionales que han ocurrido. Después, revisa el texto de la lección que sigue a continuación.

El **versículo 14** muestra un cambio en el enfoque de Dios, que pasa de hacer preguntas cuyas respuestas Él ya conoce, a juzgar las acciones de la serpiente, el hombre y la mujer. Aquí es cuando la Creación comienza a cambiar. Ya no es 'buena en gran manera.' Aunque este cambio tiene la firma de Dios, lo cual veremos, es un resultado directo de la desobediencia o pecado del hombre.

Los **versículos 17** y **18** proclaman claramente el cambio en la Creación. El universo y la Tierra hechos por el Chef Maestro están alterados como resultado de la desobediencia. Puede parecer duro, pero recuerda, la supervisión y el control de calidad de Dios son perfectos. Él es el Dios Eterno. Así que el suelo no producirá más como lo hizo una vez. Requerirá un trabajo que no necesitaba antes. El trabajo como lo define Dios ha de ser doloroso, que no era el caso anteriormente. Las espinas y cardos no estaban en Su plan original, pero ahora son una parte del cambio, la consecuencia de desobedecer. Esto es sólo el principio. Dios les recuerda la penalización de Su primera orden y la confirma en el **versículo 19**. Morirán. La muerte nunca fue parte de la Creación original. La muerte, el sufrimiento y la enfermedad no son cosas buenas, y al contrario de lo que se dice a menudo, no son 'naturales.' Entraron en la Creación como resultado del juicio por la desobediencia.

Los **versículos 20-21** registran la primera muerte de un animal, ya que Dios usa la piel de un animal para hacer ropas para Adán y Eva, que ahora están avergonzados de su desnudez. Dios en persona los viste.

Vale la pena releer **Génesis 3:22-24**, porque Dios, nuestro Creador, el Chef Maestro del universo y de la Tierra, sabe que lo que creó está ahora arruinado. Pone una barrera física y espiritual alrededor del jardín para que el hombre no vuelva a entrar. El mismo Dios que puso el aliento en Su Creación especial, el hombre, ahora lo expulsa del jardín para que no regrese más. La humanidad en general no volverá a experimentar la condición sin pecado ni muerte del jardín hasta que, a través de Cristo, los *Cielos* y la Tierra sean restaurados (**2 Pedro 3:13**). En ese punto, Dios dice (**Apocalipsis 21: 4**): "…ya no habrá muerte, ni habrá más llanto, ni clamor, ni dolor…" y nos dice un poco más tarde (**Apocalipsis 22:3**) por qué: "…no habrá más maldición," lo que se refiere a lo sucedido en Génesis Capítulo 3.

A medida que se suceden los capítulos de Génesis, piensa en lo que debe haber sido para la primera generación el ver cerca el jardín prohibido, o escuchar historias de cómo solía ser. Y mientras cosechaban con un esfuerzo para el que no habían sido concebidos, también vivían con la presencia de Dios del modo en que su madre y su padre lo habían experimentado. ¿Recordaron al Creador a medida que avanzaba su vida? Lo veremos.

Los Hechos Menos Obvios (Otras Referencias Bíblicas).

El cambio que tuvo lugar con los eventos del jardín, que llamaremos la Caída de aquí en adelante, afectaron a la Creación. Somos parte de Su Creación, y los efectos de la Caída del hombre están en nosotros y alrededor nuestro. Hay muchos otros versículos que hablan sobre ese evento. **Lee y analiza los siguientes:**

Romanos 8:20-22   La Creación ha sido sujeta a vanidad.

Hebreos 1:11   La Creación perecerá.

Romanos 5:12-19   La muerte viene de los sucesos en el Jardín.

1 Corintios 15:21-22   Por un hombre (Adán) vino la muerte; a través de Cristo viene la vida.

Proverbios 8:34-36   Dios revisa las bases, si una persona halla a Dios, encontrará vida y obtendrá favor; si falla en encontrar a Dios, se daña a sí misma; los que odian a Dios aman la muerte. Esta es una afirmación radical, pero considera lo que sucedió en Génesis 3. La muerte entró al universo, y su entrada fue un resultado de la desobediencia. El mandato de Dios estaba claro en Génesis, y Proverbios 8 repite lo mismo: la desobediencia a Dios causa daño a los hombres, y la muerte es el resultado final de todo hombre.

PPC Considera los efectos de Hebreos 1:11. ¿Qué nos dice sobre los procesos, ya sea en los cielos (las estrellas, por ejemplo), los procesos geológicos en la tierra, o en el cuerpo humano a medida que envejece?

PPC ¿Quién mató al primer ser viviente, y con qué propósito?

D. Asignación

Lee **Génesis 4, 5 y 6:1-4**

E. Actividad de Aprendizaje

Lee rápidamente **Génesis 3:22-24** y analiza el 'sistema de seguridad' que ahora mantiene al hombre y a la mujer fuera del jardín. Describe al querubín y a la espada llameante a partir de varias fuentes.

F. Resumen Final

La Creación, que era muy buena, quedó sujeta a la decadencia y a la muerte a partir de la Caída del Hombre. Las consecuencias del pecado trajeron cambios dramáticos en el reino de lo físico y de las relaciones, incluyendo el acceso a Dios.

Lección 3 La Creación Envenenada por el Pecado

A. Objetivo General de la Lección

- Entender los eventos clave en las vidas de las primeras personas que fueron afectadas por el pecado, y cómo se afectaros las condiciones culturales.

B. Plan de la Lección

- El asesinato demoró menos de una generación en aparecer, y también fue acompañado por el juicio de Dios, porque Él se tomaba (y se toma) muy en serio la vida que había dado a los hombres y mujeres.
- Génesis 4 y 5 dan cuenta del rápido incremento de la población a medida que se multiplican los hijos y nietos de Adán y Eva, pero la cultura del pecado que comenzó con ellos continuó creciendo y multiplicándose.
- La vida trabajosa y un segundo asesinato son registrados entre las generaciones siguientes.
- Las generaciones tenían muchos recursos, construyeron ciudades, desarrollaron tecnologías y no invocaron a Dios por un tiempo, con la notable excepción de Enoc, a quien el Señor "se llevó" por su fe en Dios.

C. Lección

Resumen

Usando la misma analogía del principio del estudio, Dios es el Chef Maestro que hizo el universo, incluyendo la Tierra. El plato especial resultante, en nuestra analogía, es 'muy bueno' al principio, pero la rebelión y la desobediencia actúan como un veneno. De igual forma que el veneno puede afectar una gran cantidad de comida o agua, el pecado afecta toda la Creación de Dios. Génesis 4, 5 y 6:1-4 muestran las consecuencias del pecado en las primeras generaciones. El pecado ahora habita en el corazón y en el alma de todas las personas. Somos de la misma 'especie,' hechos de la misma carne, y tenemos el mismo linaje. Sin embargo, la situación no se estabiliza; se pone peor. No es sólo que la Creación ha cambiado para siempre, sino que la población en rápido crecimiento olvida a Dios y cosas terribles empiezan a pasar.

Nota: Recuerda que las primeras personas, Adán y Eva, incluyendo su *código genético*, fueron clasificados como "buenos" antes de la Caída. De igual forma, la gran variedad de criaturas en el mar, la tierra y el aire fueron definidas claramente como "buenos." Originalmente, los animales sólo comían plantas, no unos a otros (**Génesis 1:30**). [Nota de investigación: *how did bad things come about?*] Pero la muerte, la enfermedad y el sufrimiento entraron al universo como consecuencia del pecado. Las ramificaciones del juicio de Dios afectaron a las criaturas vivientes, el esfuerzo necesario para hacer cualquier cosa, el proceso del nacimiento, y las relaciones. La corrupción continúa. Afecta a todo. Encabezando la lista de los efectos está la misma muerte.

Sin embargo, el mandato de Dios de Génesis 1 de multiplicarse y llenar la tierra no se ha abolido. No hay reglas en este punto sobre un matrimonio entre hermano y hermana. Hoy en día, el matrimonio entre parientes cercanos está prohibido y puede ocasionar deformidades en los hijos. Pero esas deformidades vienen del gran número de errores dañinos (mutaciones) que llevamos en el ADN (código genético). Estos se acumulan con cada generación. Es lógico que haya problemas si heredamos el mismo error genético de ambos padres. Usualmente, el *gen* (instrucción) 'bueno' de un padre cubre el error del otro. Pero si tienes los mismos padres que tu pareja, te arriesgas a que se hereden muchos errores iguales de ambos padres, lo que termina en una deformidad. Sin embargo, los descendientes inmediatos de Adán y Eva tenían un código genético muy cercano a la condición de "bueno en gran manera," así que no tenían aún riesgo genético. Incluso Abraham, siglos después del Diluvio, pudo casarse con su media hermana Sara, y no hay indicios de deformidad en Isaac. Abraham no rompió la ley de Dios contra el incesto, porque no sería hasta siglos después, cuando Moisés, que Dios cerró la puerta a los matrimonios, no ya entre hermanos, sino también entre parientes. Tiene sentido si pensamos que con el paso del tiempo se acumularon las mutaciones en la población. Pero al haber comenzado la humanidad con una sola pareja, era inevitable que en las primeras generaciones hubiera todo tipo de matrimonios entre parientes cercanos. [Nota de investigación: *Cain's wife*.]

La población se incrementó rápidamente. No pasa mucho antes de que se mencionen las ciudades. Hay referencia al desarrollo tecnológico y las especialidades manuales. El desarrollo físico y técnico, sin embargo, es acompañado por otras cosas no tan buenas. El Chef Maestro no sólo observa a los humanos todo este tiempo, sino que en estos capítulos hace de testigo personal de algunos de los eventos, y deja constancia de los mismos para nosotros. Su plato, por así decir, continúa envenenado y las condiciones siguen deteriorándose. Los efectos de la Caída en los hijos de Adán y Eva y demás descendientes no tardan en producir una cultura malvada. Recuerda que Él es el Supervisor Perfecto, con perfecto sentido y entendimiento del control de calidad. Veremos cómo la situación en esas primeras generaciones lleva a Su plan deliberado de destruir a todo ser viviente en la tierra.

Lectura Bíblica, Preguntas y Notas para los Capítulos 4, 5, 6:1-4.

Lee **Génesis 4** y **5**. Siguiendo las instrucciones del profesor, se usará una pizarra o un papel grande para hacer cuatro columnas. En la columna izquierda, los alumnos pondrán los versículos que pertenecen a un mismo evento o grupo de eventos. En la segunda columna, pondrán un corto título que resuma los sucesos contenidos en cada grupo de versículos. En la tercera columna, harán una lista de los personajes presentes. En la cuarta columna, pondrán unas notas sobre lo sucedido en los versículos. Cuando terminen, respondan las preguntas que aparecen abajo. Probablemente, algunas ya estén respondidas en las notas de la pizarra o el papel. Para responder otras, tendrán que revisar los versículos.

PPC Preguntas sobre los eventos que llevaron hasta Noé con respuestas de Génesis 4 y 5:
1. ¿Le advirtió Dios a Caín que estaba teniendo una actitud errada? ¿Cómo? (lee 4:5-7)
2. ¿Dónde se menciona la primera ciudad? (lee el capítulo 4)
3. ¿Cuánto pasó antes de que se hablara del segundo asesinato? (cerca del final del capítulo 4)
4. Fíjate en 4:26, donde Dios dice que las personas empezaron a invocar el nombre del Señor. ¿Entonces qué estaba pasando en los años anteriores?
5. Fíjate en las generaciones que se mencionan en el capítulo 5 y en la afirmación sobre la gente en 6:1. ¿Cuán grande crees que era la población al principio del capítulo 6?
6. ¿Qué versículos del capítulo 4 te hablan de ciudades, negocios y el desarrollo de productos especiales, y de que la gente ya era conocida por oficios o industrias específicos? (lee partes del capítulo 4)

7. Fíjate en la confirmación de la maldición de la tierra que siguió a la desobediencia de Adán y Eva en el capítulo 5:28-29. ¿Cuán larga y dura fue la experiencia de vida de Lamec para conocer el dolor de lo mucho que había cambiado la Creación?
8. Nota la edad promedio de muchos hombres que aparecen en el capítulo 5. ¿Qué edad tenía Noé cuando tuvo a sus tres hijos?
9. De todos los hombres que aparecen en los capítulos 4 y 5, ¿cuál era notable por su obediencia a Dios, o por conocerlo? ¿Qué le pasó a esa persona? Busca Hebreos 11:5

D. Asignación

Lee **Génesis 6**. Fíjate en cada versículo en que Dios, el Supervisor Maestro, clasifica el estado de la humanidad.

E. Actividad de Aprendizaje

Usando la información en **4:1-16**, haz una lista con las acciones individuales que llevaron al asesinato de Abel y que siguieron al mismo. En otras palabras, describe la secuencia de eventos en términos de quién, cuándo, qué y dónde. (Esta actividad puede realizarla la clase en conjunto, dividirse en equipo, o en forma individual). Ahora, compara las acciones y la actitud de este hombre con lo que se ha vuelto la cultura en general, tal como se define en **6:1-4**.

F. Resumen Final

A continuación de la Caída del Hombre, los efectos del pecado empiezan a permear la cultura después de unas cuantas generaciones.

Lección 4 La Cultura Envenenada Empeora y el Chef Maestro Actúa

A. Objetivo General de la Lección

- Entender la violencia extendida que se ha desarrollado, la persona excepcional que atrae la atención de Dios y Su valoración, junto con las órdenes que siguen para construir el arca.

B. Plan de la Lección

- El capítulo 6 de Génesis registra el empeoramiento de la cultura por la prevalencia del pecado, incluyendo hombres que elegían mujeres de una manera que resultaba una afrenta a Dios.
- El Chef Maestro y Supervisor dicta juicio, expresando un profundo arrepentimiento por haber hecho al hombre. Dice el número de años que le restan al hombre antes de que Él borre a todas las criaturas vivientes por medio de un diluvio universal.
- El Señor toma nota de la rectitud de Noé y le instruye construir un arca que albergue a su esposa, a sus hijos y a las esposas de estos, junto a representantes de cada 'especie' de ser viviente.
- Se especifican los detalles del arca, ya que durante el Diluvio del Génesis mantendría con vida a las personas y a los seres vivos por medio de los cuales se repoblaría la tierra.

A. Lección

Notas para Génesis 6.

Lee **Génesis 6**. Este capítulo nos explica la cultura malvada que llegó a desarrollarse, y la construcción del arca que salvaría a Noé y a su familia. **Escribe un corto resumen de estos grupos de versículos: 1-5, 5-8, y 9-22.**

Además, Dios nos pinta la situación de una manera muy significativa. Usando tus notas sobre los pasajes anteriores (encima) y tras leer los versículos, lee las notas que siguen y responde las preguntas. Recuerda prestar atención especial a las palabras y descripciones que definen la inminente *catástrofe* mundial y los preparativos para ella.

1. Los **versículos 1-5** son la visión de Dios de una situación errada y malévola. No es un juicio humano sobre la situación; es un juicio divino. La descripción es muy breve, pero nota que ciertos hombres especiales (o lo que algunos creen que eran criaturas angélicas caídas) comenzaron a casarse con quienes querían. Las elecciones estaban, presumiblemente, basadas en la belleza y el capricho. Sean cuales fueren los detalles de la selección, la conclusión de Dios acerca de la cultura completa está clara en los siete versículos. No había esperanza. Dios definió Su límite: No contendería para siempre con el hombre. ¿Cuál fue el límite que estableció?
2. **Fíjate en la última oración del versículo 4 y en todo el versículo 5.** ¿Cuál es la conclusión de Dios acerca de las relaciones que se habían desarrollado en ese tiempo? En los mismos versículos, nota el título de "héroes" u hombres de "renombre". Para este momento, los hombres que eran considerados los mejores entre los hombres eran, según Dios, los peores. La corrupción del pecado en los corazones de los hombres había revertido lo que originalmente había sido creado "bueno."

3. **Nota que los versículos 5-8** están en primera persona. Dios habla claramente y va directo al punto. También fíjate que Dios tiene la habilidad perfecta de ver dentro de nosotros. Ve no sólo las acciones, sino también los pensamientos. Conoce a cada persona. Sólo una halla Su favor: Noé. Fíjate en los versículos 6 y 7, por la profundidad del disgusto de Dios y la decepción que expresa. Debe ser muy acertada, porque esta es Su Escritura.
4. **PPC Los versículos 9-22** desvían la atención desde la población general hacia una persona en particular (Noé) y su interacción con Dios. El juicio, que tomará la forma de una catástrofe mundial, es definido por Dios. Encuentra los versículos y revisa las palabras para cada una de las preguntas siguientes:
    a. ¿Cuál es la afirmación que hace Dios sobre la cultura de aquel tiempo?
    b. ¿Cuál es la medida que piensa tomar y que le explica a Noé?
    c. ¿Qué acción le ordena tomar a Noé?
    d. ¿Cuáles son las características del arca?
    e. ¿Cuán duro será Su juicio con respecto a la vida en la superficie de la tierra?
    f. ¿Qué o quién estará en el arca?
    g. ¿Cuál es el nivel de obediencia de Noé como resultado de las instrucciones?

Resumen del Análisis del Arca

Científicos creacionistas y otros especialistas de ciencias aplicadas han emprendido una cantidad significativa de investigación y de estudio para examinar el tamaño, la estabilidad y la capacidad del arca para cumplir con el propósito que Dios describe en el Capítulo 6. [Este tema puede investigarse en creation.com, icr.org y otros ministerios sobre Creación bíblica. También están disponibles libros de científicos y especialistas de esas organizaciones] En resumen, es muy *plausible*. Unos cuantos puntos claves están anotados a continuación:

1. El volumen del arca es suficiente para contener un estimado de 16 000 "especies" de criaturas de las que viven en la superficie de la tierra (y que respiran por medio de pulmones, lo que sólo hacen los vertebrados –Gen. 7:22). La palabra que se traduce al español como 'especie' en la Biblia coincide más bien con el concepto de 'género,' más general que el de especies y que manejamos hoy. Por ejemplo, tenemos cientos de tipos de perros, pero todos son perros. Lobos, dingos, coyotes, etc., son especies diferentes, pero son el mismo género de criaturas. Pueden cruzarse y tener descendencia.
2. La forma del arca ha sido examinada por varios estudios. Es una forma casi ideal para enfrentar grandes olas. No se necesitaba que se dirigiera a parte alguna, sólo que flotara.
3. El material principal era la madera. Esto también ha sido estudiado. Los expertos han asegurado que funcionaría. Más aún, provee cierta flexibilidad, lo cual es la clave de sobrevivencia, por ejemplo, de los barcos durante las tormentas, pero también de los aviones en medio de las turbulencias.
4. Otros detalles, como el tamaño de los compartimentos, el acomodo razonable de diferentes géneros en las locaciones adecuadas, y el espacio para que viviera la familia de Noé, no son problemas críticos para una nave de ese tamaño.
5. Debió existir espacio, también, para algunos de los tipos más grandes de animales, incluyendo algunos dinosaurios, que probablemente no se llevaban a bordo ya crecidos. En todo caso, la mayoría de los vertebrados, incluyendo muchos dinosaurios, eran probablemente crías. [Nota de investigación: ***how did the animals fit?***]

B. Asignación

Lee **Génesis 7**.

C. Actividad de Aprendizaje

Usando recursos provistos por los profesores, convierte a metros el tamaño del arca. Para un chico o una muchacha de estatura alta, un paso largo es de aproximadamente 1 metro. Divídanse en equipos. Cada equipo medirá con pasos el largo y el ancho de la escuela. Estimen el número de pasos que les tomaría medir el alto de la escuela. Respondan lo siguiente: ¿cuántas escuelas se necesitarían para igualar el tamaño del arca? Comparen las respuestas entre los equipos (15 minutos).

D. Resumen Final

La Caída del Hombre es seguida por una población en rápida extensión, que se deteriora a medida que se manifiestan los efectos del pecado. La humanidad se vuelve violenta y corrupta hasta el punto de que Dios interviene, emite un juicio y pone límite al número de días del hombre antes de que Él destruya toda la vida con un diluvio universal, con la excepción de Noé, su familia, y representantes de cada especie de seres vivos. Estarán a salvo en un arca, cuya construcción se le encarga a Noé, pero que será construida siguiendo las especificaciones de Dios.

Lección 5 El Diluvio del Génesis—Parte 1

A. Objetivo General de la Lección

- Comprender los eventos relacionados con cargar el arca y las razones para el inminente Diluvio.

B. Plan de la Lección

- La seguridad del juicio de Dios y Sus anunciadas intenciones de provocar un diluvio universal se repiten con claridad para el lector de la Biblia.
- El Comunicador Perfecto repite el propósito del arca.
- El tiempo de los eventos son parte del Registro; la construcción del arca tomó entre 70-100 años.
- Dios ordena que se llene el arca, pero Él es quien la cierra y la sella; esta acción no es confiada a los humanos. Pasan siete días antes de que comience el Diluvio del Génesis.

C. Lección

Resumen

Génesis 7 es un capítulo corto pero dinámico. Esta lección cubre la primera sección importante, hasta el punto en que comienza el evento del Diluvio. La construcción del arca ha durado décadas. Está a la vista de la población cercana y no hay dudas de que fue objeto de muchas controversias. Aún existía el Jardín del Edén (probablemente no muy lejos de allí, aunque no nos lo dicen) –aún vigilado para que los hombres no volvieran a entrar. El juicio anunciado por Dios está a punto de ocurrir, porque Dios anuncia que es el momento de abordar el arca y declara un periodo de siete días antes de que se liberen las aguas.

Puntos y Notas Sobre el Principio del Juicio de Dios

Lee Génesis 7 por completo, y después regresa al versículo 1.

En el día en que Dios habla, recuerda cómo era la cultura de ese tiempo: violenta y corrupta. Más que las acciones, no obstante, Dios se fija en el corazón de los hombres. Conoce sus pensamientos. Recuerda la última lección: Dios se lamenta de la situación y se lo dice a Noé. El día en que tiene lugar Génesis 7:1 marca un cambio. La orden de Dios es simple y directa: entra al arca. Dios repite que sólo Noé fue hallado justo en "esta generación," y repite Sus instrucciones para que las criaturas vivientes abordaran el arca.

Noé y su familia obedecen, y llevan con ellos números específicos de cada especie de criaturas vivientes. Aquí la palabra "especie" tiene la misma significación que en Génesis 1, así que antes de que ocurra nada más, en el arca están presentes los representantes de todo lo que Dios creó. Nadie sabe exactamente cómo vinieron estos animales, pero el Dios de la Creación, que los hizo, en primer lugar, y que ordenó que se preparara el arca, se aseguró de que llegara al arca cada especie, en el número y género adecuados. No sucedió sin que los anfitriones (en el arca) tuvieran que esforzarse, ya que hasta la construcción del arca fue trabajosa en sí. No era una preparación ligera para un viaje en bote; el arca fue hecha como un lugar seguro y un hogar temporal para mantener con vida a unas cuantas personas y a muchas "especies." No hay registro alguno de que supieran cuán *ardua* y prolongada sería la experiencia. [Nota de investigación: ***What was on the ark?***]

Fíjate en la repetición en las escrituras con respecto al traslado de las criaturas al arca, leyendo **Génesis 6:19-20, 7:2-3, 7:8-9,** y **7:14-16**. Cada uno está listado en un punto diferente, pero la repetición es deliberada. Dios, el Comunicador Perfecto, se asegura de que entendamos que todo esto ha pasado de acuerdo a Su orden, de forma que cada género fuera salvado del Diluvio. Por supuesto, Noé y su familia son mencionados muchas veces. Todo lo demás, sin excepción alguna entre los animales o los millones de personas que estaban vivas al principio del Diluvio, ha de morir. No habrá excepciones. [Nota de investigación: Ya hemos visto que había una única masa de tierra antes del Diluvio. Dios pudo enviar los animales a Noé sin que tuvieran que cruzar océanos. Para la dispersión después del Diluvio, lee ***How did the kangaroo get to Australia?***]

Hay dos cosas en **Génesis 7:4** y **16** que son dignas de resaltar. El versículo 4 indica que hay siete días de tiempo desde que Dios ordenara abordar el arca hasta que comenzara la catástrofe con la primera gota de lluvia. Imagina el ambiente si fueras parte de esa familia durante esos siete días. El versículo 16 puede ser ilustrativo de la tensión y del reto que hubiera significado para Noé el tener que cerrar la única abertura del arca hacia el mundo. Dios es quien cierra la puerta del arca. Esta es una acción que se reserva para Sí mismo; no le será confiada a nadie más. Una vez que se cierra la puerta, el interior del arca es el único lugar seguro del desastre mundial que está a punto de ocurrir.

Los Primeros Resultados del Diluvio del Génesis

Los resultados que Dios ha anunciado de Su juicio están recogidos en **Génesis 7:21-23**. Se mencionan también en **Mateo 24:37-39** y **Lucas 17:27**.

PPC ¿Habría alguna excepción para el juicio de Dios? Si hubiese una excepción, ¿serían confiables las afirmaciones de Dios y sería certero Su juicio?

PPC En referencia a **Lucas 17:26-27**, analiza la actitud de la humanidad en "días del Hijo del Hombre" (el regreso de Cristo) con respecto al tiempo anterior al comienzo del Diluvio del Génesis.

D. Asignación

Fíjate en las causas específicas de Diluvio del Génesis en **Génesis 7** y relee desde el principio del evento hasta el final del capítulo.

E. Actividad de Aprendizaje

Analiza el periodo de siete días que pasó la familia de Noé sellada en el arca, antes de que comenzara el Diluvio. Haz un estimado de las actividades que pueden haber ocurrido durante este tiempo y explica las razones por las que crees que haya sido así.

F. Resumen Final

Se nos dan detalles, aunque breves, de los eventos que llevaron al Diluvio del Génesis, describiendo la condición espiritual de la humanidad y las actividades correspondientes al llenado y sellado del arca.

Lección 6 El Diluvio del Génesis—Parte 2

A. Objetivo General de la Lección

- Comprender desde el comienzo hasta el punto álgido del Diluvio y los resultados principales del Diluvio tal como son confirmados en el Nuevo Testamento.

B. Plan de la Lección

- Al comando de Dios, se liberan aguas desde abajo y desde arriba para comenzar el Diluvio. El periodo de 40 días de lluvia termina, pero el Diluvio sigue prevaleciendo sin atenuarse por 150 días.
- Se registra el tiempo, el incremento del agua hasta el clímax del Diluvio, la profundidad de las aguas y la cantidad de tiempo (150 días) que prevalecieron (sin decrecer).
- La meticulosidad del propósito de Dios y los resultados del Diluvio del Génesis también aparecen documentados en las escrituras del Nuevo Testamento.

C. Lección

Resumen

El Diluvio no tarda en volverse catastrófico a nivel mundial. El arca se convierte en el único refugio seguro. El evento no se completa en este capítulo, en el sentido de que aún no se retiran las aguas, pero está completo con respecto al juicio de Dios: muere toda criatura viviente que respira sobre la tierra. No es una observación hecha por el hombre, es la observación mucho más precisa y correcta de Dios. El Supervisor Perfecto se asegura de que los resultados que buscaba queden recogidos de forma que no nos equivoquemos sobre ellos. No había forma de que la gente dentro del arca supiera los detalles. No hay comentario alguno de la tripulación del arca que indique que alguien más, aparte de ellos, o criatura alguna en la tierra, sobreviviera a la catástrofe. Sólo las pocas personas dentro del arca verían los resultados inmediatos de todo el asunto, pero esto no queda recogido hasta el siguiente capítulo de Génesis. Al final del Génesis capítulo 7, las aguas son aún demasiado altas; el arca permanece sellada para la seguridad de las personas y criaturas sobrevivientes que la habitan.

Del Principio del Diluvio Hasta su Clímax

La catástrofe es increíble y chocante, lo que Dios ha iniciado cambiará la superficie de la tierra. No conocemos nada comparable a esto. Incluso los tsunamis gigantes y las peores inundaciones conocidas, terremotos o volcanes, son pequeños en comparación con un evento global. Pero los resultados son perfectamente claros. Cerca de tres cuartos de la superficie terrestre están cubiertas con *rocas sedimentarias* (depositadas por el agua); los fósiles de todo el mundo muestran la muerte rápida de criaturas tanto grandes como pequeñas (como los dinosaurios); hay abundantes capas de rocas torcidas que tenían que haber sido flexibles cuando se formaron; las masas de tierra no tienen parecido alguno a lo que se describe brevemente en Génesis 1; y las placas tectónicas tienen fracturas que lucen como si la superficie de la tierra hubiese sido sacudida, escindida y reorganizada. Las lecciones 9 y 10 de este estudio le dedicarán más tiempo al registro que podemos ver del Diluvio, pero el resto de las notas de este capítulo cubren las acciones físicas iniciales y el tiempo general que quedó registrado en las escrituras. Al igual que en las instrucciones para otras lecciones, revisa las referencias que están en **negritas** y responde las preguntas en **negritas**.

1. Nota General. El objetivo principal de Dios en este registro, basado en la repetición de Sus instrucciones a Noé y Su juicio declarado tanto antes como después del evento, es salvar a Noé y a su familia, salvar a las 'especies' vertebradas representativas de Sus criaturas, y destruir cualquier otra criatura viviente sobre la faz de la tierra. En otras palabras, Su intención no es proveer una cronología exacta de eventos ni una descripción física detallada de lo que pasó. Sin embargo, sí nos da los detalles clave. El efecto de este evento también está registrado en **2 Pedro 3:5-7**, donde se referencia el Diluvio como una comparación con lo que ocurrirá el "día del Señor."
2. Los mecanismos para que se produjera el Diluvio. Lee **Génesis 6:17, 7:4, 7:7,** y **7:10-11** y fíjate en las palabras que se refieren al origen de las aguas.
    a. Lluvia. La lluvia es una de las fuentes del agua del Diluvio, lo que podemos ver en **Génesis 7:4** y **12**. Esta es la primera escritura que se refiere a la caída de la lluvia, aunque no hay ningún versículo que afirme que no había llovido antes. Sabemos por Génesis 2:5 que la lluvia no había caído aún en el día 6 de la Creación. La fuente principal de agua para la vegetación parece haber sido un elaborado sistema de riachuelos y manantiales que terminaron por convertirse en ríos (lee **Génesis 2:6** y **10-14**). Al no haber más detalles en el Registro, podemos hacer conjeturas, y, de hecho, hay varios trabajos que analizan las distintas posibilidades. Lo que podemos decir es que las cataratas de los cielos fueron abiertas en **Génesis 7:11**.
    b. Fuentes del Abismo. Justo antes, en **Génesis 7:11**, está la mención de otra fuente de agua: fuentes o manantiales del gran abismo. El mismo término se usa algo más tarde en el informe del Diluvio, cuando Dios las cierra. No hay descripción técnica, así que no sabemos cómo funcionaron juntas estas dos fuentes, pero ambas fueron clave en la acción requerida por Dios. Y las fuentes del gran abismo debieron ser grandes para fluir durante cinco meses completos, cubriendo en ese tiempo las más altas montañas de la tierra en combinación con la lluvia.
    c. Ruptura continental. Muchos investigadores creacionistas piensan que la separación de los continentes estuvo relacionada de alguna forma con el comienzo del Diluvio, permitiendo que se liberaran las fuentes de agua. Otros tienen modelos diferentes. Pero sin más detalles en la Palabra, no lo sabemos con seguridad. Ningún modelo puede ser considerado una representación confiable de lo que sucedió, y todos deben ser cuestionados. [Nota de investigación: *geological models*; también *continental drift*.] Una cosa es segura: las aguas resultantes fueron suficientes para el objetivo de Dios.
    d. Los Hechos del Diluvio a partir de la Palabra. Revisa los siguientes puntos a partir de las escrituras que se indican:
        i. **Génesis 7:17**. Periodo de lluvia y fuentes del abismo que continúan creciendo.
        ii. **Génesis 7:18**. El arca flota en las aguas.
        iii. **Génesis 7:19-20**. Las aguas alcanzan los 15 codos (unos 7m) por encima de la montaña que era la más alta antes del Diluvio. (Nota: el calado estimado del arca con su carga debe haber sido, aproximadamente, un tercio de su altura, o 10 codos).
        iv. **Génesis 7:19, 20** y **24**. Las aguas, que estarían por encima de la más alta montaña cercana al arca, continuaron sin *amainar* por 150 días. (Probablemente, las montañas eran más bajas que las montañas que surgieron en el periodo post-Diluvio).

      v.   **Génesis 7:22-24**. Se nota la muerte de todos los vertebrados terrestres fuera del Arca. Si se unen el versículo 23 y el 24, es posible que la muerte del último de ellos no haya ocurrido hasta el día 150.

      vi.   Los términos en los versículos acerca de las fuentes de agua nos hacen difícil determinar el tiempo exacto de la inundación. Los científicos creacionistas y los estudiosos hebreos han considerado cuidadosamente las posibilidades; no han llegado a una única conclusión. En cualquier caso, las condiciones actuales de la superficie de la tierra y del lecho marino muestran cambios increíbles en comparación con la breve descripción de la tierra seca de antes del Diluvio. Es razonable decir que los eventos en toda la tierra fueron continuos *cataclismos*. Son muy probables las fluctuaciones locales con el incremento de las aguas. El resultado que Dios pretendía se alcanzó: todas las criaturas vivas que había especificado, sin más excepción que las que estaban dentro del arca, murieron. Se aseguró de ello: las aguas prevalecieron por 150 días hasta que la destrucción fue completa. (**Génesis 7:24**). [Nota de investigación: *Where did all the water go?*]

D. Asignación

Lee **Génesis 8** y haz una lista de los eventos a partir de la información contenida en los primeros cinco versículos.

E. Actividad de Aprendizaje

La geografía actual es esencialmente la que se formó tras la Era de Hielo post-Diluvio (cubriremos la Era de Hielo en la Lección 10). Los cambios debidos a la fuerza de las aguas y al movimiento tectónico no se han repetido desde entonces. Con lo anterior en mente, responde las preguntas para lograr una apreciación de la fuerza de las aguas:

PPC La energía de una ola, en forma simple, es una función de velocidad al cuadrado y masa. Sin complicarte mucho, compara una ola pequeña, una ola de tormenta tropical, y una ola del Diluvio, donde cada parámetro aumenta unas diez veces, desde la pequeña ola de un mar en calma, pasando por una ola de tormenta, hasta una ola elevándose violentamente de las aguas del Diluvio del Génesis. ¿Cuál es el cambio de energía entre esos tres ejemplos? Ahora piensa en cualquier cosa sobre la tierra seca que haya quedado sujeta a docenas de olas por hora, durante semanas, mientras la violencia del Diluvio continúa incrementándose. Un tifón o un huracán, en comparación, es un evento breve. ¿Cuál es la duración, la altura y la cantidad de olas en un tsunami? Con esos datos en mente, comenta la fuerza de las olas (entre otras tantas que no pueden ser analizadas) en el Diluvio del Génesis a medida que la profundidad del agua aumentaba y causaba estragos sobre la tierra en respuesta al mandato de Dios. Usa los materiales de referencia existentes para ver los resultados de las fuerzas del agua durante las tormentas más prolongadas de la actualidad, y luego describe las condiciones del Diluvio del Génesis por *extrapolación*.

F. Resumen Final

Las referencias al Diluvio que aparecen en Génesis, desde su comienzo hasta su clímax, son extraordinarias y no se repetirán. Varias referencias del Nuevo Testamento confirman los efectos.

Lección 7 El Diluvio del Génesis desde el Clímax a través del Periodo de Retroceso de las Aguas

A. Objetivo General de la Lección

- Comprender el Registro de este periodo en Génesis 8, especialmente donde se habla de tiempo y eventos.

B. Plan de la Lección

- Dios recuerda a Noé, invoca un viento sobre la tierra, cierra las fuentes del abismo y restringe la lluvia. Las aguas se abaten.
- Ciertos eventos son registrados en términos de tiempo para documentar la recesión progresiva del agua. Fue un tiempo violento para las tierras recién surgidas.
- El desembarco del arca, sin importar las pruebas y la observación de Noé, no ocurrió hasta que Dios dio la orden.
- Se registra la respuesta de Noé y la promesa de Dios con una señal, pero también el cambio ordenado por Dios en el reino de los seres vivos, que se convierten en una fuente de comida. Dios reafirma que la vida del hombre es especial y ordena a los sobrevivientes ser fructíferos, multiplicarse y llenar la tierra.
- Otros libros de la Biblia registran el impacto, la finalidad y la importancia del Diluvio del Génesis, formando una red de referencias que subrayan su importancia.

C. Lección

Resumen

Las aguas del Diluvio continúan prevaleciendo en los versículos finales de Génesis 7. Dios hace un cambio de énfasis al principio de **Génesis 8**, que comienza Su descripción del periodo de retroceso del Gran Diluvio. Su mayor preocupación en este punto es Noé. Dios comienza los pasos para detener las aguas. En el arca todos están ocupados como siempre: cuida de los animales y mantente vivo. Hay mucho que hacer. Y la familia de Noé ha estado encerrada por mucho tiempo. A pesar de que Noé fue señalado por su rectitud y de que Dios lo salvara junto con toda su familia, siguen siendo descendientes caídos y falibles de Adán. Encierro, trabajo duro y los sonidos de la catástrofe deben haber convertido ese periodo en algo muy difícil para ellos. Después de varios meses de flotar en mares turbulentos, Dios se acuerda de Noé y sus acompañantes y comienza a hacer retroceder las aguas. Da varios marcadores en Génesis 8. Después de varios meses más, el arca reposa en el pico de una montaña. Noé abre una ventana después de algún tiempo. Comprueba la situación usando una paloma. Sin importar los resultados, sin embargo, nadie deja el arca hasta que Dios lo dice. Cualquier otra cosa hubiera sido tonta. Y lo que vieron cuando al fin lograron salir debe haber sido un shock. La tierra debe haber tenido las cicatrices del monstruoso Diluvio; la mayoría de las características que observaron debió surgir durante el periodo de retroceso de las aguas. Muy poco les resultaría familiar en comparación con su antiguo hogar.

Lecturas y Notas

Usando las notas de la asignación de lectura (Génesis 8), sigue las instrucciones del profesor para llenar una tabla con cuatro columnas. En la columna izquierda, pon las referencias de los versículos que pertenecen a un mismo evento o a un mismo grupo de eventos. En la segunda columna, ponle a esos eventos un corto título. En la tercera columna, anota quiénes están presentes en esos eventos. En la última columna (la mayor), resumen lo que pasa. Usa los siguientes segmentos: **Génesis 8:1-5, 6-14, 15-19, y 20-22**. Después, procede con las notas siguientes:

1. Dios hace dos cosas en los **versículos 1-5**. Los mecanismos responsables por las dos fuentes de agua se detienen ante la orden de Dios. Dios ordena un viento. Ni el cese de las fuentes de agua ni el viento son 'naturales' –Dios los ocasiona para que las aguas se detengan y retrocedan. Dios prepara y ordena el *cese* de los eventos, igual que se aseguró de que el Diluvio empezara y prevaleciera. Nada de esto tiene un equivalente en las condiciones actuales, más estables. Las aguas que deben retroceder tienen una profundidad de cientos de metros, así que se mantienen operando unas fuerzas increíbles. Aumenta la profundidad de los océanos. Emergen masas irregulares de tierra. La combinación sólo acelera la presión geológica sobre la nueva tierra, creando grietas y fisuras. El agua tiene que ir a alguna parte. La tierra debe aparecer y ser habitable para las personas y criaturas que viven en el arca, porque esa es la intención que expresa Dios. Por tanto, debe alzarse la superficie de la tierra y el lecho marino debe descender para acomodar las aguas. Estas acciones no se demoran eones; sólo toman un corto tiempo. La mayoría de esto ocurre antes de que los ocupantes del arca puedan desembarcar en una región en particular. Durante el periodo de retroceso suceden una serie de mini catástrofes que forman las nuevas masas de tierra. El arca toca tierra en una cadena montañosa. Después de algunos meses, pueden verse los picos de los montes. Es un evento milagroso en sí mismo que el arca repose en alto y a salvo mientras las aguas retroceden en un violento cataclismo que divide la tierra. Los terrenos continúan emergiendo. Los habitantes del arca permanecen a salvo. No hacen ninguna salida. El ruido del agua y el viento circundantes deben haberse oído en el interior. Cuando oímos el sonido de grandes cataratas, lo consideramos ensordecedor. Lo que ellos escucharon fue probablemente mayor que nada que hayamos experimentado, y probablemente no se detuvo en largo tiempo.
2. Los **versículos 6-14** nos cuentan las cosas desde la perspectiva de Noé. Tenía un método para probar las condiciones que había fuera del arca. Repite la prueba más de una vez. Sólo se abre una ventana para esas pruebas. Incluso cuando la última prueba mostró que una avecilla había encontrado un hogar y no necesitaba regresar, Noé no abre el arca. Aunque es una conjetura, es bastante probable que con lo que había vivido los meses anteriores, el que un ave encontrara un hogar a salvo no fuera prueba suficiente para calmar sus miedos. Después de otro periodo de tiempo, la cubierta del arca es removida, pero aún no salen. Observan que la tierra se ha secado; todavía no abandonan el arca. Se registra otro periodo de tiempo.
3. Los **versículos 15-19** comienzan con la orden de Dios. Es únicamente con el permiso de la Autoridad definitiva que tienen la seguridad de poder desembarcar a salvo. Hay buenas razones para necesitar esa seguridad; han escuchado, sentido (por el movimiento del arca), y visto un poco de lo que el Diluvio ha hecho. Noé y su familia reciben la orden de sacar a todas las criaturas que traen consigo. Más aún, Dios dice que deben desembarcar para que puedan multiplicarse, ser fructíferos y llenar la tierra. La tierra, a pesar de estar cambiada, verá de nuevo multiplicarse la vida en su superficie.
4. Los **versículos 20-22** describen la respuesta de Noé: adorar a Dios. Los sacrificios en agradecimiento a que Dios los ha hecho desembarcar a salvo, se hacen con unos pocos animales limpios. Dios da constancia de su respuesta ante la acción de Noé. Esta respuesta es de crítica

importancia para los que temen otro cataclismo mundial como el Diluvio del Génesis. Como aseguran los versículos, no sucederá. De seguro vendrá el fin para el universo y para la tierra, y ocurrirán grandes catástrofes en ese momento, pero ese es un estudio de otras partes de la Escritura y pertenece al Día del Señor, o Su regreso. Lee **2 Pedro 3:3-10**, especialmente el **versículo 6**, y **Mateo 24:37-39**. Fíjate en especial en el contraste entre las dos destrucciones a escala global. La primera fue por medio del agua, y los burladores profetizados 'ignorarán deliberadamente' la parte que tuvo el agua en la creación de la tierra y en el Diluvio Universal. Jesús compara los días de Noé con Su regreso en varios aspectos. [Nota de investigación: ***was the flood global?***] El punto de vista bíblico sobre la Creación, que incluye los sucesos del Diluvio, es citado a menudo en las escrituras. Es una referencia bíblica que muestra la misericordia de Dios, Su juicio estricto y Su habilidad para ver el verdadero corazón del hombre. Con respecto a este último punto, compara la afirmación de Dios sobre el hombre en estas escrituras: **Génesis 8:21, Salmo 51:5, Isaías 53:6** y **Juan 3:19**.

D. Asignación

Encuentra evidencia en los libros escolares o en los medios acerca de las inundaciones más grandes en la tierra, en lo que atañe al tiempo del evento, la profundidad del agua, su velocidad y los efectos del arrastre de la tierra o los escombros. El profesor asignará grupos para esta tarea, o se hará de forma individual, como sea apropiado. Trae los resultados para la próxima clase.

E. Actividad de Aprendizaje

Utilizando las referencias que provea el profesor, resume al menos dos de los mayores eventos volcánicos registrados en los medios, en lo que respecta a la siguiente información: la duración del evento; el área total afectada alrededor del volcán; profundidad, velocidad y efectos de la lava y los flujos piroclásticos; evidencia de cualquier cambio en el clima a nivel regional o mundial. (Los flujos piroclásticos son corrientes rápidas y destructivas de fragmentos de rocas calientes mezclados con gases).

PPC Imagina los efectos de mil volcanes que hagan erupción con pocos meses de intervalo, a lo largo del 'Anillo de Fuego,' y tendrás una imagen limitada de los efectos del vulcanismo relacionado con el Diluvio del Génesis.

F. Resumen Final

El retroceso del Diluvio del Génesis fue tan violento como su comienzo, pero Dios recuerda a Noé y al arca, asegurando su futuro al ordenarles desembarcar y repoblar la tierra en el momento apropiado.

Lección 8 Las Fuerzas en Acción Durante el Diluvio

A. Objetivo General de la Lección

- Considerar, discutir y comprender las fuerzas en acción durante el Diluvio, basándonos en la extrapolación de la experiencia y la consideración de leyes físicas básicas.

B. Plan de la Lección

- Las fuerzas en acción durante el Diluvio del Génesis no tienen equivalente en la actualidad, y nunca habrá otra inundación global como esa. **Génesis 9:11** y **8:21-22** son recordatorios de eso.
- La fuerza del agua, a través del clímax del Diluvio, fue enorme en comparación con los mayores tsunamis e inundaciones que hemos presenciado en siglos recientes, enormes y turbulentas corrientes llenas de sedimentos y *biomasa* que se acumularon sobre el terreno anterior hasta que todo quedó cubierto.
- La fuerza del agua en el periodo de retroceso fue tan catastrófica como la anterior. El atraque del arca en terreno alto la salvó de la violencia de las aguas en zonas más bajas.
- Las fuerzas que afectaron la corteza terrestre y el vulcanismo resultante también resultaron catastróficos debido a su extensión. Estas fuerzas, combinadas con el agua, hicieron que las masas de tierra se reorganizaran mientras retrocedían las aguas. Los efectos están explicados en el Registro al decir que la tierra fue "sacudida."
- La atmósfera debe haber estado llena del efecto de la actividad volcánica y del clima extremo, provocado por el calentamiento de los océanos a partir de la actividad volcánica generalizada.

C. Lección

Resumen

Es fácil leer los versículos sobre el Diluvio del Génesis y no considerar seriamente los detalles que dan sobre el cambio de la tierra. A pesar de que la siguiente discusión es una interpretación de los tipos y magnitudes de fuerzas involucradas, no carece de un principio bíblico. Dios afirma claramente que Él ordenó el principio y el final de los elementos clave que fueron usados para iniciar y terminar el Diluvio, pero también usó las características de las sustancias de la tierra, y las leyes que hizo para gobernarlas, para lograr la destrucción de todos los vertebrados terrestres y de la humanidad fuera del arca (Su objetivo declarado).

Así que considera la magnitud y los tipos de fuerzas involucrados a partir de los versículos clave en Génesis 7 y 8 que cubrimos en la lección anterior. **Génesis 9:11** afirma que no volverá a ocurrir una inundación semejante para destruir la tierra. **8:21-22** dice, en esencia, lo mismo. **Revisa esos versículos**. El Diluvio de Génesis es el segundo evento dominante en el cambio de la tierra desde la perspectiva bíblica de la Creación.

Nota: El primero fue la Caída del hombre. La Caída cambió aspectos de la tierra y procesos en todo el universo. El Diluvio, por otra parte, reorganizó la superficie de la tierra.

Las fuerzas que actuaron durante el Diluvio de Génesis fueron tan poderosas que no podemos encontrar ejemplos de magnitudes similares. Los siguientes párrafos te brindan una descripción general de las mismas, pero debes recordar que afectaron toda la superficie terrestre. La catástrofe tuvo alcance mundial, involucrando la fuerza del agua, la *tectónica* (movimientos de la tierra), y la de la atmósfera (lluvia y viento).

Las Fuerzas del Agua en el Diluvio Durante el Periodo de 'Prevalencia'

Dios habla de una profundidad de agua por encima de la cumbre de la montaña más alta durante el clímax del Diluvio de Génesis. Aunque no sabemos cuán alta era la montaña mayor antes del Diluvio, asumamos una modesta altura de 2000 metros. (La Lección 9 hablará más sobre las montañas que fueron 'levantadas' como resultado del Diluvio). Eso significaría que las aguas del Diluvio eran algo más profundas que eso. Deben haber sido globales, como especificaba la orden de Dios. La liberación de tanta agua a partir de dos fuentes —las fuentes del abismo y la extraordinaria cantidad de lluvia desde lo alto— produjo aguas turbulentas e impredecibles. Incluso asumiendo un incremento lineal de las aguas durante 40 días, se requería un incremento de unos 20 m por día que debió involucrar olas tipo tsunami, llenas de sedimentos y escombros que destruirían y pulverizarían lo que se interpusiera en su camino. Olas gigantes se abatirían sobre la tierra a ciertos intervalos hasta que la sumergieron por completo. Ciertamente, no se trataba de una inundación normal.

Gracias a los medios, muchas personas han presenciado tormentas en un mar abierto, pero esa no era la condición del agua durante el Diluvio de Génesis debido a la cantidad de biomasa (consistente en bosques destruidos y demás vida vegetal) mezclada con sedimentos forzosamente desprendidos o trasladados por las aguas en ascenso. Adicionalmente, se mezclaban los productos de la extensa actividad volcánica. El turbulento resultado, amplificado por los efectos de la velocidad, la dirección cambiante de la corriente y la excesiva actividad de las olas, debe haber cortado o demolido todo en su camino. Grandes volúmenes de materia vegetal fueron enterrados en este tiempo, dando como resultado el carbón que prevalece hoy en la tierra. Múltiples capas de sedimento fueron rápidamente depositadas durante el clímax del Diluvio.

En este violento periodo también se acumuló el registro fósil que tenemos hoy. Muchos fósiles muestran la rapidez de su entierro, ya que se han encontrado tejidos blandos fosilizados, ichthyosaurus dando a luz, animales comiendo a otros, huevos de dinosaurios depositados a la intemperie, y líneas de animales corriendo para escapar de las violentas aguas. Hablaremos más al respecto en la lección 9.

La Biblia habla de un periodo de 'prevalencia' de las aguas de unos 150 días. ¡Es extraordinario! La extensión de tiempo de las inundaciones actuales es uno de los factores principales para la pérdida de vidas y propiedades (algunas cosas pueden ser recuperadas en eventos cortos). Esta cantidad de tiempo de 'prevalencia' de las aguas del Diluvio garantizaría que nada quedara vivo o recuperable, algo que las inundaciones modernas más dramáticas nos hacen entender. Incluso en condiciones relativamente estables (no más lluvia o agua desde los abismos) y sin tener en cuenta otras fuerzas, la recuperación de cualquier cosa después de un periodo tan largo de inundación sería mínima. En este punto, la meta de Dios se había alcanzado: no sobrevivió ninguna criatura terrena ni persona alguna con aliento de vida, fuera de los tripulantes del arca.

Las Fuerzas del Agua Durante el Periodo de Retroceso de las Aguas del Diluvio

El periodo de retroceso del Diluvio fue tan catastrófico como el anterior. Esas aguas fueron acompañadas por un nivel de actividad volcánica y de terremotos sin precedentes, que continuó por algún tiempo. Al igual que con el periodo inicial del Diluvio, el volumen y la velocidad de las aguas están más allá de cualquier evento actual. La interacción de las aguas en retroceso con las nuevas tierras que se alzaban o se hundían (movimientos tectónicos en vertical) produjo un resultado obvio: corrientes destructivas llenas de escombros de las tierras más altas. Hablaremos de las fuerzas geológicas en la siguiente sección. Incluso sin los cambios significativos en la elevación de los terrenos, el volumen de los movimientos del agua en miles de kilómetros de extensión y profundidad, quebraría cualquier topografía durante meses. La cima de las montañas apareció en un par de meses, pero el terreno que se interponía empeoraba todo, no lo mejoraba. Las aguas del Diluvio cavarían canales cada vez más profundos, obteniendo mayor velocidad y fuerza para, nuevamente, remover todo en el camino de las aguas rápidas y turbias.

Las aguas en retroceso cambiaban rápidamente de la calma relativa a remolinos, grandes contracorrientes y cambios rápidos en la dirección del agua. Muchos de los cambios regionales dependerían de la profundidad local del agua, la altura local del nuevo terreno y la consistencia de la topografía emergente. La parte más violenta del periodo de retroceso está documentada en términos de tiempo en **Génesis 8:2-11**, pero el periodo de retroceso fue más largo en su totalidad, mientras las aguas residuales seguían vaciando regiones más pequeñas y confinadas mientras perdían altura, tomando el camino de grandes ríos hasta llegar al mar. Esos cauces seguían lastrados con sedimentos y rocas. ¿Cómo comparar esas fuerzas cuando no se ha repetido nada como esta catástrofe mundial, y Dios prometió que no volvería a suceder?

Corteza Terrestre y Fuerzas Volcánicas en el Diluvio

Pensemos en una erupción volcánica. ¿Y si los volcanes estuvieran en una línea bajo el agua, como las elevaciones que se han descubierto en el centro de algunos océanos? ¿Y si entraran en actividad a lo largo de cientos de millas en línea recta sobre la tierra seca? ¿Y si hicieran erupción en grupos, con un corto periodo de diferencia (meses, por ejemplo)? Considera la terminología en **Hageo 2:6** y **Hebreos 12:26-27** donde Dios habla de sacudir la tierra. Es una descripción acertada. Ocurrió el movimiento de grandes partes de la delgada superficie de la tierra, porque eso es lo que produce una sacudida literal cuando la cubierta es rígida, pero el interior no. Esto despertaría la actividad volcánica en una escala mucho mayor de lo que hayamos visto. Puede que las líneas de volcanes estuvieran en los mismos lugares donde las fuentes de los abismos fueron abiertas o liberadas. Los mapas de cordilleras de volcanes activos o dormidos a lo largo del planeta —tanto en tierra seca como en el lecho oceánico— muestran importantes niveles de actividad. Un nivel semejante no se ha visto desde entonces.

Mientras las aguas en retroceso eran absorbidas localmente, ocurría más actividad volcánica en la tierra recién emergida, con el resultado de que grandes depósitos de material volcánico irían a parar a la atmósfera. Los terremotos seguirían doblando, acomodando y empujando capas de sedimentos que se mantenían maleables. Mientras estos eventos continuaban ocurriendo en tierra seca (tierra recientemente emergida de las aguas), grandes áreas de sedimento serían aún más afectadas por flujos *piroclásticos* (volcánicos) o cubiertas con lava. De hecho, esta situación puede verse en muchos lugares, donde los flujos de lava han cubierto rocas y arena sedimentarias. Otras áreas volcánicas quedaron sumergidas, por lo que se depositaron grandes cantidades de calor en el océano. Las aguas calientes deben haber afectado significativamente el clima.

La materia volcánica (mayormente cenizas) de cientos de volcanes eyectada a la atmósfera, debe hacer reducido dramáticamente la luz del sol que llegaba a la superficie de la tierra. Sabemos que las fuerzas volcánicas expulsan grandes cantidades de materia que permanece algún tiempo en la atmósfera. Un solo volcán en actividad en cualquier parte del mundo puede reducir las temperaturas globales casi un grado Celsius. ¿Qué pasaría con 1000 erupciones? ¿Y si la actividad se mantuviera durante varios años, y luego descendiera gradualmente a lo largo de 40-50 años? Los efectos de este nivel de actividad a lo largo de décadas llevaron a la Era de Hielo.

Fuerzas Atmosféricas en el Diluvio

He aquí las razones físicas para no tener una abertura mayor en el arca que la gran puerta, que el Señor cerró por Sí mismo. Hay razones para que el arca se cerrara por completo. (La familia de Noé tuvo que quitar parte de la cubierta al final del desastre para poder ver la tierra). La lluvia y las fuentes del abismo fueron retenidas, pero las tormentas residuales, junto con las olas empujadas por el viento, como parte del plan de Dios para hacer retroceder las aguas, deben haber sido enormes. La atmósfera estaba probablemente inestable debido a la actividad volcánica y el calor de las aguas del océano. La ceniza y los gases deben haber sido peligrosos a medida que se asentaban sobre el arca. Las condiciones eran apropiadas para que se desataran grandes tormentas con rayos, granizo, lluvia, vientos y mar violenta. Un local cerrado era esencial para la sobrevivencia durante el Diluvio y el periodo de retroceso.

Efecto Total de las Fuerzas

Hacia donde sea que haya derivado el arca, partió de un área determinada, o 'lugar cero.' Era una tierra antiguamente bien poblada, pero también destinada a la destrucción completa. Las fuerzas naturales en esa área deben haber sido igual de destructivas que en el resto del planeta. Las fuerzas eran gigantescas según los estándares actuales, y los efectos fueron globales. El periodo de retroceso fue tan notable como el Diluvio en sí. Las fuerzas actuaban juntas pero impredeciblemente. Mientras se retiraba el agua, las tierras recién emergidas escurrían las aguas llenas de residuos que habrían de agrietar el nuevo terreno. A medida que algunas áreas de tierra se elevaban y/o bajaba el nivel del mar, se acumulaba el poder erosivo de las aguas drenadas. La inestabilidad en la atmósfera, el calor de la actividad volcánica, y el viento ordenado por Dios debieron convertir el periodo de retroceso en algo muy peligroso en la mayor parte de los lugares. Aunque la situación debió ser impredeciblemente turbulenta, también debió haber periodos de calma en esa actividad.

Teniendo en cuenta estas fuerzas en el Diluvio de Génesis, el pronto aterrizaje del arca en una altitud correcta la salvó de las condiciones traicioneras que aún existían en las altitudes más bajas. No obstante, la última parte del viaje fue tan tumultuosa y peligrosa como la primera parte. Mientras, la superficie de la tierra estaba atravesando el periodo final de una catástrofe.

Está claro que el arca no era un enorme contenedor de vida en aguas plácidas, esperando a arribar pacíficamente a un nuevo paraíso como sugieren algunos materiales infantiles. Incluso después de aterrizar, el ruido de los eventos climáticos periódicos, aunque más pequeños, en la región, debió ser preocupante. La familia de Noé debe haber recordado las ciudades y personas que habían conocido, y que ahora estaban muertas. A medida que se calmaban las condiciones, siguieron sin atreverse a salir hasta que Dios lo permitió. Si consideras las fuerzas implicadas, tenían razones para obedecer. Cuando Dios prometió no repetir lo mismo, significó más para el pequeño grupo de lo que podemos imaginar actualmente con una lectura casual. El impacto del Diluvio se mantiene a través de la Escritura, como puedes ver al leer **2 Pedro 3:6** y **Lucas 17:26-27**, ya que Dios pretendía que las razones, la rapidez y los resultados del mismo fueran un recordatorio de retorno del Señor Jesucristo.

D. Asignación

Busca imágenes y hechos físicos sobre los temas que se asignan a continuación: el Gran Cañón (USA), el cementerio de fósiles marinos y ballenas en el desierto chileno, el entierro de dinosaurios en el desierto de la Mongolia Interior y los fósiles de Ichthyosaurus (puedes investigar todo esto online en el sitio de creation.com o en los sitios de otros ministerios sobre Creación bíblica). Los sitios seculares tienen información, pero la interpretación de la evidencia será totalmente diferente. Busca en esas locaciones los datos factuales o temas que se han asignado.

E. Actividad de Aprendizaje

Con las instrucciones y los materiales provistos por el profesor, pon una mezcla espesa de agua y harina o tierra en una bandeja con bordes, pero deja que la superficie se seque por varias horas o un día. Se formará una ligera corteza. Usa Hageo 2:6 como guía, sacude la bandeja y observa qué ocurre.

PPC Analiza este ejemplo en comparación con la sacudida experimentada por la tierra en el momento del Diluvio de Génesis. ¿Qué crees que pase si se aplica esto a las largas capas de roca sedimentaria que tenemos en la superficie de la tierra hoy en día?

F. Resumen Final

Las fuerzas en acción durante el Diluvio de Génesis son únicas en la historia humana, y exceden por mucho los niveles de fuerza en las inundaciones o en la actividad volcánica de la historia moderna.

Lección 9 Repercusiones del Diluvio: Comienzos Catastróficos y el Registro Fósil

A. Objetivo General de la Lección

- Analizar versículos clave que referencian el evento y ganar apreciación de los efectos catastróficos del agua, el registro geológico general y el registro fósil.

B. Plan de la Lección

- La magnitud de los eventos del Diluvio se describe en Génesis. **Salmos 104:6-9** nos da importantes pistas sobre cómo el periodo del Diluvio transformó la superficie de la tierra.
- El Dios poderoso, que da vuelta a las montañas y sacude la tierra, es recordado como tal en **Job 9:5-7, Hageo 2:6**, y **Hebreos 12:26-27**. Los versículos son exactos y no exageraciones.
- Por tanto, los registros geológico y fósil son extensos, mostrando los resultados del Diluvio.
- Recientemente, se han descubierto muchos fósiles en locaciones y elevaciones muy variadas, incluyendo largos 'lechos de huesos' de dinosaurios hasta fósiles de tejidos blandos de vida marina.
- Los fósiles deben haberse formado al principio del Diluvio, pero deben haberse 'depositado' o haber terminado cerca de la superficie de la tierra en el periodo de retroceso y en la erosión post-Diluvio.

C. Lección

Resumen

Algunas de las fuerzas que actuaron en la tierra durante y después del Diluvio fueron analizadas en la lección anterior. Esta lección nos da más detalles de esas fuerzas, ya que afectaron a las nuevas tierras que emergieron. Un registro geológico permanece ahí para nosotros, y el estudio de ese registro ha sido sujeto de análisis de científicos y especialistas que creen en el enfoque bíblico de la Creación. Sus hallazgos son excitantes y el trabajo continúa; pero la perspectiva bíblica es tan poco popular que no suele ser escuchada, y los esfuerzos investigativos en ese sentido son normalmente mal financiados. Para las personas curiosas, incluyendo muchos creyentes, la información en esta lección será nueva. Para más detalles, usa las [notas de investigación] en creation.com, o busca las útiles referencias que se enumeran al final del curso. Los resúmenes que te brindamos de algunos de los descubrimientos son muy breves, ya que se trata de un tema muy amplio.

La Biblia es mayormente silenciosa respecto a las consecuencias del Diluvio. El poder de Dios, tal como se exhibió en el Diluvio de Génesis, es referenciado varias veces, pero no se nos dan detalles. Las condiciones de retroceso del Diluvio, cuando varias montañas se elevaron por encima del área en comparación con el paisaje antes del Diluvio, se mencionan un par de veces en términos generales en el **Salmo 104:6-9**. Esta porción de la Biblia habla de Sus acciones para crear un lugar en el que se depositaran las aguas del Diluvio y para elevar terrenos para la repoblación de la tierra que habría de venir. No es una sorpresa que en el Nuevo Testamento, Jesús afirme que un "poco" de fe puede mover una montaña, ya que Él estaba hablando desde el punto de referencia de haber sacudido la tierra (y movido las montañas) en el pasado. (**Mateo 17:20**).

PPC Examina **Salmos 104:6-9** para discutir las siguientes preguntas:
1. ¿Qué versículos de Génesis equivalen a los versículos 6 y 7? ¿En qué momento del Diluvio ocurrió esto?
2. Describe el versículo 8 con tus propias palabras, pero asígnale al menos tres o cuatro de las montañas más grandes a la primera parte del mismo, y al menos tres océanos diferentes, fosas profundas o planicies sumergidas a la segunda parte.
3. Identifica la diferencia de altura entre una de las montañas y la sección más profunda del océano.
4. Comparte tus impresiones respecto a una sábana de agua turbulenta de 1 km de profundidad, 1000 km² de área, moviéndose desde una altura promedio de 2 km sobre el nivel del mar hasta un lecho oceánico a 1000 km de distancia. Hay una montaña medio sumergida en el camino del agua en movimiento. Describe lo que crees que sucederá.

El despliegue geológico de la tierra muestra los efectos del periodo de retroceso en términos reales, porque puede ser observado y estudiado. No es silente. Un mapa de calidad puede mostrar características topográficas tanto por encima como por debajo del nivel del mar, ricas en detalles respecto a depresiones, fisuras, fallas y regiones levantadas. Parte del registro fósil, establecido en la primera parte del Diluvio, fue llevado cerca de la superficie y desenterrado en muchos lugares cuando las capas sedimentarias fueron forzosamente erosionadas al final del Diluvio. Esta es una evidencia poderosa de lo ocurrido. El Diluvio de Génesis fue una catástrofe mundial en cada aspecto, que produjo el registro fósil y lo sacó a la luz (o cerca de la superficie) para que lo estudiemos hoy.

El Catastrófico Drenaje de las Aguas y la Formación de Nuevas Tierras

¿Cómo estamos tan seguros de que las aguas en retroceso del Diluvio Universal fueron tan extensas? La roca sedimentaria es más del 75% de la superficie de la tierra, y es tan predominante en regiones montañosas como lo es en elevaciones menores o submarinas. Se pueden encontrar fósiles en la cima de las montañas o en profundas fallas. El grosor de esta roca sedimentaria puede tener unos pocos kilómetros o más de diez. El clímax del Diluvio duró lo suficiente para que esos sedimentos se fortalecieran substancialmente y se formaran los fósiles. Grandes cantidades de sílice y caliza jugaron un papel en el proceso químico de la fosilización. Muchos animales, enterrados vivos, se encuentran por todo el mundo –fosilizados en varias capas. Pero las aguas comenzaron a drenarse porque Dios elevó las tierras y profundizó el lecho marino. Consideremos los efectos regionales de las aguas en movimiento.

Los sedimentos de los terrenos altos serían forzosamente removidos a medida que bajaba el nivel del agua. Las fuerzas eran lo bastante fuertes como para remover la cima de algunas montañas. A medida que se hacían prominentes mayores áreas de tierra elevada, grandes sábanas de agua se movían hacia menores elevaciones. A medida que se hacían más lentas, se formaban *'superficies de planificación,'* en las que se esparcían rocas redondeadas, arena y sedimentos sobre grandes áreas relativamente planas. Ese tipo de superficies se encuentran prácticamente en todos los continentes.

En las montañas, a veces se abrían brechas por el agua que bajaba, definiendo una línea de nuevas montañas. Mientras seguía descendiendo el nivel del agua, el curso de la misma iba hacia terrenos más bajos, como valles y nuevos cauces de ríos. Sin embargo, cuando el flujo quedaba limitado por el terreno, se incrementaba la velocidad, cavando grutas y cañones. Los sedimentos recién depositados, endurecidos pero aún maleables, se torcían. Toda esta actividad quedó marcada por aguas turbulentas y llenas de residuos. (No todo el residuo quedó enterrado en los sedimentos).

Mientras se drenaban las aguas, grandes áreas de actividad volcánica llenaban la atmósfera con cenizas. Otras líneas de volcanes sumergidos expulsaban calor a los océanos. Terremotos periódicos y de larga duración acompañaban a la actividad volcánica.

El retrato en la Biblia es exacto: he aquí a nuestro Dios Todopoderoso, quien puede sacudir la tierra y abatir las montañas (**Job 9:5-7, Hageo 2:6** y **Hebreos 12:26-27**). La profundización del lecho marino fue clave, ya que permitió que se retiraran las aguas que se estaban drenando. Lugares que no habían estado sumergidos quedaron bajo el agua.

Incluso algunas montañas que estaban parcialmente por encima del agua pasaron a formar parte del nuevo lecho oceánico. Los guyots, montañas volcánicas submarinas con cimas aplanadas, pueden encontrarse en la mayor parte de los océanos. Más de 200 guyots han sido identificados desde 1940. En cierto momento, estuvieron cerca de la superficie de las aguas del Diluvio, de modo que las corrientes destruyeron y removieron sus cimas, dejándolos con cimas planas cercanas a la superficie. Ahora están en áreas profundas del océano que varían desde unos pocos cientos de metros hasta miles de metros de profundidad.

Las fuerzas volcánicas continuaron en la tierra y en el mar. La cantidad de materia volcánica en la atmósfera se incrementó, y otra más densa cubrió largas regiones de las nuevas tierras. Los volcanes submarinos también siguieron en actividad. Estas fuerzas no se detuvieron pronto, y sus efectos caracterizarían el periodo, que se alargó por un tiempo.

Las plataformas continentales se formaron a medida que los sedimentos llegaban al océano abierto. La velocidad de las corrientes disminuyó, y los sedimentos se acumularon en las costas, formando las plataformas continentales actuales.

[Notas de investigación: *receding flood waters, continental shelves, flood volcanism*]

Aparición Catastrófica de las Montañas

Las tierras recientemente levantadas (los nuevos continentes) y los lechos marinos profundizados (que ya analizamos) aparecieron a gran escala. La descripción resumida en **Salmos 104:8** es bastante asombrosa, pero extremadamente breve: "Subieron los montes," la traducción más común. Hay un grupo de montañas en cada continente que tiene una altura modesta. Desde los Apalaches, en los Estados Unidos, hasta los Urales, en Rusia, hasta las montañas desérticas en África, se ven desde lo alto como ligeras arrugas en la superficie de la tierra. Muchas de ellas muestran evidencia de haber sido formadas por el agua, y a menudo tienen capas de rocas sedimentarias de varios tipos. Deben ser ligeramente más viejas que las montañas más altas, ya que estuvieron sometidas a las aguas del Diluvio por un periodo más largo.

También tenemos montañas majestuosas como el Himalaya, las Rocallosas y los Andes. Con cuestas típicamente más empinadas y elevaciones que superan a las de sus primos más pequeños, no suelen ser habitables, y están por encima de las altitudes en que los árboles crecen con facilidad. Deben haber estado elevándose aún cuando se drenaron las aguas del Diluvio, así que muestran cimas más puntiagudas y vertientes más empinadas y difíciles. Muchas de ellas tienen rocas sedimentarias y fósiles. En contra de la opinión popular, se elevaron rápidamente, tan rápidamente como se profundizó el lecho marino, lo que llama la atención sobre el grado de diferencia. Los lechos marinos pueden tener varios miles de metros de profundidad; las montañas más altas tienen picos que superan los 4000 m. Cuando se ve esto desde una perspectiva naturalista, millones de años de las fuerzas naturales erosivas que vemos actualmente hubieran reducido esta aparente disparidad. El Diluvio es una explicación mucho mejor.

El Registro Fósil

Como se dijo anteriormente, los fósiles se formaron en la primera parte del Diluvio. Contrariamente a la creencia popular de que se necesitan millones de años para que se forme un fósil, hay miles de problemas con la idea de un largo periodo de tiempo actuando sobre los mismos. La carne y los huesos se pudren más rápido de lo que se supone que actuó ese proceso; los efectos de la erosión contradicen los conceptos del enterramiento gradual. La cantidad de residuos y minerales depositados por las aguas del Diluvio eran un escenario perfecto para la formación de fósiles. La catástrofe fue corta; el contenido del agua estaba cargado de sustancias que se depositaron en capas y se endurecieron rápidamente – atrapando a criaturas terrestres y marinas. La mayor parte de los fósiles deben haberse formado rápidamente debido a la presión del agua y a la presencia de minerales, sílices y caliza. Pero algunos de los 'cementerios' no estuvieron enterrados largo tiempo, porque las aguas en retroceso debieron llevar varios de ellos a la superficie y hacerlos objeto de la erosión. Por esta razón, hallamos lechos fósiles de varios tipos alrededor del mundo.

Características de los Lechos Fósiles

El rápido entierro de criaturas terrestres y marinas es, por supuesto, una característica de las condiciones del Diluvio de Génesis, esenciales para la fosilización. En descubrimientos recientes, se han descubierto patrones de tejido blando que ilustran cómo ocurrieron las condiciones perfectas para que se fosilizaran las medusas. Normalmente, se hubieran descompuesto o destruido rápidamente, pero fueron preservados debido a una fosilización casi instantánea. En algunos lugares, se han preservado gotas de lluvia y patrones de arena. A menudo se encuentran 'pozos' de fósiles muy pequeños, donde las violentas aguas arrastraron juntas cosas de tamaño y peso similares. Se pueden encontrar peces devorando a otros; evidentes procesos de nacimiento interrumpidos; se puede definir el contenido del estómago –todo esto apunta a un entierro rápido y a una fosilización acelerada. [Nota de investigación: ***jellyfish fossils; mass fossil deposits***]

Los grandes cementerios de fósiles [Nota de investigación: ***dinosaur bone beds***] atraen la atención de muchas personas. Es notable la variedad de tipos de dinosaurios que dejaron huellas, o que han sido encontrados en cementerios de fósiles. En las últimas décadas han sido descubiertos estos restos en todas las latitudes. Cuando pensamos en las fuerzas destructivas que actuaron durante el Diluvio, en las hordas de criaturas que trataban de escapar de las aguas, y las huellas que indican que huían de un peligro, la naturaleza destructiva y global del Diluvio de Génesis se hace evidente. Los fósiles de animales más grandes suelen estar en grupos, especialmente aquellos que nadaban mejor. Las fuertes corrientes, las grandes olas rompiendo sobre tierras en desaparición y los escombros en las aguas deben haber atrapado a los grupos de criaturas similares en su huida, y ese es el motivo por el que encontramos grandes cementerios fósiles con dinosaurios. Muchos de esos lechos fósiles muestran criaturas en dificultades, asfixiadas o hechas pedazos. Los cuellos de algunas criaturas aparecen torcidos en ángulos antinaturales. Todo esto es de esperar desde una perspectiva bíblica, según la cual el Diluvio de Génesis debe haber depositado los sedimentos con rapidez –enterrando grupos de dinosaurios mientras estaban vivos, pero asfixiándolos rápidamente. Otros fueron desmembrados y sus restos quedaron enterrados.

La fecha del Diluvio (unos 4500 años atrás) está obteniendo más verificación física a partir de la fosilización incompleta de criaturas y plantas, encontrada en varios lugares. Estos hallazgos, por supuesto, también son una contradicción directa a las afirmaciones de que los fósiles tienen millones de años de antigüedad. Incluyen tejido flexible, células de la sangre, ADN y ligamentos de varias criaturas (hablaremos más al respecto en la Lección 12 de la Unidad 3).

Los fósiles se encuentran a menudo en lugares extraños. Una manada de ballenas se encontró en un desierto chileno. Están bien preservadas, unas 80, y bien lejos del océano. La Antártida contiene fósiles que deben haber vivido en un área tropical. Pequeños fósiles marinos aparecen tierra adentro en varios lugares. Es común encontrar fósiles submarinos. La lista de locaciones inusuales y los tipos de fósiles encontrados en ellas tienen una miríada de explicaciones naturalistas, pero el Diluvio de Génesis es una explicación mucho mejor y más razonable. [Nota de Investigación: *whales, Antarctica*]

Cementerios de Biomasa y Carbón

Los filones de carbón se encuentran por todo el mundo. Son los 'restos' de la gran *biomasa* que existió antes del Diluvio. Las aguas acumularon de forma natural el material biológico a medida que era destruido y transportado por las turbulentas corrientes. El movimiento de las capas tectónicas y el rápido depósito de los sedimentos proveyeron el mecanismo para enterrar rápidamente una parte de esa biomasa, y la presión necesaria para convertirla en carbón. El calor generado por la materia orgánica atrapada y aplastada provocó como rápido resultado el carbón que conocemos hoy. [Nota de investigación: *coal*. Si grandes cantidades de vegetación son catastróficamente enterradas y, por tanto, no son expuestas a mucho oxígeno, el resultado es el carbón.]

Hay numerosos registros e imágenes fósiles en el carbón. Suelen encontrarse troncos y corteza de árboles, helechos, ramas, hojas, raíces y maleza. Las hojas suelen tener detalladas ramificaciones. La presencia de metano en las minas es muy común, como se esperaría de una veta de carbón presurizada que está formada de biomasa enterrada por una inundación hace unos miles de años.

Muchas vetas de carbón están separadas por capas de roca sedimentaria. Demuestra que las capas de sedimento y biomasa fueron rápidamente depositadas por separado, por la forma en que las turbias aguas en movimiento separaban todo según su densidad y locación.

D. Asignación

Encuentra un mapa de las áreas glaciares donde hay evidencia de la Era de Hielo que siguió al Diluvio de Génesis. Haz una lista con al menos tres características de los paisajes de cualquier parte del mundo que indiquen la presencia de una gran sábana de hielo.

E. Actividad de Aprendizaje

PPC Usando los resultados de la asignación para esta clase, expón los resultados para resumir algunos de los hechos referentes a los *'guyots'* por medio de un ejemplo real, los fósiles marinos del cementerio de ballenas en el desierto chileno, el cementerio de dinosaurios en el desierto de Mongolia Interior o los fósiles de Ichthyosaurus. El profesor asignará los equipos. Comenten las condiciones locales que permitieron que los objetos estudiados se 'congelaran' en el tiempo para nosotros.

F. Resumen Final

Los efectos catastróficos de las aguas en retroceso y la amplia presencia de cementerios fósiles son evidencia de una inundación a nivel mundial (El Diluvio de Génesis).

Lección 10 Repercusiones del Diluvio: Cambian la Tierra, el Mar y la Vida

A. Objetivo General de la Lección

- Analizar las repercusiones del Diluvio en términos de cambios en la tierra, el mar y la vida.

B. Plan de la Lección

- Las aguas residuales de la inundación continúan drenando los continentes. El periodo se caracteriza en su mayor parte por el alza incesante de las montañas más altas, la acumulación de restos en las cordilleras, la aparición de nuevos lechos de ríos y lagos, más actividad volcánica, la formación de grutas y la erosión de capas de sedimentos.
- Los cambios climáticos en la era post-Diluvio incluyen la Era de Hielo, que fue el resultado de frentes fríos y grandes tormentas ocasionadas por el calentamiento de las aguas, el enfriamiento de la tierra y el bloqueo de la luz solar (debido a la fuerte actividad volcánica). Se necesitaron varios siglos para que se estabilizaran las condiciones. La Era de Hielo se convirtió en un problema significativo. Terminó siendo una fuerza erosiva.
- El clima era inestable, crudo y cambiante, lo que llevó a un periodo de extinción Post-Diluvio para muchas criaturas, y obligó a emigrar a las personas. Los niveles del mar siguieron cambiando (elevándose) a medida que se retiraba la Era de Hielo. Desaparecieron los 'puentes de tierra' entre los grandes continentes.
- Con la visión y el contexto de la cosmovisión bíblica, el Diluvio de Génesis y sus consecuencias adquieren sentido a la luz de las características regionales de los seres vivos, en comparación con los lentos cambios graduales a lo largo de millones de años que sugiere la perspectiva naturalista.

C. Lección

Resumen

Cuando terminó el Diluvio del Génesis, no ocurrió un periodo post-tormenta como los modernos, porque en la actualidad no tenemos ninguna situación que sea comparable. Después de un tifón de gran categoría, un tsunami letal o una gran erupción volcánica, la región en que ocurren se ve afectada por la pérdida de vidas o propiedades. Al cabo de unos días o un mes, vuelven los patrones climáticos regulares y la gente comienza el proceso de recuperación. A veces, la recuperación puede durar una década. En cambio, cuando terminó el Diluvio la mayor parte de las aguas se había recogido gracias a la profundización de los lechos marinos; algunas partes de la tierra se secaron para los habitantes del arca; probablemente había cesado el fluir de las sábanas de agua. Sin embargo, los flujos canalizados de agua (flujos de agua encauzados por la topografía local) continuaron con catástrofes locales que cubrían miles de kilómetros cuadrados en un determinado incidente. Sucedían en todo el mundo. El vulcanismo seguía presente; muchas tierras continuaban siendo inestables y estaban sujetas a eventos geológicos significativos; el clima estaba cambiando. Esta lección analiza ese periodo, que probablemente se extendió hasta los días de Job y Abraham, aunque los efectos más dramáticos probablemente eran pequeños para ese entonces.

Flujo Canalizado de las Aguas en Retroceso del Diluvio

El flujo canalizado entre los accidentes del terreno en los nuevos continentes continuó dando forma a la tierra de manera dramática. Cuando los grandes flujos se ven constreñidos por el terreno, se aceleran y son capaces de esculpir valles, algunos de los cañones más grandes del mundo y los principales cauces de los ríos. Pero el agua seguía llena de escombros, sedimentos y rocas. Las etapas de inundación del Mississippi, el Yangtze, el Nilo o el Amazonas no son comparables porque quedarían empequeñecidas. Además, en esta etapa las aguas constreñidas estaban formando los grandes accidentes geológicos que hoy conocemos. El proceso era a menudo feroz. Las lluvias y las tormentas continuaban; las fuertes nevadas se intensificaron en las latitudes medias y septentrionales en el primer siglo después del Diluvio. Comenzaba la Era de Hielo, y su eventual retirada (a unos pocos siglos de distancia) daría lugar a otra tanda de eventos de erosión hídrica. Nada en este proceso era ordenado ni necesariamente predecible, porque los acontecimientos dependían de la topografía, tipo/densidad/dureza de la roca sedimentaria y los cambios meteorológicos durante una época de cambio climático. Todo esto, más las continuas condiciones de desecación, hicieron que los niveles de agua locales o de las tierras bajas y las cuencas fluviales estuvieran en un estado de cambio constante. La población local, al multiplicarse y migrar, no sería consciente de los cambios venideros ni de los peligros asociados. Tampoco lo sería ningún ser vivo o ave. Las estaciones periódicas estarían presentes, pero con cambios de temperatura más amplios que los experimentados antes del Diluvio. Esto exacerbó el impacto de la Era de Hielo, complicando las condiciones de vida en muchos lugares de latitudes medias y septentrionales. [Nota de investigación: *Ice age, post-Flood*].

Cambios en la Tierra

Los cambios en la tierra no habían cesado. El vulcanismo, especialmente en magnitudes muy superiores a las registradas en la historia moderna, habría sido un factor importante en grandes regiones. En las zonas de clima seco, como la zona del suroeste de Estados Unidos, hay grandes campos de lava en la superficie, a menudo cubriendo roca sedimentaria y arena. La actividad sísmica estaría disminuyendo, pero seguiría produciéndose, ya que grandes regiones de tamaño continental se habrían levantado recientemente y los lechos marinos se habrían profundizado. Sin duda, las presiones sobre la corteza terrestre seguían asentándola. Los efectos se prolongarían durante siglos.

Con la roca sedimentaria distribuida de forma desigual, este es el periodo en el que los altos niveles freáticos y una tierra que aún se drena/seca, en combinación con la piedra caliza y otros minerales solubles en agua, formarían zonas subterráneas conocidas como 'karst.' Este tipo de subsuelo sería el lugar donde se desarrollarían cuevas, acuíferos submarinos, sumideros, manantiales y ríos subterráneos.

A medida que las aguas superficiales sobre la tierra se redujeran y se hicieran más constreñidas, se esculpirían gargantas, cañones, farallones y caras escarpadas a lo largo de los ríos. Estas últimas fases del drenaje del agua formarían muchas de las características que hoy apreciamos. Las llanuras y mesetas estarían más asentadas en tamaño y composición, pero quedarían sujetas a los efectos erosivos del clima posterior al Diluvio, incluso después de que la mayor parte del agua se hubiera drenado de los continentes. Las regiones más secas empezarían a aparecer al cabo de unos siglos; los desiertos surgirían a medida que avanzara el tiempo; los procesos de desecación, unidos al clima, tendrían efectos más profundos a medida que avanzara el tiempo.

Las condiciones de la superficie serían desigualmente adecuadas para sostener la vida. El follaje se desarrollaría rápidamente donde los sedimentos sueltos fueran cultivables, pero no con la suficiente rapidez para evitar la erosión a gran escala que acompañaría a las tierras desnudas y sujetas a la erosión. Los árboles jóvenes tardarían décadas en madurar, y eso sólo en las zonas donde las condiciones fueran adecuadas. En el 30% de la masa terrestre, que iba a ser cubierta por el hielo, no sería posible ningún tipo de follaje hasta que el hielo se retirara.

Dado que las alfombras de vegetación probablemente se asentaron en muchos lugares cuando las aguas de las inundaciones las dejaron varadas en los nuevos continentes, las semillas de diversos tipos se localizarían al azar. Los bosques y el follaje a gran escala -con densidades, tamaños y madurez para sostener un hábitat- probablemente no estuvieron presentes durante bastante tiempo, y aparecieron sólo en las zonas donde pudieron afianzarse. Las hierbas y los granos silvestres se recuperarían rápidamente y serían la principal fuente de alimento. Entonces, por supuesto, el cambio climático habrá tenido un efecto inmediato sobre lo que germinó y sobrevivió a las primeras temporadas. El clima se analizará a continuación.

El Cambio Climático: la Era de Hielo

Mientras las aguas en movimiento seguían dando forma a las tierras recién levantadas, la actividad volcánica continuó añadiendo calor a los océanos y enormes volúmenes de gases o cenizas a la atmósfera durante los primeros siglos después del Diluvio. El vulcanismo disminuyó lentamente, a juzgar por la historia reciente de los volcanes. Considera los efectos de los cientos de volcanes activos que estaban presentes al comienzo del periodo. El bloqueo de la luz solar tuvo un efecto dramático, ya que los efectos del calor del sol fueron severamente interrumpidos. Las temperaturas superficiales de los nuevos continentes eran frías, o descendían rápidamente. La combinación de las mismas con océanos cálidos, llenos de calor que impulsa la evaporación para la *precipitación*, habrá desencadenado súper tormentas durante siglos hasta que las temperaturas oceánicas bajaran y las terrestres se calentaran. No todas las zonas se verían afectadas por igual.

Los grandes, repetitivos e intensos *límites frontales*, que no se ven en la actualidad, deben haber barrido los nuevos continentes, impulsados por el calor latente de los océanos calentados. La cantidad de humedad y la intensidad de las zonas de bajas presiones, alimentadas por una mayor evaporación de las aguas cálidas, crearon las condiciones para una alta tasa de precipitaciones. En comparación, los tifones, huracanes y tormentas actuales son mucho menos intensos. Su fuerza está limitada por la cantidad de calor disponible en las aguas oceánicas, que es mucho menor ahora en comparación con las condiciones posteriores al Diluvio. [Nota de investigación: ***How did the flood affect weather?***]

Estos extremos climáticos desencadenaron la única Era de Hielo, que probablemente, según estiman los científicos y especialistas de la Creación, no alcanzó su máximo hasta unos 500 años después del desembarco del arca. A nivel mundial, las condiciones eran perfectas para el desarrollo de fuertes nevadas y hielos en latitudes medias y altas (en el extremo sur o norte), y lluvias en otros lugares. Las capas de hielo, tan comprimidas como las encontramos hoy en la Antártida o en Islandia, por ejemplo, no son como los anillos de un árbol que marcan los años. Marcan eventos de tormenta, que fueron prolíficos. Otras zonas afectadas fueron las montañas más altas de varios continentes (como los Andes o el Himalaya), donde las bajas temperaturas y las altas tasas de precipitación (mayores que las que vemos hoy en día) serían habituales durante algunos siglos.

Las estimaciones de los científicos y especialistas de la Creación bíblica apuntan a que se necesitó un periodo de 200 años después del punto álgido para que la Era de Hielo se retirara y las condiciones climáticas generales se asentaran finalmente (unos 700 años después del desembarco del arca). Otra ronda de rasgos topográficos creados por el agua, que a menudo se protegen hoy en día debido a su belleza, se formó con la escorrentía llena de escombros. Se liberó hielo a partir de eventos de inundación más pequeños, a medida que la Era de Hielo se retiraba rápidamente durante esos dos siglos. En este periodo se formaron muchos cañones.

El clima anterior al Diluvio puede haber sido más uniforme que el actual, aunque no podemos estar seguros. Pero en cualquier caso, el rápido desarrollo de la Era de Hielo posterior al Diluvio, gracias a océanos más cálidos, tuvo efectos significativos en el clima si lo comparamos con el de antes del Diluvio y con el actual. Esto debe haber afectado a los lugares en los que pudieron brotar y florecer diversas plantas. A su vez, el desarrollo desigual del follaje decidiría en qué lugares los seres vivos sobrevivirían y se reproducirían más fácilmente. [Nota de investigación: *ice age*]

Condiciones Locales para Los Seres Vivos y los Humanos

No es complicado ver que el entorno de vida para los seres vivos y los humanos cambió durante el periodo posterior al Diluvio. La topografía era nueva; las ubicaciones de agua habían cambiado y seguían cambiando; las nuevas montañas presentaban nuevas barreras geográficas; algunos lugares eran más difíciles de poblar.

Dios pretendía que la repoblación tuviera lugar y así lo ordenó. Sin embargo, dependiendo del lugar al que la gente empezara a emigrar, no serían conscientes de los cambios globales provocados por el Diluvio, especialmente la Era de Hielo que se avecinaba. Esta provocaría cambios sustanciales en la tierra habitable y en los límites de las regiones costeras. Los cambios se producían con la suficiente lentitud como para que las generaciones siguientes no tuvieran necesariamente las mismas condiciones de vida ni pudieran vivir en los mismos lugares en general.

El nivel del mar descendió sustancialmente a medida que las capas de hielo se hacían más grandes y gruesas. Al cabo de unos siglos más, el nivel del mar fue subiendo en la fase de retroceso de la Era de Hielo. Los asentamientos en la costa y en las márgenes de los ríos costeros, por tanto, corrían riesgos a largo plazo que los habitantes no podían prever. Los ríos y arroyos eran muy altos después del Diluvio. Los lagos eran comunes. Muchas de estas fuentes de agua siguieron cambiando durante los primeros siglos después del Diluvio. También se vieron afectadas por el paso de la Era de Hielo y el asentamiento de las condiciones climáticas.

No pensamos en estos desafíos en nuestro entorno relativamente estático, pero durante varios siglos el mundo posterior al Diluvio no fue tan estático. Cuando lo parecía para personas locales durante una generación, podía no serlo para las generaciones siguientes. Existe una resistencia natural a moverse si las cosas van bien, pero a veces no deben haber tenido opción. Si el refugio, el agua y la comida cambiaban, la migración se volvía importante. Las capas de hielo y las zonas cercanas a ellas (más de un tercio de la superficie terrestre) no eran muy habitables y forzaron esta cuestión allí donde la gente vivía cerca de ellas o junto al mar, donde el nivel del agua estaba cambiando.

Las grandes criaturas fueron desafiadas. El follaje anterior a la inundación había desaparecido. Los suelos fueron reordenados. Así que las grandes criaturas vivientes, que exigían un alto consumo diario de alimentos, tendrían dificultades en el mejor de los casos. Las hierbas, que crecen rápidamente, ayudan mucho, pero estaban empezando y no podían satisfacer las necesidades de una población en multiplicación de grandes criaturas. Tendrían que moverse con frecuencia. Ninguno de ellos consideraba los efectos del clima más frío y de la Era de Hielo que se avecinaba. No fue una época amigable para los animales o las aves. Los patrones de comportamiento estaban severamente alterados. Y Dios había decretado que ahora serían una fuente de alimento para los humanos. Algunos pájaros y criaturas se habrán convertido rápidamente en objetivos de alimentación para una población de rápido crecimiento.

El aumento del nivel del mar presentó un problema adicional. El nivel del mar descendió inicialmente debido a la Era de Hielo, y algunos especialistas estiman que el descenso habrá sido del orden de 50 m unos 500 años después del Diluvio. Sin embargo, el calentamiento de las tierras y el enfriamiento de las aguas llegarían a un punto en el que prevalecería la fusión de las capas de hielo. Durante esta 'ruptura' de la Era de Hielo, de una duración estimada de dos siglos, se produciría un aumento constante del nivel del mar.

Donde las aguas son ahora poco profundas, se pueden identificar posibles 'puentes de tierra' que conectan varias masas de tierra. Hay fuertes evidencias que apoyan la afirmación de que se trataba de puentes terrestres que unían tierras vecinas. La subida del nivel del mar al final de la Era de Hielo acabaría sumergiendo y eliminando estos puentes. A pesar de su incremento, el Señor prometió que las 'orgullosas olas' tienen un límite (Job 38:11). Nunca habrá otra inundación como la del Diluvio de Génesis. La desaparición de los puentes terrestres 500-700 años después del Diluvio fue sólo parte del proceso de asentamiento a medida que el mundo salía de la Era de Hielo.

Así que la migración por tierra a través de los puentes terrestres se detuvo. Los animales más grandes no deben haber podido emplear estas rutas. Así, cuando la especiación tuvo lugar en los siglos siguientes, estuvo más impulsada por la geografía que antes (tener poblaciones aisladas unas de otras permite que se desarrollen cambios basados en la información que ya tiene cada grupo). En general, ahora vivimos en una condición relativamente estática, en comparación con los cambios que tuvieron lugar desde el Diluvio hasta la Era de Hielo, y que se extendieron por varios siglos.

Otras Notas Sobre el Periodo Posterior al Diluvio

Un gran misterio en los estudios populares desde una visión evolucionista o naturalista del mundo, es la aparente extinción de tantas variedades de vida vegetal y animal. Las teorías abundan, pero la evidencia se resiste a cualquier respuesta consistente, especialmente cuando dicha perspectiva afirma que ocurrió hace millones de años. Sin embargo, con una perspectiva bíblica de la Creación y la discusión anterior sobre las secuelas del Diluvio de Génesis, se pinta un cuadro diferente y se resuelven algunos misterios. La vida fue dura durante los primeros siglos después del Diluvio. Aunque las criaturas se repoblaron rápidamente y se extendieron tras salir del arca, su supervivencia a largo plazo se vio amenazada tanto por las duras condiciones de esos siglos como por la caza.

La humanidad tuvo sus propios problemas con las condiciones cambiantes (como se dijo en la sección anterior). Se resistieron a dispersarse hasta que tuvo lugar el evento de la Torre de Babel, que analizaremos en la siguiente lección. Cuando, finalmente, los grupos humanos emigraron lejos del lugar de desembarco del arca, los cambios climáticos de la Era de Hielo también los afectaron. Por ejemplo, en muchos lugares las cuevas eran un refugio seguro, pero no solían ser asentamientos permanentes. Con el clima tormentoso de las latitudes medias y septentrionales, las poblaciones probablemente se vieron obligadas a cambiar de lugar. En condiciones de migración, los animales son una fuente de alimento evidente cuando no hay tiempo para desarrollar tierras de cultivo.

Cambia tus Lentes y Mira de Nuevo

Si comprendemos la verdad del Diluvio de Génesis y reflexionamos sobre las fuerzas que actuaban en la tierra y en el mar en los siglos posteriores al Diluvio, el mundo parecerá bastante diferente a cómo era antes del Diluvio. Hoy en día, es común interpretar las características de la tierra desde la perspectiva de un proceso largo y uniforme, pero esta visión del mundo tiene abundantes problemas que rara vez se mencionan. Recomendamos encarecidamente un cambio de lentes: observa los rasgos prominentes de los paisajes famosos para que veas las pruebas del periodo del Diluvio Universal. Una revisión de fotografías de gran altura o un vuelo en avión es suficiente para darse cuenta de que algo espantoso ocurrió. Efectivamente, así fue. La roca sedimentaria torturada, las grandes áreas que muestran los efectos del flujo de agua, las mesetas que fueron montañas, los enormes cañones casi verticales, las altas montañas empujadas miles de metros hacia arriba en cortos periodos, las vetas de carbón de la vegetación catastróficamente enterrada, los cementerios fósiles que muestran la evidencia de un entierro violento, los restos del vulcanismo de una época agitada, la topografía afectada por las capas de hielo gigantes, y docenas de otras características son señales que no se pueden eliminar: Dios sacudió la tierra; hablaba en serio en el Génesis y nos recuerda el acontecimiento en 2 Pedro 3:3-7. Su misericordia es igual de evidente en el periodo posterior al Diluvio, porque actualmente hay personas en los nuevos continentes. Sin embargo, provienen de la misma familia sobreviviente que creció con rapidez. La siguiente lección habla del periodo posterior al Diluvio en términos de personas, y cómo el Diluvio condujo al siguiente gran evento: la Torre de Babel.

D. Asignación

Lee **Génesis 9** y **10**. Aporta pruebas de estos capítulos que demuestren que el corazón humano no ha cambiado desde la Caída del Hombre. Escribe la afirmación de Dios respecto el corazón del hombre, que se encuentra en la última parte del capítulo 8.

E. Actividad de Aprendizaje

Coloca colectivamente los mapas de las zonas glaciares durante la Era de Hielo. Divídanse en equipos.

PPC Utiliza un mapamundi con las zonas glaciares marcadas para discutir cómo sobreviviría tu clan de personas, ubicada al principio al sur de los Montes Urales, en lo que ahora se llama Rusia. Han pasado unos 50 años desde el desembarco del arca. Tu equipo está al mando. Esta es la situación a la que se enfrentan: Las temperaturas han bajado en los últimos 15 años. La nieve es cada vez más intensa. Las temporadas de siembra y de maduración de las plantas se reducen cada año. Se acerca la temporada de siembra y los alimentos son escasos. La situación ha empeorado. ¿Qué vas a hacer? Los que dicen 'mudarse,' ¿a dónde irán? Hay cuatrocientas personas en tu grupo y más de la mitad son mujeres y niños.

Compara los resultados entre los equipos.

F. Resumen Final

Debido al cambio de clima en las duras condiciones de los nuevos paisajes que siguieron al Diluvio del Génesis, el periodo posterior al Diluvio no fue fácil durante varios cientos de años para una población humana en expansión y en migración.

Lección 11 Comienzos Post-Diluvio

A. Objetivo General de la Lección

- Evaluar los acontecimientos clave de Génesis 9 y 10 que hablan del periodo posterior al Diluvio, los cuales incluyen una rápida repoblación de la tierra y las acciones de Dios en la Torre de Babel.

B. Plan de la Lección

- Aunque la superficie de la tierra había cambiado y el periodo posterior al Diluvio permaneció muy inestable durante siglos, el pecado permaneció en el hombre mientras la población comenzó a aumentar rápidamente.
- Hubo resistencia al mandato de Dios de repoblar la tierra. Las ciudades y los reinos surgieron rápidamente a medida que la población aumentaba, y se produjo una migración limitada hacia el exterior.
- La comunicación se vio favorecida por las palabras y el lenguaje comunes, pero el corazón del hombre permaneció inalterado, por lo que Dios introdujo la confusión del lenguaje para frenar los planes malignos.
- Al cabo de algunas generaciones, la lección del Diluvio parecía haberse olvidado.

C. Lección

Resumen

El mundo posterior al Diluvio comenzó con una familia. La tierra cambió; el clima cambió. Sin embargo, la naturaleza de las personas no había cambiado. Aunque Noé fue declarado justo, no estaba libre de pecado; aparte de Jesús, nadie lo ha estado nunca. Y la semilla de la misma desobediencia y del mismo pecado que comenzó con Adán y Eva seguirá dando fruto en los descendientes de Noé, lo que nos incluye a nosotros. La naturaleza pecaminosa no tardó en corromper la situación humana después del Diluvio. Los versículos 9:1-11:9 de Génesis son un registro de las generaciones y los acontecimientos clave del primer periodo posterior al Diluvio, incluida la intervención de Dios para detener el progreso de la maldad extrema en la Torre de Babel, que se tratará en la próxima lección. Este es el último acontecimiento registrado en el que Dios hace algo que afecta a todos los hombres de forma dramática, hasta el nacimiento de Jesucristo. Dios interviene repetidamente en los asuntos humanos entre este evento y el nacimiento de Jesucristo, pero los efectos se limitan deliberadamente a personas individuales, reinos y naciones. Incluye algunos eventos físicamente milagrosos. Este evento de Babel, por otro lado, cumple una directiva mundial de Dios que logra tres cosas:
1. Limita el mal en los corazones de los hombres al restringir la capacidad de coordinar sus esfuerzos.
2. Dispersa a los hombres por toda la tierra porque desobedecieron Su mandato de extenderse y llenarla de nuevo con su descendencia después del Diluvio.
3. Da origen a los principales tipos de lenguas, las lenguas madre de las que se hablan hoy en día.

Como efecto secundario, al aislar los grupos de genes dentro de las poblaciones que ya no se entremezclan, esta dispersión proporcionó las condiciones a través de las cuales los grupos que llamamos 'razas' se hicieron evidentes. Ahora se sabe que todos los grupos de personas están muy relacionados. Por ejemplo, todos tenemos el mismo color básico de piel, sólo que en diferentes cantidades (melanina). [Nota de investigación: ***how did all the different races arise?***]

Generaciones desde Noé

Lee Génesis 9:1-11:9, por favor. Redacta una oración que resuma el tema de cada una de las siguientes secciones de versículos: **9:1-17; 9:18-28;** y **10:1-32**. Al concluir este ejercicio, revisa las notas que aparecen a continuación. Responde o analiza las preguntas en negrita.

Notas para 9:1-17.

El versículo 1 es un mandato repetido que aparece en los versículos anteriores. Sin embargo, el versículo 2 es nuevo y es otro ejemplo del cambio dirigido por Dios en las criaturas que creó. Vuelve a leer el versículo 2. Contesta las siguientes preguntas:
1. ¿Qué cambio dice Dios que tendrá lugar en todas las criaturas? Observa las palabras que utiliza.
2. Observa que los versículos 2-3 marcan un cambio universal en los alimentos que se permite comer a las personas. ¿De qué se trata?
3. Dios compara la nueva dieta con la primera (antes de este punto). ¿Cuál era la primera dieta?
4. ¿Qué está prohibido como alimento?
5. **PPC** Dios dice que habrá consecuencias por derramar la sangre del hombre. ¿Por qué Dios considera tan importante el hecho de quitar la vida humana?
6. Dios repite su mandato principal de multiplicarse y crecer en la tierra.
7. **PPC** ¿Cuál es la señal del pacto de Dios con los hombres y con todos los seres vivos, indicada en los versículos 11-17? ¿Está todavía en vigor?

Notas para 9:18-28.

Entre todos, resuman el acontecimiento que tiene lugar entre los hijos de Noé. Este es el único evento registrado en el resto de la vida de Noé que conduce a la bendición y la maldición que se describen en los versículos 25-27. Los últimos versículos de esta sección registran los años de Noé después del Diluvio del Génesis, y su muerte.

Notas sobre 10:1-32

El versículo **10:25** dice que la tierra se repartió en los días de Peleg. Cuando decimos que 'toda la tierra observará este acontecimiento,' no nos referimos a la tierra física, sino a los habitantes de la misma. La palabra hebrea para 'tierra' aquí es *"eretz,"* que puede significar la tierra física, o las naciones/personas de la tierra. Dado el contexto de la división de los pueblos en Babel, parece obvio que se trata de este último significado.

Las generaciones descendientes de la familia de Noé se multiplicaron rápidamente. Fíjate en el versículo 32. El crecimiento de la población después del Diluvio del Génesis se observa en el capítulo 10. Los científicos creacionistas han estimado que vivían entre 1000 y 10000 personas cuando el evento de la Torre de Babel tuvo lugar, pero el evento no tiene una fecha precisa registrada más allá del contexto de las generaciones señaladas en el capítulo 10.

¿La Lección Del Diluvio, Olvidada?

El registro de las generaciones dice más de lo que podría ser obvio a primera vista. La "tierra repartida" (de la que hablamos antes) involucró más de un elemento. El primero, por supuesto, es la dispersión de los pueblos en los días de Peleg (alrededor del periodo del incidente de la Torre de Babel, que se discute en la próxima lección). Esto probablemente tuvo lugar junto con una combinación de líneas lingüísticas y familiares. El segundo elemento es la condición de la tierra en los siglos posteriores al Diluvio. El vulcanismo, las temperaturas del mar y las inestabilidades geológicas tardaron siglos en asentarse. Al mismo tiempo, se dirigieron hacia el exterior grupos más pequeños que necesitaban encontrar comida, refugio y una región razonable para vivir. El clima seguía sin asentarse. Fue un periodo estresante. ¿Recordaban por qué se produjo el Diluvio, para empezar? ¿Recordaban la causa del juicio de Dios y luego Su señalada exhortación a multiplicarse y llenar la tierra? ¿Recordaban en absoluto al Dios Creador, Sus propósitos para el hombre hecho a Su imagen, o Sus intenciones de tener una relación con nosotros?

Los pasos soberanos de Dios para asegurar el linaje de Cristo y la preservación del Registro de los eventos a través de Su pueblo elegido, conforman una acción misericordiosa o redentora al preservar un Registro de la Creación, la Caída y el Diluvio del Génesis. Sin embargo, fuera de esta línea de personas, hay pocos registros de que la humanidad recuerde las lecciones del Diluvio. En el Nuevo Testamento, nuestro olvido –no muy diferente del olvido de las generaciones que siguieron al Diluvio– es una prueba real de que tendemos a evitar la dolorosa verdad: necesitamos un cambio de corazón. En la próxima lección, al examinar el incidente de la Torre de Babel, examinaremos más de cerca un ejemplo de la naturaleza y el olvido del hombre.

D. Asignación

Lee **Génesis 11:1-9.** Describe el proyecto concebido por las personas y los resultados o el propósito previstos.

E. Actividad de Aprendizaje

PPC Con las generaciones anotadas en Génesis 10, discute las siguientes preguntas como si fueras uno de la primera generación de hijos de la familia de Noé **antes** de la Torre de Babel, cuando todos entendían el idioma de los demás:
1. ¿Cómo influye en los planes para hacer las cosas el hecho de que no hubiera necesidad de traducir, ni diferencias culturales significativas?
2. Si te ubicas en una región común a todas las familias, ¿cómo influiría eso en tu comprensión social de la gente que te rodea?
3. **PPC** ¿Qué puedes haber escuchado con respecto al evento del Diluvio y cómo podrían habértelo descrito si quisieran recordar el evento? ¿Qué parte de la naturaleza humana te sugiere que el acontecimiento podría no haber sido un tema popular (busca **Juan 2:25, 3:19**)?

F. Resumen Final

La población se expandió rápidamente tras el desembarco del arca, pero la naturaleza humana no había cambiado.

Lección 12 Eventos Alrededor de la Torre de Babel

A. Objetivo General de la Lección

- Comprender la perspectiva de Dios sobre la situación que se desarrolló, Sus acciones y lo que hicieron los humanos.

B. Plan de la Lección

- En la migración hacia el este, desde donde desembarcó el arca, el pueblo decidió no dispersarse como Dios había ordenado, sino hacerse un nombre en una llanura, construir una ciudad y una torre con 'su cima en los cielos.'
- Dios los visita, evalúa el estado de las personas a partir de su intención, e identifica que es sólo el comienzo de lo que harán, que podría ser contrario al mandato e intención de Dios.
- Dios dice: "Descendamos, y confundamos allí su lengua" para que no puedan entenderse entre sí, obligándoles a detener su proyecto y a dispersarse por la faz de la tierra.
- Dios, como Gran Supervisor, se ocupa de la mala intención unificada. En este caso, Su acción llevó a que se obedecieran las órdenes que había dado a Noé y a su familia tras abandonar el arca.

C. Lección

Contexto

Es fácil olvidar el contexto general de la historia de la humanidad, pero Dios proporciona la Palabra para que tengamos un informe históricamente preciso de Su Creación, supervisión e intervención en los asuntos humanos desde el principio. Sus valoraciones sobre el dramático aumento del mal, Sus acciones para destruir a todos los seres vivos mediante el Diluvio, Su misericordia para mantener a salvo a las especies representativas en el arca, junto con la familia de Noé, Su testimonio del desembarco de los pasajeros del arca, y Sus promesas y mandatos a Noé están registrados para nosotros. Parte del contexto de los eventos en la Torre de Babel es el reconocimiento de que el pecado dentro del hombre, que llevó a la Caída tal como se dice en el Génesis, todavía está presente. Ahora la población se expande rápidamente, como se registra en Génesis 10-11. Aunque no se duplica la maldad existente al principio de la vida de Noé, la tendencia de la humanidad a desobedecer o a desatender a Dios se arraiga rápidamente. Por lo tanto, el acontecimiento de la Torre de Babel, aunque breve, marca una acción significativa de Dios para desalentar aún más el aumento generalizado del mal y fomentar la obediencia a Su mandato de que la humanidad pueble la tierra. Antes de leer las notas y responder a las preguntas que siguen, lee de nuevo Génesis 11:1-9.

Notas para Génesis 11:1-9

Dios sabe lo que hay en el corazón de las personas. Jesús nos da otro ejemplo en **Juan 2:23-25**. La visión bíblica de la Creación incluye la clara comprensión de Dios sobre la humanidad: necesitamos la salvación; algo dentro de nosotros está terriblemente mal. En Génesis 11:1-9 tenemos otro evento descrito por Dios que muestra lo mismo.

PPC Describe el proyecto que emprende el hombre y que se explica en los versículos. (Esta fue la asignación para esta clase).

PPC Contesta las siguientes preguntas a partir de esta porción de la Escritura:
1. ¿Quiénes tenían un lenguaje único con las mismas palabras?
2. ¿Cuál era la motivación de los que construían la torre?
3. ¿Qué dice Dios que vio cuando examinó el proyecto?
4. ¿Qué hizo Él?
5. ¿Cuál era la intención de Dios?

El suceso señala la capacidad del Maestro Creador de realizar cambios universales en la Creación cuando lo considera necesario. ¿Por qué sigue luchando contra las malas intenciones de las personas? La pregunta merece una reflexión. La respuesta puede encontrarse en muchos lugares, pero una respuesta bien conocida son las primeras palabras de este versículo: **Juan 3:16**. Dado que Dios es eterno y no está limitado por el tiempo, también estaba mirando hacia adelante (en nuestro sentido) hacia nosotros: las personas que finalmente nacerían y elegirían a Dios.

La acción de Dios en esta escena actuó como un estímulo instantáneo para dispersarse. La incapacidad de entenderse probablemente causó confusión y hostilidad. El mundo se poblaría ahora de acuerdo con el mandato de Dios, con las lenguas divididas como impulso añadido. El esfuerzo unificado para hacer el mal en Babel fue detenido.

Las lenguas fueron probablemente asignadas por Dios a lo largo de líneas familiares extensas, y los grupos que tenían una lengua común habrán sido más propensos a permanecer juntos. Por lo tanto, la dispersión ocurrió también a lo largo de las líneas lingüísticas. En el Capítulo 22 se analizan más efectos. [Nota de investigación: ***towering change***]

Nota: En Génesis 10:25, que está dentro de la porción de la Escritura donde se enumeran las generaciones de Noé, el evento de Babel se menciona indirectamente como el periodo en el que la tierra (los pueblos de la tierra) se dividió. La división fue el lenguaje. La eventual desaparición de los puentes terrestres cuando la Era de Hielo se retiró ayudó a acentuar la división, porque las personas que migraban utilizaban los puentes terrestres, pero no podían regresar fácilmente después de que la Era de Hielo terminara por completo.

D. Asignación

Lee **Hebreos 1:1-3** y **Juan 1:1-3, 10**. Describe con tus propias palabras en qué son similares.

E. Actividad de Aprendizaje

Utilizando las referencias históricas disponibles, busca casos en cada uno de los principales continentes, asignados por el profesor, en los que el encuentro inicial de diferentes grupos humanos se haya visto obstaculizado o afectado por la diferencia de lenguaje. Describe las dificultades. Haz una valoración sobre los efectos de un mundo multilingüe en los asuntos humanos. (El profesor puede asignar equipos para esta actividad).

F. Resumen Final

El punto de vista de Dios sobre la situación en la Torre de Babel exigía que se actuara para desalentar la intención errónea de las personas, que se elevarían a sí mismas como si fueran como Dios y eludirían el mandato de Dios de dispersarse.

Nota: Las lecciones sobre el Génesis para este plan de estudios se detienen en este punto. El Génesis continúa con la vida de Abraham y las sucesivas generaciones del 'pueblo elegido' (los judíos) hasta la época de Cristo. En el aspecto físico, los mayores efectos del Diluvio de Génesis están casi terminados y la dispersión de los pueblos sobre la faz de la tierra está en marcha. Aunque el periodo catastrófico del Diluvio ha terminado y el incidente de la Torre de Babel afecta a la dispersión de los pueblos, otras referencias bíblicas son claras: el Diluvio debía ser recordado. De hecho, entender la historia de la tierra tal y como la vemos hoy es entender lo que ocurrió. Esto se menciona directamente en 2 Pedro 3:5-6, aunque hay muchas otras referencias generales a los acontecimientos y personajes de los primeros capítulos del Génesis.

Lección 13 Una Revisión de la Creación Bíblica con Respecto a Otros Libros de la Biblia

A. Objetivo General de la Lección

- Revisar el impacto de los eventos del Génesis tal como se refleja en otras partes del Registro de Dios.

B. Plan de la Lección

- La visión bíblica del mundo comienza con el registro de la Creación en el Génesis, pero la "muy buena" Creación de Dios fue envenenada por el pecado a través de las acciones del hombre.
- El veredicto de Dios sobre el hombre no ha cambiado desde entonces; estamos en extrema necesidad de un Salvador, que Él ha proporcionado para nosotros si clamamos a Él.
- Por lo tanto, la cuna y el contexto del Evangelio es lo que sucedió al principio, y fue elección de Dios dejarlo claro en el Registro.
- La Biblia cita lo que sucedió al principio y muestra los resultados una y otra vez, para que conozcamos nuestra condición y Su solución a la misma.
- Jesús menciona los efectos y la autenticidad del Génesis, al igual que muchos de los libros del Nuevo Testamento.

C. Lección

Resumen

La cosmovisión bíblica comienza con el registro que hace Dios en el Génesis sobre la Creación. Los acontecimientos de las primeras partes del Génesis, como se mencionó al principio de este estudio, se mencionan en toda la Biblia. No es una decisión o idea humana hacer de la Creación la cuna y el contexto de las Buenas Nuevas de Jesucristo; es una decisión de Dios. Si revisas las escrituras que se han leído en lecciones anteriores, verás las referencias a la creación del mundo, de "todas las cosas," o del universo: **Hebreos 1:1-3; Juan 1:1-3, 10**.

Como sabes por las lecciones, algo salió mal muy rápidamente después de que Dios creara. El error no estaba en Dios; estaba en el hombre. La Creación era originalmente buena, pero algo en ella se estropeó como resultado directo de la desobediencia del hombre.

Como vimos en nuestra analogía sobre el Chef Maestro haciendo un plato especial, Él comenzó a partir de Sí mismo e hizo todo por medio de Su orden. También hizo al hombre a Su imagen, poniendo Su impronta en nosotros. Pero el hombre eligió hacer el mal porque quería ser como Dios, prescindiendo de Dios, y desde entonces ha elegido hacer el mal. La Creación y la Caída apuntan a la necesidad de arreglar algo en nosotros. Cristo en el corazón del hombre es ese 'arreglo.' Cristo señala la misma necesidad en el hombre durante su elocuente charla con Nicodemo en Juan 3, en la que declara en términos legales, utilizando el término "juicio" o "veredicto," que los hombres aman las tinieblas. Ahora sabemos dónde comenzó la Caída y lo mal que se pusieron las cosas, exigiendo la acción de Dios después de algunas generaciones (el Diluvio de Génesis). La familia que salió del arca repobló la tierra, pero el problema dentro del corazón del hombre no había cambiado. Unas cuantas generaciones más tarde, se necesitó de nuevo la intervención de Dios. Algo seguía estando drásticamente mal en el hombre.

Sin el contexto de la Creación de Dios y lo que le ocurrió al hombre en esa Creación, no hay necesidad de un mensaje de salvación. No hay mensaje de salvación de Dios sin referirse a lo que sucedió al principio, porque muestra a Dios como perfecto y al hombre como el pecador que necesita ayuda. Como alguien ha dicho, si no hubo Caída en el pecado, ¿de qué hay que salvarse?

¿Es una sorpresa que en los últimos años sea tan fuerte el impulso de negarse a reconocer que Dios tuvo algo que ver con la Creación? Si Él no tuvo nada que ver con la Creación, entonces no tiene nada que ver con los hombres. Peor aún, si la Creación, la Caída y el Diluvio no son reales, Dios es el primero de los mentirosos. Sin embargo, la Biblia indica que otra entidad es el padre de las mentiras. No hay término medio para la persona informada que debe decidir. Dios es verdadero, o no lo es. Como verdadero, la perspectiva de Dios sobre la Creación y lo que sucedió es la historia del hombre y cómo necesita a Dios.

Es imposible separar la cantidad de escrituras sobre el principio del universo y la visión de Dios de que el hombre necesita un Salvador, del resto de la Biblia. La cosmovisión bíblica de la Creación demanda una decisión: creer lo que Dios ha dicho o no creer. El contexto del mensaje de salvación de Cristo son los acontecimientos de la Creación. El Evangelio trata de la solución de Dios a los problemas gemelos del pecado y de la muerte. La historia del Génesis nos cuenta cómo el pecado y la muerte entraron en el universo, y cómo corrompieron el mundo de Dios, antes perfecto. También muestra que no podemos culpar a Dios, en última instancia, por la muerte, la enfermedad y el sufrimiento en el mundo: debemos culpar al pecado.

En la siguiente parte de la lección, no hay comentarios. Las escrituras se pueden entender porque el lenguaje es sencillo. La cuestión no es si son verdaderas. La cuestión es si una persona elige creer que son verdaderas y actuar de acuerdo con esa creencia.

Lecturas Seleccionadas Referentes a la Creación o a los Acontecimientos del Génesis.

Las lecturas seleccionadas son sólo algunas de las que se refieren a la Creación bíblica o a los acontecimientos del Génesis. Léelas y responde a las preguntas que siguen. Subraya cualquier referencia directa a la Creación.

Job 38:1-7
Salmos 104:6-9
Jeremías 32:17
Isaías 40:28; 42:5
Mateo 24:36-38
Marcos 10:5-9
Hechos 17:22-28
Romanos 1:20; Romanos 5:12-19
1 Corintios 15:21-23
2 Pedro 3:3-7

PPC Cuando consideras la amplia referencia a la Creación bíblica que se hace en otros libros además del Génesis y ves su aplicación, ¿qué grupos de personas, lugares y tiempos estaban representados? ¿Por qué puede aplicarse eso a nosotros? Utiliza los versículos como base para tu explicación.

PPC ¿Qué acciones esperarías de cualquier persona si esta quiere a Dios? Utiliza **Hechos 17:22-28** para las acciones que describas con tus propias palabras.

D. Asignación

Lee **Juan 3:16** y **Hebreos 1:1-2, 10.** Utilizando las frases de Hebreos que describen a Cristo como Creador, sustitúyelas o añádelas a **Juan 3:16** para obtener una transliteración ampliada del versículo con varias frases que identifican a Cristo como Creador.

E. Actividad de Aprendizaje

Utilizando las referencias sobre la cultura griega proporcionadas por el profesor, describe el ambiente y la cultura de los atenienses en Hechos 17, donde Pablo da una definición para que conozcan a un Dios Desconocido. A continuación, explica cómo y por qué se presenta a Dios en relación con Su capacidad de crear. Este ejercicio puede hacerse en equipos, donde cada equipo expone su respuesta.

F. Resumen Final

El mensaje de Dios y del Evangelio en la Biblia, está en el contexto del Registro de la Creación en el Génesis, y las referencias a la Creación se encuentran en toda la Biblia.

Lección 14 Una Revisión de la Creación Bíblica con Respecto a la Solución del Pecado del Hombre

A. Objetivo General de la Lección

- Revisar las evaluaciones de Dios, cuyas funciones de Supervisión y Control de Calidad siguen reflejándose en el Nuevo Testamento.

B. Plan de la Lección

- El Nuevo Testamento muestra el cumplimiento de la intención de Dios de salvarnos de nuestros pecados, el problema que nos acompaña desde Adán y Eva.
- Acudir a Dios requiere un reconocimiento de nuestra condición, y esa condición se desarrolló a partir de lo que comenzó en los primeros capítulos del Génesis.

C. Lección

Lecturas Seleccionadas Respecto a la Solución al Problema Básico del Hombre

Lee las porciones de la Biblia referidas a continuación, que se reflejan en muchos otros versículos. Se refieren a la solución de Dios al problema del pecado en nosotros, y la forma en que nos afecta mientras vivimos dentro de Su Creación. Recuerda que Él hizo nuestro hogar terrenal con un propósito que lo involucraba a Él, así que cuando no está involucrado las cosas no van bien en nuestra alma. Él sigue siendo el Supervisor y Chef Maestro en todas las funciones de control de calidad. Él prepara a un pueblo como un maestro cocinero prepara un banquete especial, excepto que nosotros también debemos sentarnos con Él en el banquete.

Mateo 7:24-27; 16:24-27

PPC Las tormentas de la vida, como las mencionadas en Mateo 7, nos afectan a todos. La cuestión no es si las tormentas tienen lugar. La cuestión es si le escuchamos a Él y a Sus palabras, lo que, en términos de construcción de casas, significa construir sobre unos cimientos adecuados. Recuerda la Caída del Hombre. ¿Qué ignoraron Adán y Eva? Recuerda el Diluvio del Génesis. ¿Quién escuchó a Dios e hizo lo que dijo? ¿Quién no lo hizo? ¿Qué pasó? Los versículos de Mateo 16 muestran de manera similar la cuestión de escuchar y seguir a Dios. ¿Cuál es el resultado si pareces ganar todo pero ignoras a Dios y tu relación con Él? ¿No era ese el mismo problema que tenía el hombre al principio?

Juan 3:16-18; 4:13-14; 6:35-40

Los famosos versículos de Juan 3, 4 y 6 afirman una y otra vez el amor intencionado de Dios para salvarnos del poder del pecado, que tan fácilmente tuerce y destruye la vida. Como muestran las lecciones anteriores, el problema comienza en Génesis con la Caída del Hombre. La solución está en Cristo, según el Registro, que hace un camino para romper el poder del pecado. Pero, ¿cuál es nuestra parte si elegimos creer esto? Busca en cada una de estas tres porciones de Juan con respecto a **1 Corintios 15:20-22,45** y contesta las siguientes preguntas:

PPC ¿En qué se asemeja el primer Adán al último Adán?

PPC ¿En qué se diferencia el último Adán del primer Adán?

PPC Si Cristo, el último Adán, puede estar en el corazón y en el alma de una persona, ¿qué es lo que puede hacer por nosotros que sea diferente de las capacidades y fracasos del primer Adán?

D. Asignación

Lee Génesis 1 y 2.

E. Actividad de Aprendizaje

Divídanse en equipos. Representen **Lucas 6:46-49** haciendo que cada equipo tenga dos cacerolas, un poco de arena, una roca plana y un par de recipientes con agua. Prepara con cartones la maqueta de una casa para reproducir la casa en la arena y la casa en la roca en las dos ollas. Vierte agua cerca de una esquina de las casas para reproducir la tormenta. Anota lo que ocurre.

PPC Describe la parábola de Lucas 6:46-49 con tus propias palabras, basándote en el experimento. Relaciona los resultados con **Juan 6:35** y determina cuál es nuestra responsabilidad y parte si queremos a Dios.

F. Resumen Final

Como Supervisor perfecto y Jefe de Control de Calidad, Dios sigue ofreciéndonos una solución al pecado que entró en el principio (Génesis). Cristo es la solución para nuestro pecado si le escuchamos y respondemos. Esta es la Buena Nueva.

Lección 15 Preguntas de Examen

¿Qué mandato de Dios rompió el hombre en la Gran Tragedia de Génesis 3?

¿Qué hizo y por qué?

Resume los resultados y las consecuencias de las acciones del hombre.

¿Qué parte de la Creación se vio afectada y cómo?

En las primeras generaciones, explica lo que le ocurrió a la humanidad en tiempos de Noé.

¿Cómo evaluó Dios la situación y qué dijo que haría?

¿Qué tamaño tenía el arca? ¿Quién estaba en ella una vez cerrada la puerta?

¿Cuáles fueron las principales causas físicas del Diluvio que Dios inició?

Describe brevemente el Diluvio Universal con respecto a lo que ocurrió, cuánto duró y qué fuerzas actuaron.

¿Cuál era la condición de la humanidad después del Diluvio, según Dios?

¿Qué prometió Dios a Noé y al resto de la humanidad después del Diluvio?

¿Qué ordenó Dios al hombre después del Diluvio?

Nombra varias evidencias del Diluvio que todavía vemos hoy en día.

Desde el punto de vista de la Creación bíblica, explica qué sucedió con el clima, los mares y la tierra en los 500-700 años posteriores al Diluvio.

¿Qué llevó al incidente de la Torre de Babel?

¿Cuál fue la evaluación de Dios sobre el proyecto y qué hizo Dios?

Explica cómo cambió, o no, el corazón del hombre a raíz de su pecado en Génesis 3 hasta la Torre de Babel en Génesis 10.

Unidad 3 El Registro Bíblico: Una Guía Para Observar el Universo Creado

¿Cómo ves el mundo que te rodea?

¿...A través de una cosmovisión naturalista o evolucionista?

¿...a través de una cosmovisión bíblica?

Lección 1 Introducción

A. Objetivo General de la Lección

- Comprender la importancia de observar el universo desde una cosmovisión bíblica y entender por qué entra en controversia con una cosmovisión naturalista.

B. Plan de la Lección

- Existe una gran controversia entre las cosmovisiones bíblica y naturalista, porque los presupuestos básicos respecto a los orígenes son radicalmente diferentes.
- La previsibilidad, la complejidad y el orden aparente del mundo que nos rodea, incluida la serie de leyes naturales que Dios creó, contrastan fuertemente con un universo aleatorio que se formó de manera accidental en un 'tiempo profundo' (la visión naturalista de los orígenes) sin ninguna razón plausible para que sucediera así.
- Una diferencia clave y controvertida, es la línea de tiempo general de cada cosmovisión. El punto de vista bíblico tiene un principio y un final definidos y finitos, en un orden de miles de años; el punto de vista naturalista no tiene un principio claro, le adjudica al universo unos 18000 millones de años, y no tiene un final claro a la vista.

C. Lección

Introducción

La Unidad 3 se enfoca principalmente en observar el universo que nos rodea desde una perspectiva bíblica de la Creación. Se trata de un concepto sencillo, pero casi inexistente en los típicos libros de texto, en las prácticas de los profesores y en los ejercicios de los alumnos. Las unidades 1 y 2 cubren el registro de la Creación de Dios y lo que ocurrió en las primeras generaciones de la humanidad, pero la Biblia va mucho más allá. Dios habla de los detalles de Su Creación en cientos de escrituras adicionales. Cuando se asumen como un conjunto de información verdadera, no como un mito o como simple literatura poética, nos percatamos de que la Creación, incluso en su condición caída, señala al Creador. Es un panorama emocionante descubrir y estudiar las cosas de las que Dios habla. Mostraremos que Su propósito es que nosotros observemos con atención.

Sin embargo, para la mayoría de las personas, que han estado inmersas en una sola visión de un universo naturalista que evoluciona por sí mismo, el entusiasmo por la Creación que lleva la firma de Dios es algo ajeno. Por ello, esta primera lección presenta las grandes diferencias de las dos cosmovisiones antes de pasar a los versículos de varios de los libros de la Biblia en los que Dios habla de Su propia obra. Esto nos dará un trasfondo para ver el mundo desde un punto de vista bíblico mientras tenemos presente el punto de vista evolucionista o naturalista.

La importancia de la cosmovisión bíblica del universo se enfatiza en **Romanos 1:19-20**, que afirma claramente que la evidencia de la Creación es suficiente para mostrar los atributos de Dios, de modo que no tenemos excusa para no reconocerlo. Por lo tanto, la forma en que interpretamos lo que vemos, incluso como jóvenes estudiantes, es importante. Asimismo, el modo en que las personas o las instituciones olvidan, evitan o incluso desprecian la mano de Dios en la Creación puede tener consecuencias. La tendencia de la humanidad está vinculada a la forma en que vemos las cosas que nos rodean como relacionadas con Dios o no.

Dios nunca pretendió que la Biblia fuera un libro de texto de ciencias. El tratamiento detallado de los temas, las ecuaciones, las leyes y los experimentos no forman parte del texto. Sin embargo, no estamos hablando de un profesor de ciencias, sino del propio Creador, el que hizo todas las cosas, incluidas las grandes ordenanzas de los cielos (**Job 38:33**). El comportamiento de las cosas, gracias a que Él estableció las ordenanzas que rigen el universo, lo 'descubrimos' y lo codificamos o escribimos como leyes científicas. Estas muestran algo de la previsibilidad del mundo que nos rodea; no es un universo al azar con una consistencia accidental. Como mostraremos, Él anima a las personas que creó a descubrir esto por sí mismas. Él no creó robots; creó personas *inquisitivas*. No importa si se trata de un padre de familia que trabaja en un campo de arroz o de un profesor en un laboratorio, Él quiere que cada uno se detenga y vea un universo que habla de Sus atributos. En cierto sentido, Dios dice por encima de nuestros hombros: '¡Mira esto!' Nos invita a la observación, al estudio y a la medición.

Independientemente de que el científico, el obrero o el agricultor observen o no lo que Él ha hecho y sostiene, Él espera que observemos el mundo que nos rodea. Incluso tiene la respuesta para lo que no es bueno (o pecado), porque la Creación está sufriendo las consecuencias de las decisiones de Adán y Eva. Estas cosas rotas pueden ser observadas y estudiadas también, y Él sabe que las vemos. La visión naturalista del universo no tiene respuesta a por qué las cosas van mal, porque el mecanismo de 'azar' o 'aleatorio' que produce el universo puede producir fácilmente tanto algo bueno como algo malo. Puede ser útil saber que la visión bíblica de la Creación tiene una razón para que las cosas no funcionen correctamente. Debido a la naturaleza del Creador, como Supervisor y Director de Control de Calidad, puede ser buscado por la gente para resolver algunos de esos problemas que observamos. Por lo tanto, lo que observamos se vuelve importante también en este aspecto.

¿Por Qué la Controversia?

Debido a que el punto de vista bíblico de la Creación tiene estas simples verdades (Él hizo todas las cosas y lo que no funciona es debido a las consecuencias del pecado), la controversia fue inmediata. Tomó muy poco tiempo para que Adán y Eva dijeran que querían conocimiento sin Dios, o ser como Él, pero sin Él. Desde entonces, la gente repite lo mismo. Por eso, cuando alguien dice, 'Veamos lo que Dios ha hecho,' puede provocar una reacción y, a veces, ira en el corazón de una persona que está convencida de que Dios no ha tenido nada que ver. Sin embargo, muchas personas más jóvenes, o que se cuestionan estas cosas, que no se han decidido sobre el tema, quieren saber, '¿Realmente lo hizo Él?' La perspectiva bíblica tiene las respuestas, y las observaciones cuidadosas ayudan a subrayar esas respuestas.

A estas alturas, ya entiendes los fundamentos de la Creación bíblica, pero puede que aún no aprecies cómo Dios señala a la Creación en muchas partes de la Biblia. Al presentar algunas de estas partes, ten en cuenta la controversia de las cosmovisiones. Sigue teniendo un gran impacto en la gente, coloreando cómo ven el mundo que les rodea.

El Choque de las Cosmovisiones

El choque puede parecer una cuestión de religión contra ciencia, pero no lo es. Los fundamentos de ambas cosmovisiones no son especialmente complejos. Ninguna de las dos puede demostrarse, pero son usadas para interpretar lo que vemos y experimentamos. Las cosmovisiones son así: son sistemas de creencias basadas en la fe, por medio de los cuales las personas interpretan el mundo que les rodea. Esta afirmación puede resultar molesta porque a la mayoría de la gente se le enseña que la visión naturalista del mundo es científica y con pruebas confirmadas. Esto no es del todo así. ¿Quién estaba allí (hace 18000 millones de años para el universo y unos 4000-5000 millones de años para la Tierra)? ¿Quién vio producirse la vida por primera vez a partir de una especie de 'sopa' extraordinaria? ¿Dónde están los eslabones que llevan de la 'sopa' a las células, a los peces, a los reptiles, a los simios y, finalmente, a nosotros? ¿Quién los ha visto? La conjetura de la visión naturalista o evolucionista se asume como una conclusión: vinimos de la nada (en última instancia) por accidente, y esto tomó mucho tiempo. Por el contrario, si se cree en el registro bíblico de Dios, entonces fuimos creados; todas las cosas fueron creadas, y ocurrió hace unos pocos miles de años. Se puede creer en cualquiera de las dos cosmovisiones. Una vez hecha la elección, las cosas que se ven se interpretan en consecuencia. La breve tabla que aparece a continuación ilustra las diferencias básicas entre las cosmovisiones con respecto al tiempo transcurrido.

Hay buenas razones por las que los científicos y especialistas creacionistas piensan que la evidencia de lo que vemos tiene mucho más sentido con Dios como fundamento de todo. Pero si una persona se niega a aceptar a Dios en esta posición de autoridad, entonces la evidencia debe ser interpretada como una muestra de que el universo surgió por sí mismo. Esta es la diferencia subyacente en los puntos de vista. En la próxima lección se tratará con más detalle.

La Línea Del Tiempo con una Nota Importante

Cosmovisión	Universo	Tierra	Vida	¿Un final?
Naturalista	18 billones de años	4.5 billones de años	3.5-4 billones de años	Ninguno a la vista
Creación Bíblica	Unos 6000 años	Día 1	Días 5-6	Sí, cuando Cristo regrese

NOTA IMPORTANTE: Hay un problema con los millones de años y la muerte antes del pecado. Lo explicamos a continuación:

Se podría pensar que no importa realmente **cuándo** creó Dios, pero la cuestión va mucho más allá. El detalle de las largas edades no sólo es esencial para el naturalismo evolutivo, sino que también golpea el corazón del Evangelio. ¿Cómo? El Evangelio se basa en un mundo originalmente bueno, sin pecado y sin muerte, arruinado por el pecado, que será restaurado en el futuro, a través de Cristo, a una condición sin pecado y sin muerte una vez más. Sin embargo, el concepto de 'millones de años' proviene de la creencia de que el registro fósil se estableció hace millones de años (y por lo tanto, no por medio del Diluvio de Noé). Pero los fósiles muestran muerte a gran escala de forma obvia, y también violencia (animales a medio comer dentro de otros animales) y sufrimiento, incluyendo enfermedades como el cáncer que todavía afectan a las personas y a los animales hoy en día.

Así que, si los fósiles tienen millones de años, entonces esas 'cosas malas' deben haber estado en el mundo mucho antes del pecado. Por lo tanto, todas deben ser parte de lo que Dios llama "bueno en gran manera" al final de la Creación. Esto pone la Maldición antes de la Caída del Hombre (ver Unidad 2, Lección 1 y 2, si se necesita un repaso). También significa que la muerte no puede ser el 'último enemigo' como lo llama 1 Corintios 15:26, porque habría sido parte del mundo de Dios durante millones de años. El Génesis también indica que las espinas llegaron después de la Caída. Pero se han encontrado espinas fósiles, así que si tienen millones de años, esto contradice de nuevo las Escrituras. Jesús creía claramente en un mundo joven como se muestra en **Marcos 10:6**, con la gente al principio de la Creación, no hacia el final (después de billones de años). [Nota de investigación: *Jesus age earth*].

D. Asignación

Toma un pequeño puñado de monedas y divídelas en dos grupos. Toma el primer grupo y déjalo caer al azar en una zona pequeña. Toma el segundo grupo y colócalas según un patrón deliberado que elijas. Describe las diferencias en las acciones que has llevado a cabo y los resultados en cada caso. Por último, utiliza esto para describir la diferencia entre un proceso aleatorio y un proceso dirigido. (La longitud máxima de la tarea es de tres párrafos de texto).

E. Actividad de Aprendizaje

Forma al menos dos equipos. Los equipos pueden dividirse en Equipos de la Creación y Equipos del Naturalismo. Cada uno planea una Gran Reunión para reconocer las generaciones antiguas de cada grupo. Cada equipo presenta a su representante de la primera y última generación con al menos otras dos generaciones intermedias. Los representantes de las generaciones pueden ser descritos o representados.

PPC Explica cómo es cada generación, en qué se diferencian en edad y en qué se diferencian en términos físicos y mentales.

PPC ¿Cuáles son las principales diferencias entre las primeras generaciones antiguas de ambos tipos de equipo, que ilustran la forma en que se ven dichas generaciones desde ambas cosmovisiones?

F. Resumen Final

Existe una gran controversia entre los puntos de vista bíblico y naturalista debido a las dramáticas diferencias en los orígenes: de dónde venimos y si creemos que Dios estuvo involucrado.

Lección 2 El Choque de las Cosmovisiones

A. Objetivo General de la Lección

- Introducir las dos perspectivas principales con respecto a cómo aparecen/cambian las cosas y hacia dónde va la humanidad, como contexto para las lecciones restantes de la unidad.

B. Plan de la Lección

- La cosmovisión naturalista no tiene dirección y afirma que todo lo que vemos, tanto lo no vivo como lo vivo, tuvo lugar de forma accidental. La cosmovisión bíblica, en cambio, implica la dirección del Dios Eterno, que creó la complejidad desde el principio. La vegetación y los seres vivos fueron creados en 'especies,' con características creadas y reproducción (y variación) definida dentro de esas 'especies' creadas.
- La explicación de la complejidad y, en última instancia, de la aparición de la vida, que también se vuelve más compleja por sí misma, es fundamental para la cosmovisión naturalista. Por lo tanto, afirma que la vida puede comenzar en cualquier lugar y seguir desarrollándose. El tiempo largo o 'profundo' es esencial debido a la falta de probabilidad inherente de que esto ocurra por sí solo a partir de las leyes conocidas.
- La complejidad en la no-vida y la complejidad en los seres vivos fueron todas creadas hace unos 6000 años por el Dios Eterno. Además, los seres vivos (especialmente el hombre) son únicos. El hombre fue hecho específicamente según la imagen de Dios, y la Tierra fue hecha específicamente para ser habitada.
- El orden de la Creación del universo realizada por Dios y el orden afirmado para el universo en la cosmovisión naturalista son radicalmente diferentes.

C. Lección

1. El Mecanismo Para que el Universo Surja y Cambie

Visión Naturalista: Aunque esta visión del mundo se utiliza habitualmente para interpretar el pasado, los supuestos procesos implicados siguen vigentes ahora, por lo que las afirmaciones a continuación se expresan en tiempo presente. El proceso de la evolución del universo y de la Tierra es, en última instancia, producto de la casualidad o accidente. Es un proceso no dirigido que comienza con algo simple pero que se vuelve más complejo por sí mismo. La capacidad de auto-organizarse o de aumentar en complejidad sin dirección es el principio subyacente. El proceso se extiende desde la no-vida y finalmente incluye una transición a la vida, que también aumenta en complejidad por sí misma y puede ocurrir en cualquier parte del universo. Es un corolario que las leyes naturales que observamos hoy en día surgieron en última instancia sin ningún propósito, sin diseño o pensamiento detrás de ellas. De este proceso no dirigido pueden seguir surgiendo cosas nuevas.

Visión Bíblica de la Creación: El Dios Eterno ordenó la existencia del universo; el tiempo, la materia y la energía se crearon, se organizaron y extendieron por orden suya. Al final del período de creación de seis días, Dios dijo que la Creación estaba completa. Eso no significa que las criaturas no puedan variar en un mundo dinámico, pero sí significa que Él creó un mundo completamente funcional de seres vivos que interactúan, y los seres vivos fueron creados según 'especies.' El hombre es el centro de la Creación, ya que fue creado a imagen y semejanza de Dios y con un propósito especial. Nuestro hogar, la Tierra, es la plataforma especial para la vida creada. La vida fue una creación separada en esta plataforma; no surgió de la no-vida.

2. El Mecanismo Para que la Vida Surja y Cambie

Visión Naturalista: Sólo se puede apelar a las leyes y procesos existentes (que existen sin razón), sin guía externa. Cómo surgió la vida, con su maquinaria programada, sigue siendo un misterio, pero en última instancia debe haber ocurrido por sí misma. Así, la información necesaria para la primera reproducción de la vida debe haber surgido al azar. Una vez que existe la reproducción, pueden operar la *mutación* y la *selección natural*. Se supone que las mutaciones (errores de copia genética que se producen por azar) han generado la nueva información necesaria para aumentar la complejidad en cada paso, desde los microbios hasta las personas. Se supone que la selección natural (el hecho de que la información hereditaria que favorece tener más descendencia tiene más probabilidades de pasar a la siguiente generación, lo que hace que los organismos se adapten más a su entorno) determina la complejidad favoreciendo las mutaciones accidentales 'útiles' y eliminando el resto. [Nota de investigación: **natural selection** y luego **mutation**]. El proceso podría supuestamente operar en cualquier parte del universo una vez que exista algún tipo de entidad auto-reproductora.

Visión Bíblica de la Creación: Dios creó todas las cosas desde el principio con niveles inherentes de complejidad. El universo tiene leyes que Él puso en su lugar; Él sigue siendo el poder que sustenta lo que existe. La no-vida sigue siendo no-vida, pero muestra organización y variedad por Su diseño; la vida se creó para ser compleja y tiene una amplia variedad, pero también una capacidad de variar. Sin embargo, las variedades que pueden surgir (incluso nuevas especies) permanecen dentro de los géneros originales. Los seres vivos no se convierten en otros seres vivos, sino que varían dentro de sus géneros; la especiación puede ocurrir dentro de los géneros. La información compleja está diseñada e integrada en la vida. La vida no progresa en el sentido de volverse más compleja; las consecuencias de la separación del Creador (el pecado) causan el mal y la muerte; hay una dirección descendente en la vida a medida que se acumulan las mutaciones dañinas.

PPC Observa los resultados de la asignación para esta clase (el ejercicio con las monedas). A la vista de las descripciones que acabamos de ver, discute las diferencias entre un proceso aleatorio (no dirigido) y uno dirigido. Analiza la probabilidad de que la complejidad surja de un proceso aleatorio no dirigido.

3. Hacia Dónde Va la Humanidad

Visión Naturalista: La gente puede adoptar la moral y las reglas para progresar o mejorar sin ninguna razón o base para ello. No hay propósito ni dirección en el esquema más amplio de un universo accidental, con vida accidental. El bien y el mal no tienen ningún significado más allá de la definición temporal que la gente pueda asignarles. Si las cosas mejoran por sí solas, incluidas las personas, es porque sobreviven como la forma de vida más apta. Los conceptos de bien o mal están sujetos a cambios y no tienen una base verdadera en un universo de azar y accidente. La definición puede cambiar. La muerte de cualquier vida es definitiva. No hay nada más allá de la muerte.

Visión Bíblica de la Creación: El hombre es responsable de sus acciones. Sus acciones en relación con Dios están en el centro de la cuestión. Hay valores definidos del bien y del mal que provienen de la información que Dios nos da y de Su huella en nosotros. La vida tiene una dirección, y las decisiones tienen consecuencias eternas. La muerte es el enemigo en la Tierra; no estaba prevista originalmente.

Los que creen en Dios vivirán después de la muerte física y estarán con Él. Los no creyentes experimentarán una segunda muerte a manos del Creador, ya que no creyeron en Aquel que es el único que puede expiar nuestro pecado (**Juan 3:18**).

4. Diferencias en el Orden de Aparición

La siguiente tabla está extraída de *The Creation Answers Book* (D. Batten, ed.). Nota: todos los capítulos del libro están disponibles como descargas gratuitas en 'pdf' en creation.com. La tabla muestra un resumen de algunas de las principales contradicciones entre el relato bíblico de la Creación y la visión naturalista/evolucionista en términos del orden de aparición. (Lee Génesis 1 si necesitas repasar la secuencia bíblica).

Relato bíblico de la Creación	**Especulación evolución/tiempo profundo**
La Tierra antes que el Sol y las estrellas	Las estrellas y el Sol antes que la Tierra
Tierra cubierta de agua inicialmente	Tierra un globo fundido originalmente
Los océanos primero, luego la tierra seca	La tierra seca, luego los océanos
La vida se creó primero en la tierra	La vida comenzó en los océanos
Las plantas se crearon antes que el Sol	Las plantas llegaron mucho después que el Sol
Los peces y las aves se crearon juntos	Los peces se formaron mucho antes que las aves
Los animales terrestres se crearon después de las aves	Los animales terrestres antes de las ballenas
El hombre y los dinosaurios conviven	Los dinosaurios murieron mucho antes de que apareciera el hombre

Un Vistazo Anticipado a las Lecciones 3 a 14

Ahora queremos ver algunas escrituras fuera del Génesis donde Dios proporciona detalles adicionales relevantes para la visión bíblica de la Creación. En algunos casos, Dios habla en 'primera' persona. En otros casos, el autor es alguien a quien Dios utiliza para decir algo que se registra posteriormente, pero esto no lo hace menos inspirado, ya que forma parte de la Biblia. 'Inspirado' tampoco significa que todo lo escrito muestre justicia; Dios utiliza gran parte de las Escrituras para mostrar e ilustrar la injusticia, o las cosas y el comportamiento que son contrarios a Su naturaleza. Esto se ve en el estudio, por ejemplo, donde Dios proporciona una descripción de la Caída, así como de la gente y la cultura de la época previa a que el Diluvio destruyera a todos los vertebrados terrestres, fuera de los que estaban en el arca. La forma de hablar también varía mucho en las Escrituras. Algunos pasajes son elocuentes y poéticos; otros son exclamaciones de alabanza y adoración; otros son directos y factuales; otros forman parte de parábolas. En resumen, Dios habla de Su propia Creación para expresarse, darse a conocer, enseñar lecciones y hacer que el hombre analice lo que Él quiere comunicar.

Los temas principales de las lecciones no se tratan exhaustivamente. Se han seleccionado escrituras bien conocidas o cuyo contenido es especialmente interesante. En muchos casos, los temas tratados en las escrituras se superponen. Por ejemplo, 'el cielo y la tierra' se relacionan a menudo en un versículo en el que se reconoce a Dios como Creador de ambos. El autor de este estudio proporciona notas sobre las escrituras, pero el autor es falible mientras que las escrituras no lo son. Cuando se enumeran las escrituras, se hace para que la gente las encuentre y las analice por sí misma.

Los temas de las lecciones se enumeran en el Índice de la página iv. En esencia, se fomentan las observaciones del universo por categorías que cubren los cielos, la tierra y los mares, la atmósfera y el clima, los seres vivos, las personas y las interpretaciones de la historia geológica que nos rodea.

A. Asignación

Utilizando cualquier referencia disponible, enumera 10 formas en las que los objetos del Sistema Solar son únicos en sí mismos o en un subgrupo de planetas. Usa imágenes o texto para explicarlo.

B. Actividad de Aprendizaje

Examina Isaías 45:18 y compáralo con la siguiente afirmación citada en www.howstuffworks.com:

"Filósofos, religiosos y científicos tienen muchas ideas sobre la creación del universo y de la Tierra. En la actualidad, la teoría científica más extendida, conocida como la teoría del Big Bang, es que el universo se originó en una enorme explosión.

Antes del Big Bang, toda la materia y la energía que hay ahora en el universo estaban contenidas en una singularidad. Una singularidad es un punto con una temperatura extremadamente alta y una densidad infinita. También es lo que se encuentra en el centro de un agujero negro. Esta singularidad flotó en un vacío completo hasta que explotó, lanzando gas y energía en todas las direcciones. Imagina una bomba que estalla dentro de un huevo: la materia se mueve en todas las direcciones a gran velocidad."

C. Resumen Final

Las cosmovisiones bíblica y naturalista son muy diferentes, pero ambas pretenden explicar lo que vemos hoy. Dios está en la base de la visión bíblica del mundo; los procesos aleatorios y no dirigidos son el punto de partida y el núcleo fundamental de la visión naturalista.

Lección 3 Observando la Creación Desde un Punto de Vista Bíblico: El Sistema Solar

A. Objetivo General de la Lección

- Presentar el Sistema Solar a la luz de la Biblia con una selección de versículos bíblicos y un repaso de algunas características clave.

B. Plan de la Lección

- El sistema Sol-Luna-Tierra se aborda en el Génesis en términos de propósito y efectos generales. Los planetas, aunque no se mencionan específicamente, eran denominados 'estrellas errantes' por los antiguos observadores.
- Los objetos del Sistema Solar son muy diferentes, y los datos de las últimas décadas cuánto. No surgieron de un proceso natural común, sino que fueron creados así.
- Las características del Sistema Solar sugieren una existencia mucho más corta de lo que afirma el punto de vista naturalista; el punto de vista bíblico dice que fueron creados en el cuarto día de la Creación.
- Observar el Sistema Solar es muy interesante, y varios planetas se pueden ver fácilmente con equipos pequeños. Hay una gran cantidad de datos disponibles que también pueden ser estudiados.

C. Lección

Resumen

El Sistema Solar está formado principalmente por el Sol, los planetas, los cometas, los asteroides y los planetoides. Varios de los planetas, algunas de las lunas, nuestra Luna y el Sol (con el equipo de protección adecuado) son fácilmente observables a simple vista o con pequeños instrumentos ópticos. En las últimas décadas, tenemos muchos datos disponibles gracias a los satélites y a las misiones de vuelos espaciales tripulados. El conjunto de datos es tan voluminoso que gran parte de ellos es objeto de análisis continuos y está disponible públicamente. Los rasgos más destacados son los siguientes: cada planeta es único, sus características no tienen sentido lógico con respecto a un proceso de desarrollo singular (un subconjunto de la teoría del Big Bang), y sólo un cuerpo (la Tierra) es totalmente diferente, siendo habitable (**Isaías 45:18**) sin que ningún proceso aleatorio sensato justifique sus características desde un punto de vista naturalista. Por lo tanto, las observaciones de nuestro Sistema Solar son valiosas ya que apuntan a la mano del Creador.

Aunque abundan las teorías sobre el Sistema Solar desde el punto de vista naturalista, también abundan las excepciones a estas teorías. Las diferencias planetarias son demasiado numerosas y extremas para una teoría directa. Por otro lado, la 'vecindad local' desde una cosmovisión bíblica muestra la mano del Creador.

El Sol

Periódicamente, se diseñan y envían satélites para estudiar el Sol. Es la estrella más cercana, y resulta relativamente pequeña en comparación con la mayoría de las estrellas. Sin embargo, sus características también son únicas en términos de tamaño, intensidad y ubicación, que cumplen exactamente con lo que el Señor quería para la Tierra: proporcionar luz, calor y un reloj. Cuando se combina con nuestra órbita de precisión, la inclinación relativa al plano solar-tierra y las características atmosféricas, es perfecto para proporcionar una parte clave de la habitabilidad de la Tierra. Versículos clave: **Salmo 19:4-6, Job 38:12-14**.

Las Estrellas Errantes

En el contexto de la observación visual por parte del ciudadano medio a lo largo de la historia, los planetas son estrellas errantes. Con una *periodicidad* orientada a su posición y movimiento en relación con el Sol, son 'estrellas' únicas en apariencia porque no se ajustan a los cambios periódicos de los objetos del resto de la esfera celeste. Esto lo sabían los primeros observadores, que les dieron el término de 'estrellas errantes.' Debido a su tamaño o a su patrón orbital, cuatro de los planetas pueden verse fácilmente a simple vista o con instrumentos pequeños (Venus, Marte, Júpiter y Saturno). Otros pueden verse con instrumentos modestos. Incluso a partir de observaciones limitadas, se pueden identificar muchas de sus características básicas. Los versículos de ejemplo se refieren a las estrellas, y aquí hay un par: **Proverbios 3:19** y **Salmo 8:3**.

Varios descubrimientos significativos recientes relacionados con las características geológicas, atmosféricas y electromagnéticas de los planetas sugieren y se ajustan fuertemente a un Sistema Solar joven, que es consistente con el Génesis y **Éxodo 20:11**. Junto con las extraordinarias características de la atmósfera terrestre y del agua, la evidencia encaja sólidamente con una Creación joven en comparación con los miles de millones de años sugeridos para un universo desarrollado al azar.

PPC Analiza a grandes rasgos las características únicas de los planetas del Sistema Solar a partir de la asignación para esta clase y las conclusiones que se extrajeron de la misma. Discute la probabilidad de este grado de diferencias entre los planetas si fueran el resultado de algún tipo de proceso común. ¿Cómo se compara esto con la probabilidad de un Creador cuya capacidad para crear cosas únicas defina la variabilidad entre planetas?

La Tierra

Esta lección no se refiere a los detalles de la Tierra, sino a su ubicación en el Sistema Solar. Cuando Dios cambió la fuente de luz por el Sol en el Día 4 y creó la Luna, las características del trío eran como una canción con una armonía perfecta. Las macro-características de cada uno no son sólo correctas; son perfectas. Ya sea que uno examine la inclinación de la Tierra, el tamaño/ubicación de la Luna con respecto a la Tierra, la distancia de la Tierra al Sol, o el patrón orbital y la velocidad de rotación de la Tierra alrededor del Sol, estos atributos críticos son perfectos, permitiendo un planeta sostenible y habitable por miles de años. Estas características, comparadas con las de otros planetas o con las de los planetas que se están detectando ahora alrededor de otras estrellas, son únicas. Declaran parte de la razón por la que la atención de Dios en el Génesis, y la referencia a una Tierra habitable en **Isaías 45:18**, son detalles clave. Y, por supuesto, Dios hizo Sus declaraciones mucho antes de que cualquiera de estos atributos hubiera sido estudiado en detalle con la información moderna. Otras referencias incluyen: **Salmos 33:8-9, Jeremías 33:2** y **Hechos 17:24-25**.

PPC Con estas escrituras a la vista, ¿cuál crees que es la perspectiva de Dios sobre la Tierra y sus habitantes? ¿Hay algún indicio de experimentación por parte del Creador para llegar a estas características?

La Luna

El propósito y la ubicación de la Luna proporcionan un reloj perfecto (**Génesis 1:14-16**) y una fuerza que afecta a la Tierra de manera única. También es el cuerpo del Sistema Solar más cercano que está disponible para la observación. A diferencia del resto de la esfera celeste, el Sol y la Luna juntos se destacan como únicos desde la perspectiva de nuestra Tierra, y causan efectos diarios, mensuales y anuales que a menudo damos por sentados. Los conceptos sobre el origen de la Luna en la visión naturalista son numerosos y también lo son las excepciones a los mismos, al igual que ocurre con la hipótesis naturalista sobre el origen del resto del Sistema Solar. Más bien, su ubicación por designio y presciencia del Creador es deliberada y tiene atributos que aún se están examinando. Sus rasgos toscos sugieren violencia. Aunque los científicos creacionistas no están seguros de cuál fue el origen de la violencia que causó los cráteres, la mayoría cree que está relacionado con la época del Diluvio de Génesis o (menos probable) con la Caída del Hombre. Independientemente de ello, su aspecto es llamativo y es un objeto fácil de observar, proporcionando una excelente manera de iniciar las habilidades de observación más allá de la Tierra.

PPC La cantidad de cráteres de la Luna es extensa. El lado oscuro tiene más cráteres que el lado que vemos. ¿Qué acontecimientos bíblicos pueden haber sido el origen de tal violencia o cambio? Argumenta tu respuesta.

Exhortación a Observar

Con muy poca ayuda de otras referencias o recursos en línea, los alumnos pueden estudiar partes del Sistema Solar y son exhortados a hacerlo. Los 'propios ojos' son el primer y más importante 'instrumento' de observación, aunque unos pequeños prismáticos o un telescopio ayudan a revelar más detalles. La gente rara vez observa el Sistema Solar, pero su periodicidad, el juego de la luz sobre los objetos planetarios (la Luna, por ejemplo, o la apariencia escalonada de Venus), sus características generales (brillo, bandas en Júpiter, color, posición de las lunas galileanas alrededor de Júpiter, los anillos de Saturno y los detalles de la superficie de la Luna) se pueden observar y registrar fácilmente con un pequeño telescopio. Los 'propios ojos' son el mejor instrumento para las salidas y puestas de la Luna o Venus, los meteoros (a menudo llamados estrellas fugaces) y las constelaciones. La disciplina de la observación se ve muy favorecida por las observaciones periódicas, a partir de las cuales se pueden apreciar —incluso medir y describir— las tasas de cambio en el cielo. Al final, incluso un conjunto parcial de conocimientos a partir de observaciones rudimentarias puede ayudar a ilustrar la obra del Creador en nuestro 'vecindario' local y supera con creces el valor del simple conocimiento de los libros. ¡¡¡Observa!!!

D. Asignación

Examina las referencias disponibles para los objetos de la esfera celeste que están fuera de los límites del Sistema Solar. Enumera los tipos de objetos en algunas categorías generales y describe esas categorías. Tenlas preparadas para discutirlas y compararlas durante la próxima clase.

E. Actividad de Aprendizaje

PPC Trabajando en equipos, utiliza una tabla con las distancias respectivas hasta el Sol y los diámetros de dos planetas (Tierra y Saturno) en comparación con el Sol. Monta un modelo reducido del Sistema Solar, con la escala equivalente a un Sol de 1 centímetro de diámetro. Representa los resultados en la escala adecuada y las distancias al Sol en términos de esa escala. Analiza los resultados con respecto a los dos planetas. El objetivo es obtener una perspectiva a escala de los tamaños de estos objetos y, por tanto, una mejor comprensión de nuestro vecindario local del Sistema Solar. Equipos: comenten los resultados, incluyendo el espacio, que es el soporte diseñado para el Sistema Solar.

F. Resumen Final

El Sistema Solar es una creación única de Dios.

Lección 4 Observando la Creación Desde un Punto de Vista Bíblico: Más Allá del Sistema Solar

A. Objetivo General de la Lección

- Presentar los cielos a la luz de la Biblia ilustrando la variedad de disposiciones estelares, nubes estelares y ciudades estelares (galaxias), que a menudo desafían las teorías naturalistas sobre los orígenes.

B. Plan de la Lección

- La esfera celeste fue creada en el cuarto día de la creación y denota una cantidad estimada de 100 a 200 mil millones de galaxias (ciudades estelares), y nubes estelares que contienen una gran cantidad de objetos de diferentes tipos.
- Cada estrella, al igual que cada grano de arena o cada pelo numerado de nuestra cabeza, es conocida por Dios. Según la Biblia, la esfera celeste fue creada, colocada y las estrellas nombradas de forma individual por el Creador.
- El punto de vista naturalista dice que el universo evolucionó por sí mismo, y que el proceso comenzó hace unos 18000 millones de años. No se sugiere ningún mecanismo plausible.
- Observar los cielos puede ser una práctica fascinante, ya sea con los 'propios ojos' o con equipos. El Salmo 19:1-4 indica claramente que los cielos declaran la gloria de Dios, por lo que observarlos es una forma de apreciar esos versículos.

C. Lección

Resumen

Los cielos se definen en esta sección como todo lo que está fuera de la atmósfera terrestre, aunque la atmósfera forma parte de la definición bíblica de los cielos. La atmósfera, por supuesto, afecta la forma en que vemos lo que está más allá de ella. Cuando se mencionan los cielos en las Escrituras, Dios pone énfasis en ellos al indicar que declaran Su gloria (**Salmos 19:1**). Es una declaración de Su autoridad. Él considera diferentes aspectos de la Creación con diferentes énfasis. Aunque esto pueda parecer extraño, Dios no se calla a la hora de señalar cosas específicas y decir 'analiza' o 'mira.' Él también hace una evaluación sobre muchos temas. Los cielos reciben este tipo de atención en varios lugares de la Biblia. En la antigüedad no existía la óptica (por ejemplo, los telescopios), por lo que la observación de los cielos se hacía a simple vista, pero las verdades siguen siendo válidas hoy en día, incluso con la óptica avanzada y otras técnicas de imagen (por ejemplo, los radiotelescopios). El Señor lo sabía, porque vio nuestro día antes de que existiera (**Salmos 139:16, Juan 17:24,26**).

La última lección se limitó al Sistema Solar, pero esta tendrá un énfasis en las cosas fuera del mismo.

Escrituras Seleccionadas

Por favor, lee y comenta los versículos que se enumeran a continuación. Una nota explicativa sigue a cada uno. La orientación que se utilizaba en las primeras lecciones sigue siendo válida: las Escrituras hablan por sí mismas en un lenguaje sencillo. En cada tema que tocan, son la autoridad de la que partimos y la base para que se interpreten otras disciplinas si tomamos como fundamental la visión bíblica de la Creación.

El **Salmo 19:1-4** es probablemente el pasaje bíblico más conocido sobre los cielos, y los versículos indican que hablan sin palabras. El mensaje de los cielos es universal para cualquiera: señalan la obra de Dios y Su gloria. Los descubrimientos modernos confirman más su extensión, belleza, tamaño y características. Dado que las Escrituras afirman tan claramente que los cielos señalan al Creador, tampoco es de extrañar que los cielos se hayan convertido en un medio para que las personas que no creen en Dios griten el mensaje contrario: se produjeron por sí mismos; todavía se están creando; albergan formas de vida extraterrestre; 'prueban' la evolución. Nada de esto es cierto. Los científicos creacionistas del campo de la *astrofísica* han proporcionado buenas y adecuadas razones para creer en las Escrituras, pero sus voces se pierden a menudo en el ruido de la visión naturalista.

El **Salmo 147:4** e **Isaías 40:26** dicen lo mismo. El hombre nombra a las estrellas, pero éstas ya han sido nombradas, cada una de ellas. Los versículos que rodean a ambos textos son poderosos. El Salmo 147:4 va precedido de la afirmación de que Dios cura a los quebrantados de corazón y venda sus heridas. Si la afirmación de la 'estrella' no es cierta (que lo es), tampoco lo es la afirmación sobre Su capacidad para cuidarnos. En Isaías, los versículos que lo rodean hablan de la indiscutible autoridad de Dios. Con respecto a las estrellas, cuyo número estimado está más allá de la comprensión, Él dice que no falta NI UNA.

PPC Compara estos versículos con **Lucas 12:7**. Puesto que Dios no puede mentir ni engañar, ¿qué representa esto cuando tienes la sensación de estar perdido u olvidado?

Isaías 42:5, 45:12; Jeremías 31:35; y **Job 38:31-32** están todos en primera persona; Dios está hablando con énfasis en cada caso. En los dos primeros, los profetas conocían las reglas de Dios: hablar con precisión o enfrentarse a la muerte. En el último caso, Job, Dios habla directamente, y la declaración se registra para nuestro beneficio. Las palabras son claras: Dios creó todos los cielos; éstos muestran Sus atributos y Su poder; están colocados como Él consideró oportuno. Esta parte de la Creación, hasta la última estrella, no ocurrió al azar o sin una acción creativa deliberada.

El **Salmo 104:2** e **Isaías 45:12** y **51:13** hablan de una acción de Dios en términos específicos: extendió los cielos. Hay una cuestión relacionada con la forma en que somos capaces de ver objetos a grandes distancias de nosotros, y el tiempo que eso implica. (El punto de vista naturalista también tiene un problema similar con la velocidad de la luz, aunque eso no incluye las cosas que vemos). [Nota de investigación: ***horizon problem***.] Los científicos creacionistas tienen al menos dos teorías de mérito que implican la ley de la relatividad general. Es un tema fascinante para considerar. Sus teorías obedecen a los límites de las escrituras: una Creación reciente y la ubicación de la Tierra cerca del centro del universo. Consideran que Dios extendió los cielos como indican estos versículos. Independientemente de las teorías, está claro que Él hizo los cuerpos celestes para que podamos verlos y estudiarlos. [Nota de investigación: ***general relativity***].

Job 38:12 y **19-21**, y el **Salmo 74:16** hablan de la luz y las tinieblas, o del día y la noche. Las mismas cosas son objeto de la atención de Dios en el primer y cuarto día de la Creación. En la Escritura se presta mucha atención a las condiciones de las tinieblas y la luz en un sentido espiritual, pero el punto de referencia es la Creación bíblica.

Deuteronomio 4:19, Nehemías 9:6, Job 31:26-28 y **Salmos 148:3** son claros en cuanto a adorar al Creador, pero no a las cosas creadas. Todavía hay una tendencia, ya que el hombre no ha cambiado, a adorar lo incorrecto.

PPC Los cielos señalan a Dios, pero ¿son Dios? Describe la diferencia entre una cosa creada y su autor. Usa una pieza de cerámica como ejemplo en la respuesta.

Job 9:8-9 y **Amós 5:8** mencionan las constelaciones. La esfera celeste, en otras palabras, es bien conocida por su Creador. Se mencionan específicamente las Pléyades y Orión; Él las ha hecho visibles para la mayoría de la población de la Tierra durante casi la mitad de cada año.

Exhortación a Observar

El contexto de la mayoría de los versículos sobre los cielos llama la atención sobre su grandeza, que a su vez se refiere a la grandeza de Dios. Junto con el libro de Job, estos versículos animan a prestar atención, observar y estudiar los cielos. Dios utilizó la Creación en Su intensa conversación con Job, que había olvidado momentáneamente la grandeza de Dios. Los cielos forman parte del tema que Dios aborda. Están llenos de magnificencia. Los hallazgos de los últimos 50 años han puesto de manifiesto esta conclusión.

Sin embargo, hay que entender que la mayoría de las personas que escudriñan los cielos lo hacen porque intentan encontrar una pista sobre los orígenes. Para alguien que entiende la cosmovisión bíblica de la Creación, esta motivación no tiene sentido; el origen de las cosas se conoce desde el Génesis. ¿Afecta esto a la pasión por descubrir? En absoluto. La pasión por descubrir sólo aumenta para el creyente, porque Dios quiere que se estudie el universo. ¡Muestra Sus atributos!

Una visión bíblica de los cielos puede ayudar a enfocar la observación en direcciones significativas. No es necesario buscar extraterrestres en el espacio exterior, porque son producto de una visión evolutiva del mundo. No se encontrarán. [Nota de investigación: *what about aliens*?] Uno no necesita buscar procesos, que no existen, que ocasionen que el espacio o cualquiera de sus contenidos sean continuamente creados. La Creación se detuvo al final del sexto día. No hace falta buscar los orígenes de la vida en el Sistema Solar, ni pasar años adivinando cómo las partículas del espacio exterior pudieron auto-evolucionar hasta convertirse en cuerpos sólidos y producir nuestro Sistema Solar. Ya se sabe que, una vez creada la Tierra, Dios produjo el resto del Sistema Solar en el cuarto día de la Creación, junto con las estrellas. Pero medir y estudiar la variedad de características de planetas, estrellas, galaxias, nebulosas y otros objetos puede ser fascinante. La información obtenida en las últimas décadas es sólo el principio de lo que se puede hacer. Hay mucho más que estudiar, medir y analizar. Dios estaría encantado de que la gente lo hiciera, porque los hallazgos siempre apuntan a Sus cualidades: Su poder y Su magnificencia (**Romanos 1:19-20**).

No es necesario ser un especialista para observar los cielos. Existen ministerios que animan a la gente a usar sus ojos, pequeños binoculares o pequeños telescopios (si están disponibles) para ver los cielos. Se puede enseñar a los niños a registrar lo que ven. La maravilla de los cielos nunca fue concebida exclusivamente para especialistas altamente capacitados. Incluso para un niño, sólo hace falta salir a ver el cielo nocturno y adquirir algunos hábitos disciplinados de observación, para disfrutar de lo que Él ha creado y ha querido que apreciemos. ¿Por qué no descubrir algo de la grandeza de la obra de nuestro Creador? **Filipenses 4:8** refuerza este sentimiento.

Nota: El autor de este estudio tiene a su disposición, sin coste alguno, un curso práctico de observación de los cielos que utiliza una cosmovisión bíblica de la Creación. **Astronomical Observing from a Biblical View (AOBV)** está actualmente disponible en el sitio web de CHRISTWORKS MINISTRIES (http://www.cwm4him.org/aobv/) o contactando al autor de este estudio. Enseña disciplinas de observación que implican ver, observar e interpretar lo que se observa. Las herramientas del curso son sencillas para que los estudiantes y profesores con pocos recursos puedan aprender las disciplinas.

D. Asignación

Lee **Salmos 95:1-5** y compáralo con los versículos correspondientes de Génesis 1. Describe lo que tienen en común. ¿Cuál es la actitud del salmista hacia el Creador?

E. Actividad de Aprendizaje

A partir de los resultados de la asignación para esta clase, enumera y define de forma general los principales tipos de objetos de la esfera celeste. Analiza tus resultados. Luego responde la siguiente pregunta:

PPC Dado que Dios menciona específicamente que Él creó, nombró y colocó las estrellas, ¿qué dice esto sobre el origen de las ciudades estelares (galaxias) y los cúmulos de estrellas?

PPC ¿Cuándo se creó la esfera celeste? ¿Qué significa tu respuesta con respecto al concepto de que las estrellas se siguen creando (una opinión popular)? ¿Y lo contrario? ¿Se están muriendo las estrellas? ¿Por qué?

F. Resumen Final

Los cielos, que podemos observar, declaran la gloria de Dios y hablan de Sus atributos.

Lección 5 Observando la Creación Desde un Punto de Vista Bíblico: Los Mares

A. Objetivo General de la Lección

- Despertar la emoción de observar los mares, cuyas funciones especiales están directamente afectadas por las características únicas de la Tierra.

B. Plan de la Lección

- Dios creó los 'mares' como una importante fuente de vida con ecosistemas especiales, y agua suficiente para el 'ciclo del agua' que alimenta las tierras con humedad. También es un medio para el transporte de mercancías y personas.
- Dios, que es muy consciente de la belleza de las cosas, hizo de los mares una fuente de poder, belleza, movimiento y disfrute.
- Dios ordenó 'caminos' en los mares y utiliza misericordiosamente el agua que fluye para 'limpiar' los océanos. Esto requiere una ubicación específica de la Tierra en relación con la Luna y el Sol.
- Algunos efectos de la Caída del hombre y de su continuo pecado son evidentes en las catástrofes provocadas por el mar, la contaminación, la extinción de especies y los conflictos por su control.
- La observación de los mares para conocer y mejorar su gestión y vigilancia, forma parte del mandato que Dios nos ha dado desde el principio. La observación de las criaturas y otras características de los mares fomenta la apreciación de la mano creadora de Dios y de Su poder.

C. Lección

Resumen

Mientras que la visión evolucionista del mundo ha *relegado* la Tierra a un accidente en el universo, Dios habla de la Tierra en términos totalmente diferentes: fue hecha para ser habitada (**Isaías 45:18**). No hay ningún otro cuerpo en el universo que tenga el mismo propósito. Fue redonda desde el principio (**Isaías 40:22**) y se caracterizó por tener agua desde el principio (**Génesis 1:1-10, 2 Pedro 3:5**). Como vimos en lecciones anteriores, la Tierra se formó para albergar seres vivos y ser nuestro sistema de soporte vital. El dominio del agua en la superficie es fundamental para ese sistema de apoyo. Aunque el Diluvio de Génesis cambió radicalmente la *topografía* de la Tierra y dio lugar a nuevos mares y rasgos terrestres/continentales, el agua sigue siendo la característica dominante de la superficie del planeta. El estudio de los mares actuales, en consecuencia, es un tema muy amplio que abarca tanto las condiciones actuales como las pruebas históricas de la catástrofe del Diluvio de Génesis.

Hay muchas referencias a los mares y a la tierra, posteriores al Diluvio. Al igual que en el caso de los cielos, Dios hace referencia a ellos en Su conversación con Job, dando por sentado que este los había observado cuidadosamente y apreciado la obra de Su Dios. También hay otras referencias de este tipo en los Salmos y los Profetas. Tienen un sentido general: la tierra y los mares fueron creados especialmente por Dios.

Escrituras Seleccionadas

1 Crónicas 16:30-32. Estos tres versículos se encuentran en medio de una declaración de adoración y alabanza. Hay otras escrituras que muestran el mismo patrón, donde hay un llamado a reconocer a Dios y las cosas creadas que Él ha hecho. Esta escritura en particular incluye tanto la tierra como los mares. El relato de **Nehemías 9:6** es similar.

Job 9:1-10. Esta sección de la Escritura registra el poder de Dios para hacer y cambiar la tierra y los mares. Es significativa porque es un testimonio de Job mientras soportaba un sufrimiento increíble. No obstante, en el versículo 8 se reconoce que Dios creó, sostiene y ajusta las cosas en la Tierra y, específicamente, los mares.

Salmos 8:8, 104:25-26. El Salmo 8 se refiere a los mares y a los 'caminos' en los mares (grandes corrientes oceánicas). El Salmo 104 es tan notable como las porciones del libro de Job con respecto a la Tierra y sus características creadas. Ambos salmos hablan de forma poética pero precisa de las obras de Dios en la creación de la tierra, los mares y los cielos. Estos versículos en particular hablan de la tierra y los mares, pero su expresión es mucho más completa si se leen en su totalidad.

Proverbios 8:22-33. La tierra, las aguas y otros elementos creados se mencionan en esta famosa sección de Proverbios. Algunos la llaman la 'personificación de la sabiduría,' pero esa descripción es demasiado limitada. Cuando se combina con los primeros versículos de Juan y Hebreos, el capítulo trata de Jesucristo, de lo que hace como Creador y de cuál es Su actitud hacia la humanidad. Vale la pena leer despacio esta parte de la Escritura. La Tierra y lo que hay en ella son especiales para Dios.

PPC Describe los efectos de la inclinación única de la Tierra con respecto al Sol (23,5 grados) y la tasa de rotación de la Tierra en los mares. Responde a partir de otras clases o referencias disponibles.

PPC Algunas de las famosas y primeras imágenes de la Tierra fueron tomadas por los astronautas del Apolo, pero las imágenes son tan comunes que la gente olvida las importantes impresiones que tuvieron esos hombres y cómo las imágenes hablan de la Tierra en general. ¿Qué 'dicen' esas imágenes en relación con esta lección? Describe lo que vieron.

Exhortación a Observar

Los mares son un poco más difíciles de observar que las cosas en tierra firme, porque la mayoría de la gente no vive cerca de ellos ni tiene acceso a ellos. Incluso si lo hacen, explorar las aguas puede ser complicado. Sin embargo, la riqueza de información que aporta la observación, independientemente de cómo se estudien los mares, muestra la variedad de esta parte de la Creación de Dios. En general, la gente está enamorada de los mares. Los jóvenes están aún más impresionados porque es un descubrimiento nuevo y fresco. Cuando no es posible visitar el mar, los medios de comunicación modernos tienen muchas fuentes mediante las cuales se pueden explorar los atributos del mar. Con cierta planificación, se puede fomentar la observación de los atributos de los mares. Cuando los mares no están cerca, se pueden observar cuidadosamente estanques, arroyos, riachuelos o incluso la escorrentía de la lluvia.

La amplitud de los temas que se pueden observar relacionados con el mar es prácticamente ilimitada. Pueden incluir la vida en los mares (macroscópica y microscópica), las industrias que aprovechan los mares, los atributos técnicos (olas, efectos del viento, erosión, contaminantes y efectos de las inundaciones) y los atributos artísticos (apariencia y movimiento). Los mares y el agua en movimiento son temas populares para la poesía, la música y la prosa. Esta lista de posibilidades de exploración y descubrimiento podría ser interminable. Hay toda una serie de observaciones que pueden hacerse sobre los cientos de industrias, trabajos e investigaciones relacionados con los mares. Exponer a las personas a estos temas puede fomentar el aprecio por las aguas creadas por Dios. Hay una gran cantidad de cuestiones relacionadas con el agua (como la explotación indebida de los mares) que también pueden estudiarse o son objeto de docenas de profesiones. Los derechos del agua y el uso de los mares abiertos son temas que incluyen cuestiones legales, morales y prácticas que afectan a naciones y regiones. Todas estas cosas merecen ser observadas.

D. Asignación

Describe e imagina al menos tres tipos diferentes de suelo que sean adecuados para el crecimiento de las plantas o el pastoreo de los animales. ¿Qué hace que los suelos sean ricos o inadecuados para estos fines? Extensión máxima de las respuestas: una página.

E. Actividad de Aprendizaje

Utilizando referencias razonablemente disponibles y lo que recuerdes de otras clases, clasifica rápidamente algunos atributos significativos de los mares dentro de estas categorías: potencia o fuerza, velocidad/ubicación de las corrientes oceánicas, atributos que los hacen útiles para la alimentación y atributos que los hacen útiles para el transporte/la navegación.

F. Resumen Final

Los mares de agua dominan la superficie de la Tierra. Ellos, por sí solos, hacen que la Tierra sea totalmente única en comparación con otros planetas.

Lección 6 Observando la Creación Desde un Punto de Vista Bíblico: La Tierra

A. Objetivo General de la Lección

Apreciar la abundante variedad de características de la tierra/suelo. Pueden ser útiles, pero también se puede abusar de ellas, así como respetarlas.

B. Plan de la Lección

- Aunque la Tierra se ha reorganizado drásticamente desde el Diluvio de Génesis, conserva características que son absolutamente esenciales para los seres vivos en zonas de variado clima, altitud y latitud.
- La Tierra contiene una distribución crítica de recursos clave (agua dulce, suelo, minerales, etc.) que son asequibles y utilizados (o abusados) por la humanidad.
- Observar detenidamente la Tierra y sus recursos desde un punto de vista bíblico es el primer paso para comprenderlos y apreciarlos. El mandato de Dios de supervisar la Tierra sigue activo, pero una buena observación es la clave para que la gestión y la supervisión sean más eficaces.

C. Lección

Resumen

Las lecciones de la Unidad 1 trataron sobre la creación de la Tierra y mencionaron algunos de sus atributos. Estos aspectos merecen ser repetidos, porque ilustran la riqueza de la Tierra con respecto a los suelos para las plantas, las sustancias de belleza (minerales y gemas), las fuentes de energía (aceites, carbón, sustancias radiactivas), las fuentes para fabricar cosas, las fuentes de alimento (para el hombre o los animales) y los lugares de belleza topográfica. Tanto si se considera la tierra seca de antes del Diluvio de Génesis como los continentes actuales, la riqueza de la Tierra en cuanto a su aspecto o sus sustancias es evidente, pero suele darse por sentada. Además, a menudo se abusa de ellas, se lucha por ellas o se las utiliza de forma inadecuada. Sin embargo, la tierra seca es nuestro hogar. La forma en que gestionamos la Tierra está supervisada y vigilada por el Creador. El tamaño y la ubicación de la tierra seca, según lo dispuesto por Dios, es bastante notable si se considera que la profundidad media de los mares sería de 2,7 km si la superficie de la Tierra fuera plana. La economía de Dios para la tierra seca nos tenía en mente, tanto antes como después del Diluvio de Génesis, porque es esencial para la vida.

Discusión con Ejemplos de Referencias Bíblicas

Job 28. Esta porción de la Biblia es poética, pero es una descripción totalmente precisa de algunos de los valiosos atributos de la Tierra. Más importante, sitúa estas cosas en el contexto de la fuente de la Sabiduría, que es Dios, el Creador. En la progresión de los versículos, se mencionan muchos de los valores de la Tierra.

PPC Enumera las sustancias y las actividades que se atribuyen a la Tierra en la referencia. Luego, enumera con tus propias palabras el propósito y la conclusión del capítulo.

PPC El profesor hará una lista de los suelos y sustancias relacionadas a partir de la asignación para la clase. Después de repasarlos, haz una definición de los terrenos cultivables de la Tierra y describe su valor.

Existe la idea errónea de que los pueblos antiguos no habían desarrollado tecnologías ni *sofisticación* alguna. El estudio de Génesis **4:21-22** afirma lo contrario, al igual que **Job 28:1-11**, donde se mencionan repetidamente detalles sobre la extracción de minerales y sustancias valiosas. La enseñanza del libro de Job, incluso en medio del sufrimiento de éste, es que la sabiduría no puede encontrarse con el esfuerzo del hombre; sólo Dios conoce el camino hacia ella (versículo 23). El valor que puedan tener las sustancias de la Tierra o lo bien que las utilicemos o desarrollemos (habilidad que la humanidad conocía casi desde el principio) depende de nuestra relación con el Creador. Es el Creador quien las pone a nuestra disposición. Hay una afirmación no escrita en estos versículos de que la Tierra contiene sustancias de valor que sólo pueden ser apreciadas plenamente si tenemos al Creador en alta estima. Los atributos mencionados no son accidentes de la *geología*; muchos fueron creados. Muchos otros se formaron en la época del Diluvio, cuando la corteza terrestre se fragmentó. La combinación de las fuerzas de la tierra y del mar, durante y después del Diluvio, hizo que se formaran muchas maravillas *geológicas* en poco tiempo, pero siguen formando parte de la maravilla de la Tierra y señalan a Aquel que las hizo.

Isaías 45:18-19. Varias porciones de Isaías son notables con respecto a la Creación. Estos versículos hablan de la Tierra, pero su contexto general se refiere a todo lo que hay en ella (incluida el agua, que es tan importante para nosotros). El sentimiento es familiar: Dios no sólo dice que lo hizo, sino que no lo hizo en secreto.

PPC Entonces, ¿qué quiere decir el Señor? ¿Cómo se aseguró de que lo que creó no fuera un secreto? Discute la respuesta.

Exhortación a Observar

La Tierra está especialmente diseñada. Utilizando las escrituras anteriores y las *amonestaciones* de Dios en Job, debería ser evidente que Dios quiere que observemos la Tierra. Es una cosa creada, así que no debe ser adorada ni se le debe dar un estatus especial en relación con Dios, o incluso con la vida humana. Sin duda, debe ser estudiada, comprendida, supervisada con sabiduría y apreciada. Incluso con los efectos de la Caída, sus atributos son sorprendentes. Cuanto más descubrimos las características de otros planetas, más apreciamos la verdad de Dios al respecto: este planeta fue hecho para ser habitado desde el principio.

Es cierto que las acciones pecaminosas de las personas han cambiado algunas cosas en la Tierra. Por la ganancia de riqueza o poder, muchos recursos de la tierra (y de los mares) han sido y están siendo desperdiciados o destruidos. Esto es parte de los efectos de la Caída y apunta directamente al hombre. Sin embargo, podemos observar, descubrir y comprender lo que ha sucedido, y quizás resolver algunos de estos problemas. Los niños y los adultos están destinados a observar la Tierra, incluso si los detalles muestran que algo está mal o roto.

Los niños son descubridores natos. Muchos adultos son iguales y disfrutan descubriendo. Hay una multitud de cosas en la Tierra que esperan por nosotros. Hay muchas profesiones que se ocupan de la Tierra, pero cada parte de la Creación también tiene asuntos y problemas que hay que tratar. Es necesario que la gente dé un paso adelante y vaya más allá. Sin embargo, cualquiera puede empezar a descubrir lo que está más cerca. Los padres pueden mostrar a los niños las cosas de la Tierra. A los jóvenes de todo el mundo les encantan las rocas, la tierra, los mares, los arroyos y la exploración de cosas que no han visto antes. Dios sabe cómo somos; tenemos curiosidad por descubrir cosas. Si apreciamos al Creador, nuestra actitud puede cambiar para empezar a observar las cosas que nos rodean en la Tierra. Con una visión bíblica en mente, se garantiza la observación disciplinada de nuestro lugar de residencia.

D. Asignación

Utilizando cualquier libro de texto disponible, describe la atmósfera terrestre en 3 párrafos. Incluye la mención de al menos cinco características atmosféricas.

E. Actividad de Aprendizaje

Haz una lista de 10 sustancias presentes en la tierra o producidas en ella, y colócalas en columnas en una pizarra. Debajo de cada una de ellas, enumera dos formas principales de uso correcto o incorrecto del recurso. Discute la razón fundamental por la que las cosas se utilizan o explotan de forma inadecuada.

F. Resumen Final

La Tierra fue creada por Dios para ser habitable y está disponible para que la observemos.

Lección 7 Observando la Creación Desde un Punto de Vista Bíblico: La Atmósfera

A. Objetivo General de la Lección

Apreciar la afinación de la mano de Dios en la creación de nuestra atmósfera totalmente única.

B. Plan de la Lección

- La atmósfera creada en la Tierra es especial con respecto a las partes que la componen, sus características en función de la altitud, y sus características en varias partes del espectro electromagnético.
- En vista de estas cosas, considera el grosor de la atmósfera en comparación con el radio de la Tierra, y maravíllate ante la Mente Maestra que la creó y la mantiene. En otros planetas existen condiciones muy diferentes que impiden la vida.
- El vuelo, la acústica y una serie de comunicaciones dependen totalmente de las características de la atmósfera creada y sostenida.
- La ciencia atmosférica puede ser muy técnica, pero la observación de sus características y su utilidad puede ser apreciada por cualquiera.

C. Lección

Las lecciones 7 y 8 tratan sobre la atmósfera y el clima. En un sentido general, como un tema combinado, la atmósfera y el clima reciben más atención en la Biblia que cualquier otra parte no viviente de la Creación. Los versículos que abordan los amaneceres, los atardeceres, la nieve, el granizo, la lluvia, el hielo, las nubes y los vientos se encuentran en docenas de lugares. Estos temas se incluyen en secciones notables de las Escrituras que se han mencionado anteriormente, como el Salmo 104 y Job 38-41. Hoy en día, en muchas partes del mundo, el clima es un tema muy popular, pero el enfoque de las discusiones suele ser consistente con la visión naturalista dominante, donde se considera que Dios no tiene nada que ver con sus características y actividad.

Muy pocos versículos de las Escrituras hablan de las características básicas de la atmósfera. Sin embargo, sin la atmósfera creada, el clima no se produciría. El diseño general de la atmósfera sobre la superficie de la Tierra, adentrándose en el espacio, se aborda específicamente en el segundo día de la Creación (**Génesis 1:6-8**).

En los primeros tiempos de la historia, no existía la posibilidad de medir y examinar las características atmosféricas. Las disciplinas científicas y de ingeniería más modernas se ocupan directamente de esta parte de la Creación. A medida que se desarrolló la tecnología, los estudios de la atmósfera, especialmente de las partes que afectan al clima, se ampliaron rápidamente. Las diferentes capas atmosféricas no sólo afectan al tiempo, sino también a la comunicación. Otras partes nos mantienen a salvo de las radiaciones nocivas. Las características básicas tienen efectos sobre el vuelo, la acústica y otras muchas cosas. El diseño de la atmósfera es complejo.

Entonces, ¿qué hace que la atmósfera sea tan importante? No hace falta ir más allá de las características conocidas para darse cuenta de lo especial que resulta en comparación con cualquier otro planeta, o de lo necesarias que son esas características para que podamos vivir. He aquí algunas:

1. Volumen. La medida global de la altura de la atmósfera respirable, donde el oxígeno extra no es necesario para la supervivencia humana, es poco profunda en comparación con los límites más lejanos de la atmósfera fina. Merece la pena el ejercicio de comparar el espesor de esta parte inferior en relación con el radio de la Tierra. Queda muy claro lo precisa que es la región que Dios dispuso para la vegetación y los seres vivos. Esto también puede verse en términos concretos si se observan los cambios en el follaje a medida que aumenta la altitud. La 'línea de árboles' en las montañas es un buen ejemplo, donde los cambios atmosféricos se hacen visualmente evidentes por encima de unos pocos miles de metros. Para cuando se produce el ascenso a la parte superior de las montañas más altas de la Tierra, los seres humanos deben tener asistencia para respirar a largo plazo, la vegetación ha desaparecido hace tiempo y las temperaturas son demasiado frías para la vida normal, incluso cerca del ecuador.
2. Densidad y Temperatura. La temperatura, la densidad y la masa disminuyen de forma predecible y medible a medida que aumenta la altitud. La tasa de disminución en la capa inferior es bien conocida y es el factor que decide dónde la vida es adecuada, dónde es más fácil el vuelo, y dónde los cultivos pueden ser selectivos, suponiendo que la región tiene la humedad necesaria y el ángulo del sol es suficiente. Las características de las capas superiores son muy diferentes.
3. Contenido de Humedad. La atmósfera tiene una serie de capas. La capa más baja es la Troposfera, que contiene la mayor parte (99%) de la humedad y casi todo el clima que se produce en el planeta (0-10 km de altitud). La capacidad de la atmósfera inferior para retener el agua es fundamental. Un exceso o una falta de humedad cambiaría drásticamente las condiciones de la superficie. El contenido de humedad es crítico para el ciclo del agua.
4. Gases Constituyentes. La parte más fascinante de la atmósfera creada son los gases constituyentes. Su proporción, presencia en función de la altitud y características atómicas son perfectas. Los gases primarios son el nitrógeno, en un 78%, y el oxígeno, en un 21%. Los gases traza también desempeñan un papel. No hay ninguna otra atmósfera planetaria conocida que sea similar en gases primarios.
5. Atmósfera Superior: el Gran Filtro y Más. Las capas superiores de la atmósfera, aunque son delgadas, tienen una combinación de propiedades que protegen a la Tierra. En primer lugar, nos protegen de la actividad de los meteoritos al hacerlos explotar o arder. En segundo lugar, filtran las radiaciones nocivas. En tercer lugar, permiten la propagación de tipos de radiación electromagnética. Algunas de sus características son conocidas, pero la investigación activa continúa. Los efectos netos son bastante sorprendentes, y las variables no se comprenden del todo.
6. Efectos Netos. Al igual que otras partes de la Creación, los múltiples efectos de la atmósfera y de su interacción tanto con la superficie de la Tierra como con el Sol son complejos. Sigue siendo un área de investigación, aunque se utilizan algunas características sin conocer completamente todos los detalles. La conclusión es la siguiente: el Creador fue preciso en el segundo día de la Creación para hacer de la atmósfera una parte clave del sistema terrestre, que permite la vida tal como la conocemos.

El vuelo se da por sentado hoy en día, pero los cambios de la atmósfera en función de la altitud son la clave para que el hombre produzca vehículos de vuelo. El vuelo era automático para los pájaros creados por Dios (creados en el día 5), lo que ilustra la comprensión magistral de Dios de principios complejos que a nosotros nos costó siglos entender.

La acústica, o el estudio disciplinado del sonido, está orientada a las características de nuestra atmósfera. La densidad y las características del aire que permiten que se propague el sonido son muy complejas, pero Dios las comprendió perfectamente antes de que existieran. Sin sonido, no hay música, orquestas, truenos, sonidos del mar y una variedad de otras cosas que consideramos importantes o apreciamos. Todas estas cosas están acopladas al diseño de Dios de nuestros oídos y cerebro para interpretar el sonido. Es, en definitiva, un gran sistema diseñado por el Creador.

La lista de beneficios de nuestra atmósfera creada es innumerable. En cambio, los efectos peligrosos de la atmósfera contaminada apenas comienzan a conocerse. Como en el caso de otras partes de la Creación, tenemos la responsabilidad de prevenir el daño a la atmósfera por malas prácticas. Esta cuestión se hace especialmente notable en las grandes ciudades, donde los problemas de contaminación en algunas naciones hacen que la atmósfera sea peligrosa para una parte importante de la población.

D. Asignación

Examina los siguientes versículos y describe al menos tres formas en que el clima es conocido y/o utilizado por el Creador: **Job 37:6-7, 11-13; Salmos 65:9-13.**

E. Actividad de Aprendizaje

PPC Divídanse en equipos. Utilizando las referencias de libros de ciencia disponibles, dibujen las capas de la atmósfera y rotúlenlas. ¿Cuáles son los efectos o beneficios de cada sección? Cada equipo debe indicar o ilustrar el grosor total de la atmósfera en comparación con el radio de la Tierra en términos de porcentaje. Los equipos pueden competir en términos de tiempo para completar la tarea. La precisión representa el 40% de la puntuación; la exhaustividad, el 50%. El 10% corresponde a la respuesta a la pregunta sobre el porcentaje. El profesor, por supuesto, es el juez final.

F. Resumen Final

La atmósfera de la Tierra, que el Señor creó, tiene capas con características especiales que permiten la vida, proporcionan protección, mantienen la humedad y producen el clima.

Lección 8 Observando la Creación Desde un Punto de Vista Bíblico: El Clima

A. Objetivo General de la Lección

Apreciar la 'banda meteorológica' de nuestra atmósfera que Dios utiliza de forma dramática para amar, juzgar y llamar nuestra atención.

B. Plan de la Lección

- La parte más baja de la atmósfera puede llamarse 'banda meteorológica,' y es la parte que Dios comenta con más frecuencia.
- Dios registra Su uso del clima en la Biblia para llamar la atención de las personas, mostrar Su amor y emitir Su juicio.
- El clima se observa fácilmente, y la expectativa de Dios es que lo hagamos, pero también utiliza el clima para señalar nuestro frecuente olvido de los asuntos importantes del alma.

C. Lección

Hoy más que nunca somos conscientes de la complejidad del clima, debido a los avances en las técnicas de observación y modelado, pero no tocamos el tema con la profundidad que Dios demanda. Todo este clima ocurre dentro de una banda extremadamente estrecha y baja de la atmósfera (0-10 km). Si se dibujara en un papel un círculo del tamaño de un típico tazón de desayuno, la marca del lápiz en relación con el círculo es más o menos tan gruesa como la banda que ocupa la atmósfera, y la mayoría de los fenómenos meteorológicos se producen sólo en los pocos kilómetros inferiores. Esto habla de un increíble equilibrio de fuerzas, de los grandes efectos del ciclo del agua y de la interacción con la energía del Sol, todos ellos resultados directos de una Creación finamente ajustada. La Biblia, sin embargo, va más allá en cuanto a los efectos del clima sobre nosotros.

Si se experimentan condiciones meteorológicas extremas, ya sean positivas o negativas según la valoración de la población local, el pensamiento de volver a Dios, orar o darle las gracias no forma parte del vocabulario cotidiano. Entonces, ¿el clima ocurre de forma totalmente natural y sin la intervención de la mano de Dios, o nuestro enfoque del tema debería ser diferente? Examinaremos las escrituras relativas al tema.

Anota primero una escritura: **Mateo 16:1-4.** Las personas hablaban con autoridad y orgullo de que podían interpretar el cielo en términos de clima, pero Jesús explicó que había un problema. Dijo que creían que podían interpretar el cielo, pero que no interpretaban los verdaderos signos de los tiempos. El pasaje sigue siendo pertinente hoy en día, porque a menudo no vemos la mano de Dios en el trabajo. Lo mismo ocurre con el clima, porque, en general, Dios habla de él como de un fenómeno que recibe Su atención, mucho más allá de los primeros días de la Creación, cuando la atmósfera recibió sus características.

Escrituras seleccionadas

Después de cada referencia hay una lista de algunas palabras clave, y a veces una nota.

Deuteronomio 11:10-11, 13-15 (lluvia, cosecha, percepción de Dios)
Job 36:24-33 (agua, lluvia, nubes, lluvias, truenos, relámpagos)
Obsérvese el versículo 31, donde Elihú afirma que el clima es una forma en que Él gobierna las naciones.
Job 37:3, 6-7, 11-18 (relámpago, nieve, lluvia, aguacero, tempestad, frío, vientos, hielo, nubes, agua)
Nota para el capítulo: se repite el mismo tema pero con más detalle que en el capítulo 36. El versículo 12 cita (por inspiración) los vientos arremolinados sobre la Tierra, pero la afirmación se hizo antes de que nadie conociera las características generales del globo. El versículo 13 puede ser una verdad incómoda, pero está claramente expuesta: En ocasiones, Dios utiliza el clima para corregir y mostrar amor.
Job 37:21-22 (viento, Sol, cielo)
Se trata de una descripción poética del paso de un frente frío sobre la Tierra. Cualquier habitante de latitudes medias puede observar los interesantes cambios que se producen cuando pasa un frente frío; cuando pasa la región de baja presión, los vientos cambian de dirección y el cielo se limpia. Es una ocasión para ver hermosas condiciones que duran poco tiempo (de horas a un día, más o menos).
Job 38:22-30 (nieve, granizo, relámpagos, torrentes, lluvia, tormenta, rocío, hielo)
Este capítulo comienza con Dios hablando en primera persona a Job. Casi la mitad de los versículos están relacionados con el clima. Dios es verdadero; no puede haber mentira, o estaría practicando el engaño. Explica los detalles del clima y parte de sus propósitos (véase el versículo 23). Afirma que entiende el camino de las tormentas eléctricas (versículo 25) y que es plenamente consciente de regar tierras donde no habita ningún hombre (versículo 27).
Job 38:34-38 (nubes, agua, rayos, polvo)
Después de abordar las cosas en los cielos en forma de *preguntas retóricas* a Job, Dios vuelve a hablar del clima. En medio de esta sección, Dios parece cambiar a otro tema: la sabiduría. Le pregunta a Job si puede dotar al corazón de sabiduría o darle entendimiento. Este cambio de tema puede parecer fuera de lugar, pero Dios, que creó, vigila y utiliza el clima, tiene el mismo control y supervisión de la sabiduría.
Salmos 65:9-13 (cuidado, agua, lluvias)
Este pasaje es evidentemente poético, pero también exacto. Se agradece y se reconoce a Dios por regar la tierra, lo que la hace abundante en cuanto a cultivos y pastos.
Salmos 104:10-18 (arroyos, agua)
Este salmo habla de los resultados de una tierra regada. Menciona los arroyos en su flujo continuo, necesario para que la tierra produzca su abundancia, y que depende de la lluvia o del ciclo del agua para mantener los manantiales. Cualquier *escasez* estacional de lluvia supone un grave problema. Una vez más, la sección es poética pero verdadera: Hay que alabar a Dios porque es la fuente del agua que alimenta la tierra.
Isaías 40:12; 44:3-4, 27 (aguas, arroyos)
El profeta Isaías, hablando con las palabras de Dios, se refiere con frecuencia a la capacidad de Dios de traer sequedad o agua, pero vincula la imagen a Su capacidad de llevar Su Espíritu a un pueblo. Él habla en estos y otros versículos acerca de Su capacidad para suministrar o retener la lluvia. Si estas cosas no estuvieran bajo Su control, Él estaría mintiendo. Dios no es autor de mentiras o engaños. El uso del agua por mano de Dios, bajo Su autoridad, tiene relación directa con Sus habilidades para bendecir a un pueblo o lugar.
Amós 4:6-8 (lluvia, agua, beber)
Vale la pena leer cuidadosamente todo Amós 4, ya que Dios explica Sus esfuerzos para llamar la atención de un pueblo. Lo hace dando o reteniendo la lluvia; otros versículos se refieren a acciones diferentes. No es necesario hacer ninguna inferencia porque Dios es claro: utiliza

circunstancias complejas que implican cosas naturales (en estos versículos) en un área local para llamar la atención de la gente. El detalle es fascinante: un pueblo tiene agua pero el siguiente no; un campo tiene agua pero otro adyacente no. Esto parece completamente extraño hoy en día, pero se debe a que Dios es relegado a mito en lugar de ser el Gran Supervisor y Controlador de las circunstancias –especialmente las causadas por el clima. Dios no ha cambiado.

PPC ¿Recuerdas que presentamos un par de funciones de Dios en las primeras lecciones de este curso, como Supervisor y Experto en Control de Calidad? Usando los versículos anteriores, analiza la pertinencia del uso del tiempo. Usa citas de los versículos para defender tus respuestas.

Exhortación a Observar

El clima se ha observado durante siglos. Si se hace correctamente, es una disciplina. Una persona debe ser entrenada para ser un buen observador. Sin embargo, cualquiera puede empezar. Para alguien que reconoce la mano de Dios en la Creación, la observación del clima es un poderoso estímulo, ya que los detalles de los cambios y las condiciones meteorológicas pueden ser fascinantes. El Señor utiliza el tema ampliamente en Su conversación con Job. Como hemos dicho en lecciones anteriores, las preguntas de Dios a Job tienen por objeto llamar su atención para que comprenda. Nosotros podemos tener el mismo privilegio de ver Su mano en acción cuando observamos lo que sucede, ya sea la temperatura, la *humedad*, las nubes, la precipitación, la inundación, la sequía, el paso de los frentes fríos, o docenas de otros *fenómenos* relacionados con el clima. Los buenos observadores del clima, con una comprensión adecuada de Dios, pueden ser de gran beneficio entre los hombres, porque Dios puede hacer que estén listos, se preparen, ayuden al prójimo, llamen a la gente a orar, den gracias por el buen tiempo y, en todas las circunstancias, reconozcan a Aquel que hizo la atmósfera y sus características.

Una nota sobre Job y el clima: Dios se toma el tiempo de hablar del clima en un mundo caído. No se trataba de un clima perfecto. La Caída ya había ocurrido; el Diluvio ya había ocurrido. La tierra no estaba dispuesta a entregar sus productos sin mucho trabajo. El clima no era tan amable ni "bueno" como al principio. Sin embargo, Dios habla de sus condiciones actuales para beneficio de Job y nuestro, porque tenemos las mismas características climáticas que tenía Job. Esta es una razón de sobra para observar el clima dentro de un contexto más amplio: la mano de Dios está actuando en nuestro entorno, que sufre las consecuencias del pecado. No todos los días son bonitos y perfectos, pero Dios no ha *renunciado* ni abandonado Su posición de Supervisor implicado, y lo confirma por medio de Su mano en el clima.

D. Asignación

En las mayores categorías posibles, enumera y describe con ejemplos al menos cinco tipos de vegetación, como si estuvieras creando la vegetación por 'especies' junto a Dios en Génesis 1:11-13 o Génesis 2:9. De las cinco, dos deben ser mencionadas en un versículo o relato bíblico.

E. Actividad de Aprendizaje

PPC Enumera, como si fueras un profesor, los requisitos para que tus alumnos observen un evento de tormenta eléctrica completo. ¿Qué quieres que el alumno observe y registre? ¿Qué versículos quieres que el alumno utilice como referencia para el informe y por qué? (Esto debe hacerse por equipos de estudiantes. A continuación, los equipos deben presentar sus resultados y compararlos.)

F. Resumen Final

El Señor y Creador de todas las cosas creó una atmósfera con fenómenos meteorológicos. Él utiliza el clima para llamar la atención de la gente, regar la tierra, expresar amor o ejecutar un juicio.

Lección 9 Observando la Creación Desde un Punto de Vista Bíblico: La Vegetación

A. Objetivo General de la Lección

- Apreciar, aunque algo alterada por la Caída, la increíble variedad y complejidad de la vegetación, nuestra principal fuente de alimento y un regalo para la vista.

B. Plan de la Lección

- Aunque no es de la misma clase que los seres vivos, la vegetación, según la Biblia, sigue siendo la fuente primaria y original de alimento para la humanidad.
- Las variedades de vegetación y su adaptabilidad para otros usos además del alimentario son innumerables. También ha sido creada para ser agradable a los sentidos.
- La diversidad biológica y los detalles de la vida vegetal son una imagen de la capacidad y el poder creativo de Dios. Estas cosas no pueden desarrollarse por sí mismas.
- Observar la vida vegetal es una práctica fascinante para cualquiera, y la observación disciplinada de la vegetación forma parte de muchos campos de trabajo o estudio.
- Al igual que desde el principio, la vida vegetal necesita gestión y supervisión, ya que puede ser utilizada de forma adecuada o inadecuada. Estas funciones comienzan con unas buenas prácticas de observación.

C. Lección

El tercer día de la Creación en el Génesis da lugar a la vegetación de la Tierra. **Génesis 1:11** es el versículo base y define amplias categorías de especies, pero incluso la descripción general se traduce de forma algo diferente en las distintas versiones. En términos generales, las plantas y los árboles fueron creados y ambos tenían la característica de producir semillas o frutos, respectivamente. Como se explica en la Unidad 1, lección 9, la vegetación fue creada y multiplicada en este día de la Creación, completamente lista y madura como fuente primaria de alimento para los animales y el hombre, que fueron creados tres días después. La biomasa estaba bien desarrollada y era prominente, lo cual es evidente por los depósitos de carbón y el registro fósil del Diluvio del Génesis. Estas cosas sugieren un clima, en la época anterior al Diluvio, propicio para un crecimiento rico y un alto rendimiento. Aunque ha habido algún cambio climático desde los días anteriores al Diluvio, la vegetación aún conserva gran parte de su valor productivo.

La vegetación brinda alimentos con una amplia variedad de sabores, apariencia y textura. De la misma manera, Dios hace una analogía en el **Salmo 34:8** que se refiere a los efectos positivos de estar relacionados con Él, refiriéndose de la misma manera a la amplia variedad de cosas que probamos. Se nos invita a probar de Él, como probamos la comida, porque Él es bueno de innumerables maneras.

Las aplicaciones prácticas de la vegetación van mucho más allá de los alimentos. Los tipos de vegetación son una fuente de aceites, tintes, productos de construcción, artículos de decoración y combustible.

Muchos de los tipos de vegetación son hermosos o exquisitos, como indicó Dios en **Génesis 2:9. Mateo 6:28-30** afirma claramente que no hay ropa para un rey que tenga la magnitud de la belleza que reside en los lirios del campo. Las flores son un claro testimonio de la capacidad creativa de Dios. Se describe cómo Él viste la hierba del campo, aunque es temporal (hoy está aquí, pero mañana es arrojada a un horno). Así, también señala la naturaleza temporal de la belleza, o la brevedad de la vida. Sin embargo, el grado y la variedad de la belleza en las plantas que florecen son extravagantes. Él es el Autor de esta capacidad.

Dios ve y aprecia el valor neto de un campo fructífero, uno que está produciendo un cultivo o cosecha de frutos o vegetales. **Salmos 107:33-38** glorifica al Señor por Su mano en el fruto de la tierra. A lo largo de la Biblia hay referencias a la alabanza o al agradecimiento por la vegetación, porque señala claramente la bendición del Creador. Con frecuencia se habla de los granos como indicadores de la bendición de Dios. A la inversa, múltiples referencias hablan de que Dios retiene la bendición al causar condiciones que restringen la fructificación de la vegetación. Con frecuencia se habla de Sus acciones como deliberadas, normalmente cuando quiere que la gente se acerque a Él.

Todas estas referencias sobre la vegetación, aunque generalmente se ignoran, son sin embargo deliberadas en su tema común: la fructificación de la vegetación, independientemente de la aplicación, apunta a Dios, el Creador de la vegetación en el Día 3 de la Creación. **Salmos 103:2** y muchos versículos similares animan a la gente a dar gracias por la bendición de Dios. Por medio de algo tan común como la comida en el plato, que es el principal beneficio de la vegetación, Dios anima a recordar Sus bendiciones. Incluso en este mundo caído, la disponibilidad de la vegetación como fuente de alimento, por ejemplo, es digna de ser recordada porque no es merecida. Para muchas personas, los alimentos son escasos y extremadamente difíciles de obtener. Siempre estamos a una guerra, a una tormenta o a una estación de perder la comida. Si los que viven de la producción de vegetación no tienen éxito, el habitante de la ciudad, que tal vez nunca haya visto un campo de cultivo, puede pasar penurias. ¡Piensa en esto!

Más allá del simple sustento, gran parte de la vegetación es increíblemente llamativa con respecto al color, el tamaño y la forma. La magnificencia de un bosque virgen y maduro, las llanuras con hierbas movidas por los vientos, y las plantas o flores en climas duros (desierto y alta montaña) hablan de la creatividad de nuestro Señor. La madera, un material de construcción y decoración muy popular, puede ser bellamente usada, desde pequeñas tallas decorativas hasta vigas para una gran estructura. La lista podría continuar, pero el punto es simple: Dios creó la vegetación con cualidades para innumerables aplicaciones que pueden llamar nuestra atención. Entonces, Él es digno de reconocimiento porque tales cosas apuntan a Él.

PPC Considera la amonestación del **Salmo 104:1**, que incluye las cosas mencionadas en los versículos **14-17**. ¿Cuáles son? Considera el contexto de los otros versículos del Salmo y anota otras porciones de la Creación que se incluyen en la amonestación del versículo 1.

La vegetación no se desarrolló por sí misma. Dios la creó. Por lo tanto, la vegetación debe ser supervisada, producida con acción de gracias y observada por lo que es: creada por Dios para ayudar a sostener a la humanidad y a los seres vivos.

D. Asignación

Con un repaso del Día 6 de la Creación, el conocimiento del registro fósil y el conocimiento de primera mano de lo que has visto personalmente, enumera un ejemplo para cada uno de los siguientes:

1. El animal más grande y el más pequeño que respiran.
2. Las criaturas voladoras más rápidas y más lentas.
3. Las criaturas marinas más ligeras y más pesadas.
4. Dos seres vivos muy diferentes en cuanto al sonido que producen.
5. Dos seres vivos muy diferentes en cuanto a su textura o tacto.

Redacta un breve poema o escrito, como un salmo, que exprese tus resultados en no más de 10 versos o líneas.

E. Actividad de Aprendizaje

Redacta una oración de agradecimiento, de no más de 3 párrafos, que abarque algunas de las variedades de usos de la vegetación. Haz el trabajo en equipo y presenta los resultados en una cartulina grande para compararlos.

F. Resumen Final

La vegetación, creada originalmente por Dios como principal fuente de alimento para los seres vivos, tiene una complejidad, una belleza y una variedad de sabor y apariencia inherentes. La vegetación tiene una multitud de usos más allá de la alimentación.

Lección 10 Observando la Creación Desde un Punto de Vista Bíblico: Seres Vivos (Excepto las Personas)

A. Objetivo General de la Lección

- Apreciar la variedad de seres vivos que fueron puestos en la Tierra, incluidos los que se han extinguido. Los seres vivos son ahora una importante fuente de alimento.

B. Plan de la Lección

- Dios no se limitó a crear los seres vivos. Los controla, los utiliza para enseñar lecciones y señala sus características para mostrar la obra de Su mano creadora.
- Aunque el pecado del hombre y la maldición afectan a los seres vivos, también son una fuente de alimento que necesita ser administrada.
- Los seres vivos son un recurso perecedero que puede ser usado o abusado. El abuso puede acarrear problemas. De acuerdo con el Génesis, debemos supervisar adecuadamente a los seres vivos.
- Situar al hombre como animal 'cumbre' (el ser vivo más avanzado) es una prioridad errónea de la cosmovisión naturalista.

C. Lección

Resumen

Como otras facetas de la Creación de Dios, los seres vivos muestran Su obra. Los niños más pequeños comienzan por observarlos. Los seres vivos son objeto de numerosas disciplinas y profesiones. Sin embargo, en la base de cualquier actividad está el observar. Observar desde el punto de vista de la Creación bíblica marca la diferencia, porque el propósito, la diversidad, incluso la especiación dentro de las clases habla de la obra de Dios.

Las consecuencias de la Caída y del Diluvio del Génesis afectan a lo que vemos y a lo que ocurre entre los seres vivos. Esta perspectiva es única. Aunque las 'especies' no son accidentes y continúan reproduciéndose acorde a sí mismas, otras cosas no van bien. Las *extinciones*, o desapariciones de especies, son frecuentes. Los desequilibrios causan problemas que no son "buenos," que fue el pronunciamiento de Dios sobre Su Creación antes de la Caída. Los desequilibrios son con frecuencia demasiado complejos para comprenderlos plenamente. Con todo lo que ocurre, dependemos de los seres vivos como fuente primaria de alimento, además de la vegetación, por lo que el manejo de los mismos es esencial.

Como recordatorio: la vegetación, aunque está 'viva' en un sentido biológico, no se considera parte de los "seres vivos" (*nephesh chayyah*) en un marco bíblico. Al principio, tal como se describe en el Génesis, la vegetación era la principal fuente de alimento. Sin embargo, no tiene el "aliento de vida" que tienen las "criaturas" de la Biblia.

Otros cambios observables entre los seres vivos son evidentes por las consecuencias de la Caída y el Diluvio del Génesis. Los animales tienen un miedo y un temor *innatos* al hombre; la muerte y las prácticas *depredadoras* son comunes, pero no existían al principio. (Aunque los medios de comunicación prestan mucha atención a estas prácticas que suelen presentarse como 'naturales,' no estaban presentes antes de la Caída).

Algunas 'especies' y varias subespecies no existen en la actualidad. Lo sabemos por el registro fósil del período del Diluvio. Probablemente ocurrió un gran evento de extinción después del Diluvio, cuando la atmósfera y la superficie de la Tierra tardaron varios cientos de años en estabilizarse. Poblaciones pequeñas, pero crecientes y en movimiento, de muchos seres vivos estuvieron bajo una severa presión durante este período, que incluyó la Era de Hielo. Algunos no sobrevivieron (tratado en la Unidad 2, Lección 10).

Sin embargo, hay mucho que observar hoy en día entre los seres vivos que permanecen. Sin la observación, el aprendizaje sobre ellos se ve gravemente obstaculizado, y queda incompleta nuestra capacidad para gobernar adecuadamente lo que tenemos. Sin embargo, si no se observan los seres vivos desde una perspectiva bíblica de la Creación, las prioridades y las motivaciones para supervisarlos pueden estar fácilmente equivocadas o ser directamente erróneas. Todo comienza con lo que vemos (observamos) y desde qué perspectiva lo vemos.

La descripción de los seres vivos que nos deja la Escritura no se limita al Génesis. Tenemos muchos ejemplos de seres vivos mencionados en Job y en los Salmos. Dos seres vivos que aparecen en Job en particular se han extinguido, pero eran fácilmente observables en aquella época. Las descripciones de estas dos criaturas (una marina y otra terrestre) son bastante detalladas. Leeremos los versículos pertinentes. Sin embargo, independientemente del ser vivo del que se hable, todos ellos muestran la gran capacidad y el poder de Dios.

En esta sección, tendrás que leer porciones más largas de la Escritura, pero bien vale la pena revisarlas cuidadosamente.

Escrituras Seleccionadas

Job 12:7-10. Aunque Job *lamenta* el éxito de quienes no están en un lecho de sufrimiento como él, hace notar que las criaturas vivas nos enseñan, porque su vida y su aliento provienen de Dios. También incluye otros aspectos de la Creación. Es una poderosa declaración sobre cómo Dios enseña a través de Su Creación.

Job 38 a 40. Estos tres capítulos, que hemos examinado en parte en lecciones anteriores, contienen una gran cantidad de comentarios sobre los seres vivos como parte de un discurso de Dios en 'primera persona.' En su conversación con Job, Dios utiliza ejemplos de seres vivos. Obsérvese que el tratamiento que Dios da a Su Creación muestra una variedad de términos descriptivos que se pronuncian con sentimiento y énfasis. Es evidente que Dios no es un especialista seco y desinteresado. No es un dios inocuo e impersonal. Más bien, es nuestro Dios personal, que describe Su Creación para dar a entender algo. Y el libro se conserva para que entendamos los mismos puntos: estamos rodeados de cosas que Él ha creado; que hablan de Él en términos de Su cuidado, detalle, supervisión, poder y majestad. Somos incapaces de entender o considerar la creación de este conjunto de criaturas vivientes; nosotros mismos somos seres creados. Las descripciones son una antítesis de la popular visión evolucionista de los seres vivos.

Job 38:39-41. Proporciona alimento a la leona y a los cuervos.

Job 39:1-4. Declara estar al tanto del nacimiento de la cabra montés, incluyendo el recuento de los meses hasta que se produce el nacimiento.

Job 39:5-8. La personalidad del asno salvaje y su hogar son obra de Dios.

Job 39:9-12. Se describen las características y el comportamiento del buey salvaje. [Nota de investigación: ***unicorn,*** palabra usada en la traducción King James].

Job 39:13-18. Se describe el avestruz. Incluso se dice que fue creado con falta de sentido común.

Job 39:19-25. El caballo es descrito por Dios en términos poderosos, con los rasgos específicos con que lo creó.

Job 39:26-30. Se describen el halcón y el águila.

Job 40:15-24. El behemot es descrito como el mayor comedor de hierba de la Tierra, con una cola como un cedro. Esto parece corresponder sólo a uno de los tipos de dinosaurios muy grandes, ahora extintos. Dios señala que creó esta criatura como a nosotros, por lo que se entiende claramente que el hombre fue creado en ese momento y por el mismo Autor. En este caso, Dios dice de manera muy personal y desafiante: "Mira..." a esta criatura. Luego describe lo que hay que mirar. [Nota de investigación: ***what about dinosaurs?***]

Job 41: completo. Dios termina su 'argumento' o caso con una serie de versículos detallados sobre el leviatán. Esta criatura también es claramente diferente a todo lo que existe hoy en día. La descripción podría encajar con el extinto *Sarcosuchus*, un cocodrilo marino súper grande que habría dejado marcas en el barro como se describe en los versículos. Tenía una enorme armadura corporal en forma de enormes escamas entrelazadas (versículos **15-17**). El texto indica que tanto él como el behemot estaban todavía alrededor para que Job los observara. Esta criatura es realmente sorprendente. Dios ofrece muchos detalles; lo hace con estilo poético y con adjetivos completamente precisos que hablan de las características sobresalientes o notables de la criatura. Es la descripción final de esta criatura la que lleva a Job a responder directamente al Señor y a arrepentirse.

[Nota de investigación: ***behemoth*** y luego ***leviathan***. Asegúrate de haber descubierto cómo es posible que los organismos generen reacciones químicas que produzcan calor].

PPC Los seres humanos de la época de Job, ¿convivían con los dinosaurios o vivían cerca de mares con grandes criaturas marinas (no extintas entonces)? Contesta, y apoya tu respuesta en **Génesis 1** y **Job 41**.

PPC Explica el significado de Job 40:15. Apoya bíblicamente tu respuesta.

Salmos 104:10-14, 17-18, 20-22, 24-29. El salmo registra la loable creación de la Tierra, hogar de los seres vivos que dependen de las fuentes de alimento y agua provistas por Dios. Se mencionan asnos, aves, ganado, cabras montesas y criaturas marinas.

Salmos 147:9, 148:7-10. Ambos salmos están en el contexto de la alabanza que se debe a Dios por su provisión para la vida creada. Se mencionan el ganado, los cuervos, las criaturas marinas, las criaturas pequeñas y las aves. [Nota de investigación: considera que en un mundo posterior a la Caída, Dios es glorificado por proveer incluso la presa de animales que ahora son carnívoros, como los leones. Ver ***How did bad things come about?*]**

Exhortación a Observar

Hay una razón de peso para considerar la observación de las criaturas vivas desde un punto de vista bíblico. Casi todos los medios de comunicación presentan a los seres vivos como un producto del desarrollo evolutivo y establecen comparaciones entre el comportamiento humano y el animal, porque supuestamente procedemos de la misma fuente. Esta faceta de la programación es tan profunda que los niños y los adultos crecen con esta comprensión. Esto está muy lejos de la verdad bíblica de la Creación. Los seres vivos fueron creados; están destinados a ser observados porque muestran la obra de Dios. Sin embargo, no están en el mismo plano que el hombre y nunca lo estarán. Muchos animales, como ya se ha dicho, son fuentes de alimento según lo permitido por Dios después del Diluvio del Génesis (**Génesis 9:3**).

Se pueden observar comportamientos depredadores y maltrato animal (por condiciones naturales o provocadas por el hombre), pero son parte de las consecuencias del pecado en un mundo caído. Estos comportamientos no son naturales, como tampoco lo era la muerte. En consecuencia, observar desde una perspectiva bíblica puede enseñar al observador la variedad y la múltiple grandeza de Dios, así como un mundo afectado por el pecado y la muerte.

Observar desde un punto de vista bíblico también nos muestra la extensión de la variedad de Dios. Los colores, las texturas, la anatomía, el comportamiento y el hábitat están ahí para ser observados y estudiados. Cuando los niños crecen, los estudios pueden ser más serios, porque muchos animales están en hábitats que son interdependientes, mientras que algunos son fuentes de alimento. Los problemas y las cuestiones abundan en los entornos complejos. Hay que prestar atención a las tecnologías y a las prácticas de recolección. La lista de cosas que hay que observar y estudiar es interminable.

La observación comienza cuando se enseña a los niños a ver desde una perspectiva correcta. A medida que se adquiere la capacidad de escribir y registrar las observaciones, se pueden desarrollar hábitos disciplinados de medición, estudio y análisis. Esto no es válido sólo para un especialista; es para las personas que están cerca de los seres vivos o viven en el mismo hábitat. La perspectiva bíblica ayuda y fomenta la supervisión y el gobierno adecuados, ya sea que el área de interés consista en un patio trasero, una granja, un parque, los mares o la naturaleza.

PPC Discute los resultados de la asignación para esta clase. Observa la variedad que es evidente en los seres vivos creados por Dios, ya que los extremos están documentados a partir de las respuestas de la asignación.

D. Asignación

Describe en dos párrafos la manera en que una persona, a la que puedes observar durante un día, puede ser evaluada con respecto a si es piadosa o impía. Tú quieres determinar si él/ella puede jugar con seguridad con tus hijos. Basarás tu decisión en la forma en que él/ella se comporta regularmente alrededor de otros. ¿Qué buscarás? Nombra cinco aspectos observables que son criterios para el bien y cinco aspectos observables que son criterios para el mal. Digamos que la persona en cuestión vive cerca de ti en un pequeño pueblo, a unos 16 kilómetros de Calamba, Laguna, Filipinas.

E. Actividad de Aprendizaje

Divídanse en equipos. Diseña rápidamente un plan para salvar al elefante. Te encuentras en el país ficticio de Dornatra, donde la guerra civil ha asolado el campo durante más de 10 años. Ahora el gobierno es estable, pero los elefantes son cazados para vender algo más que marfil. Sus órganos secos se venden como medicina tradicional en Asia. Su carne también es demandada en muchos lugares, incluso en poderosos países cercanos. Formula un plan rápido para asegurar, lo mejor que puedas, el futuro de las manadas que quedan. Enumera una serie de cinco órdenes ejecutivas que inicien los pasos prioritarios para solucionar la situación. Discutan las similitudes y diferencias entre los resultados de los equipos.

F. Resumen Final

La variedad de seres vivos que Dios creó habla de Su grandeza y sabiduría. Incluso los seres que ahora están extintos y de los que aprendemos en el registro fósil o en la Biblia, hablan de lo mismo.

Lección 11 Observando la Creación Desde un Punto de Vista Bíblico: Las Personas

A. Objetivo General de la Lección

- Apreciar la observación de las personas desde una cosmovisión bíblica, que proporciona un método sólido para evaluar el comportamiento de las personas.

B. Plan de la Lección

- Aprender sobre los seres humanos en la Biblia desde un punto de vista histórico tiene un valor inmenso, ya que Dios proporciona ejemplo tras ejemplo de nuestra naturaleza y comportamiento.
- Por lo tanto, la observación de las personas puede ser refinada y disciplinada si utilizamos el punto de vista bíblico como base para la misma.
- Fuimos especialmente creados por Dios, y Su intención original era tener una relación viva con nosotros. Podemos comprender la naturaleza de esa relación mediante la observación. Un contexto bíblico para la observación disciplinada de las personas es muy superior a los métodos no centrados en Dios, que ignoran los ejemplos y evaluaciones de Dios sobre la humanidad.

C. Lección

Resumen

Muchos libros y profesiones tratan sobre las personas y su comportamiento. La mayoría ha abandonado hace tiempo la visión bíblica de la creación del hombre. Las ramificaciones llegan a todas partes, ya que se rebaja el lugar del hombre y se eleva a los animales. (La popular visión naturalista del mundo nos considera animales avanzados en lugar de una creación única). La vida vegetal pasa a formar parte de la misma visión no bíblica; se supone que las plantas descienden del mismo ancestro original que el resto de la vida. El sistema de valores resultante, que depende de la interpretación naturalista o evolucionista del hombre, es *perjudicial* en comparación con el que se deriva del marco bíblico. Aunque las disciplinas técnicas cuentan con muchas prácticas sólidas, la visión naturalista del universo distorsiona los resultados en comparación con una visión bíblica de la Creación. Aquello que debería ser importante para el hombre pierde importancia; las cosas que no son importantes se elevan. No hace lo que debería hacer. Hace lo que no debería.

¿La visión bíblica de la Creación en el Génesis se traslada a otras partes de la Biblia para que podamos observar a las personas con un marco bíblico sólido? La respuesta es un rotundo 'Sí.' Hay demasiadas referencias, ya que gran parte de la Biblia aborda el comportamiento del hombre. Sin embargo, para esta lección sólo cubriremos algunos ejemplos.

La Visión Bíblica de la Creación del Hombre

Resumamos brevemente la visión bíblica de la creación del hombre:
1. El hombre es creado a imagen de Dios desde el principio. Camina con Dios. Dios forma una ayudante, la mujer, y se casan. Todo lo que Dios crea es "bueno." (Génesis 1 y 2)

2. El hombre y la mujer pecan buscando el conocimiento del bien y del mal al margen de Dios. La consecuencia es la entrada de la muerte y el sufrimiento. La institución del matrimonio se mantiene firme, pero está estropeada por el pecado. El parto es más difícil. (Génesis 3)
3. Aunque la Creación es totalmente 'buena' al principio, se corrompe como consecuencia del pecado. Los cambios en algunas partes de la Creación dificultan el trabajo del hombre. La muerte se convierte en una parte habitual de la vida de los seres vivos. La maldad en el corazón del hombre aumenta hasta el punto en que Dios interviene. Juzga a la Tierra con un diluvio mundial que mata a todos los seres vivos, excepto a una familia y a 'especies' representativas de seres vivos. El hombre y las criaturas repueblan la Tierra, pero el pecado del hombre vuelve a aumentar. Dios interviene introduciendo nuevas lenguas, por lo que se confunden las palabras para el entendimiento común. La humanidad se dispersa. (Génesis 3-11)
4. La Lección 14 de la Unidad 2 resume la condición del hombre y la relaciona con la solución de Dios:
    a. El hombre se aleja de Dios. Esto no se puede arreglar sin un cambio de corazón.
    b. Todos buscan su propio camino a menos que se produzca un cambio. El Dios Creador, en la forma de Jesucristo, es la solución para aquellos que eligen creer.

Volvamos al tema de observar a las personas que nos rodean. ¿Se inclinan hacia Dios o se alejan de Él? ¿Cómo podemos saberlo? Hemos visto en lecciones anteriores cómo Dios se refiere a otras partes de Su Creación, pero Su enfoque principal son las personas. Por lo tanto, no es una sorpresa que una gran parte de la Biblia trate de nuestros apuros y de cómo actuamos en las situaciones. Su propósito sigue siendo firme: nos dirige a Sí mismo.

Escrituras Seleccionadas

Proverbios 8:34-36. Lee y comenta estos versículos. Toma nota de las dos formas de vida a las que se hace referencia.

Proverbios 8 está relacionado con el Génesis, porque Dios describe la Creación y Su actitud hacia la humanidad en los versículos 22-31. La conclusión de esta descripción es una advertencia para escuchar y no descuidar la instrucción. Los versículos 34-36 están en primera persona. Dios está hablando. Él dice que una persona que lo escucha cuando habla será bendecida. Esta persona encuentra el favor o la aceptación de Dios. También describe a una persona que no lo encuentra. Esa persona se hiere a sí misma y ama la muerte. Se muestran dos caminos con vidas totalmente diferentes: uno con el favor de Dios y otro con una lesión auto-infligida al alma. He aquí dos ejemplos en el Génesis: (1) La rectitud de Noé contrasta con la población que se había corrompido tanto. (2) Caín, que dejó que el pecado se apoderara de su alma y mató a su hermano Abel, cometió el asesinato después de una exhortación directa de Dios. Caín no quiso escuchar. En estos ejemplos, uno puede ver que una dirección hacia Dios (escuchando y respondiendo a Él) produce el favor de Dios; una dirección alejada produce el daño a uno mismo.

Mateo 19:16-30. Lee la historia y resume las declaraciones tanto del joven rico como de Jesús.

Esta porción de la escritura trata de un joven y rico que viene a visitar a Jesús. El vínculo con el Génesis se centra en la palabra "bueno" que utiliza el joven. Él tiene en su mente determinar qué cosa buena debe hacer para heredar la vida eterna. Le pide a Jesús que identifique esa cosa 'buena.' Jesús responde con una afirmación penetrante: "No hay nadie *bueno*... sino Dios." Es un indicador de que los criterios de Jesús para entrar en el Reino no son los mismos que se utilizan para determinar lo que es bueno en este mundo. ¿Cuál es la diferencia, y de dónde viene?

El joven rico tiene un sentido de lo que es bueno. Ha obtenido riquezas, y también una noción de lo que es importante para él y de lo que no lo es. Para él, la excelencia se basa en lo que cree que es mejor. Por lo tanto, es como la mayoría de la gente, que determina su propio conjunto de normas para lo que es bueno y lo que no lo es. Pero Jesús desafía esa idea, porque sólo Dios es bueno. El joven había evaluado que Jesús era conocedor y que tenía la clave de lo que se debe hacer para alcanzar o lograr la vida eterna. Es una noción común: necesitamos de alguna manera hacer algo o ser algo para ser como Dios. De nuevo, ¿de dónde viene eso? Viene del Jardín en el Génesis. Adán y Eva querían el fruto prohibido para ser sabios como Dios. Razonaron que sus acciones serían más acertadas que consultar a Aquel que los hizo. Así, podrían ser sabios como Dios sin Él, haciendo algo por su cuenta.

El joven rico, al no entender lo que dice Jesús, busca justificarse aún más. Sigue sin entender. Entonces, Jesús llega al centro de la idea que tiene este hombre de lograr cosas, y lo desafía a tomar la resolución de la que carece: dar todo a Dios y seguirlo. Eso significa renunciar a las riquezas, que son el resultado de la búsqueda de la excelencia por parte del joven, y la forma misma en la que confía para conseguir la vida eterna. Su propia noción de la bondad muestra que sus estándares no son diferentes a los de Adán y Eva, cuando buscaban la sabiduría en sus términos pero no en los de Dios. Al final, el joven rico se va triste porque no está dispuesto a cambiar sus criterios por los de Dios, debido al precio que conlleva. Eligió no seguir a Dios, sino seguir su propia idea del bien. No estaba dispuesto a inclinarse ante Dios, por lo que se perjudicó a sí mismo.

Isaías 53:6 y Juan 3:19-21 explican la tendencia de las personas a elaborar su propio sistema acerca de lo bueno y lo malo. El hombre quiere definir lo que está bien o mal en lugar de confiar en el consejo de Dios. Hechos 17:24-31 habla de Dios como Creador pero también habla de la elección del hombre: elegirlo a Él, lo que significa apartarse de un camino que no es el de Dios.

Por lo tanto, cuando observes a las personas desde la perspectiva de la Creación bíblica, analiza hacia qué lado se inclinan (hacia Dios o lejos de Él), o a quién han elegido seguir (a Dios o a su propio criterio). La Escritura tiene mucho más que decir al respecto, pero este resumen es suficiente para guiar tu observación y ayudarte a determinar qué elecciones han tomado las personas. Sus acciones te lo dicen.

PPC Identifica cinco cosas buenas y cinco malas que te hayan resultado más significativas en la asignación para esta clase. ¿Son correctos los criterios para observar a una persona? ¿Cómo lo sabes? ¿Alguno de los criterios tuvo base bíblica? Coméntenlos. Hagan una votación para cambiar cualquiera de ellos. Para introducir cualquier nueva sugerencia debe ser aceptada por votación en una proporción de 2/3 –una clara mayoría. Revisen el resultado.

Exhortación a Observar

¿Qué ves cuando observas a la gente que te rodea? ¿Qué dicen y hacen? ¿Qué relaciones establecen? ¿Qué conducta muestran en ellas? ¿Parece que se inclinan hacia Dios o que se alejan? ¿Están a cargo de todo lo que hacen según sus propias reglas de lo que es bueno y aceptable, o ponen a Dios a cargo de todo? ¿Cómo invierten su tiempo y su dinero? ¿Cuáles son sus sueños? ¿Qué persiguen? Todas estas preguntas pueden ser consideradas al observar a las personas desde una perspectiva de la Creación bíblica. Los dos ejemplos de las Escrituras que están fuera del Génesis, pero que se relacionan con los principios del Génesis, te dan algunas pistas sobre lo que debes buscar. Las personas son sociales. Por lo general, les gusta relacionarse con los demás. Esto nos da muchas oportunidades de ver cómo son, qué les interesa y qué les motiva.

Dios dice que lo que ocurrió al principio es muy importante. Él le dio al hombre la capacidad al principio de comunicarse, tomar decisiones y decidir si caminar con Él o no. Muy pocos decidieron por Él. ¿Es diferente hoy en día? Cada persona tiene las mismas opciones que estaban disponibles para Adán y Eva, el joven hijo (para quien se escribieron los Proverbios por primera vez), o el joven rico (la historia en Mateo 19). La forma en que las personas responden a situaciones similares muestra cómo ven el mundo que les rodea, si Dios forma parte de sus vidas y pensamientos o no. Estas cosas son observables.

Si las personas piensan que sólo son animales avanzados, y que todo su comportamiento está en función de fuerzas ambientales y *fisiológicas* que escapan a su control, entonces las respuestas serán totalmente diferentes. Esto proviene de una visión naturalista, en la que Dios no forma parte de la vida o el universo, y nosotros somos el producto de un proceso accidental y no dirigido. La conclusión para las personas con esta creencia: están a cargo de su propio futuro, acorde a sus propias reglas.

Observa con atención y aprende. Luego elige sabiamente cómo vivir.

D. Asignación

¿Cuál es la definición de dinosaurio en las fuentes seculares habituales? ¿Hay alguna diferencia en la definición o en los presupuestos cuando un científico creyente utiliza la palabra 'dinosaurio'? Proporciona dos definiciones escritas de dos fuentes diferentes (anota las fuentes) para el término y redacta un párrafo para responder a la segunda pregunta (anota también la fuente para esta respuesta).

E. Actividad de Aprendizaje

Divídanse en equipos. Cada equipo debe preparar una representación rápida para mostrar ejemplos de al menos dos de las cosas malas y dos de las buenas de la asignación para esta clase. Recuerda: son criterios en los que te basas para tomar una decisión sobre si quieres que tus hijos estén con la persona que estás observando. No puedes incluir el abuso de sustancias (drogas, alcohol) como ejemplo, ya que obviamente no es algo deseable en una persona que quieras tener cerca de tus hijos.

F. Resumen Final

Caminar con Dios, el Creador de la humanidad, nos permite observar a los demás y hacer valoraciones sobre las personas que nos rodean. Si observamos cuidadosamente, podemos saber si una persona tiene una inclinación o una tendencia hacia Dios, o si se aleja de Él.

Lección 12 Dinosaurios y Fósiles 'Vivientes'

A. Objetivo General de la Lección

- Apreciar los nuevos descubrimientos del registro fósil, pero también comprender que tenemos 'fósiles' vivos de muchas criaturas, y pruebas históricas de que algunos dinosaurios sobrevivieron durante siglos después del Diluvio.

B. Plan de la Lección

- Los descubrimientos de las últimas décadas y la multiplicación de la información sobre el registro fósil, muestran una clara falta de fósiles de transición que son esenciales para una visión naturalista del desarrollo desde los microbios hasta el hombre, y que se supone haya ocurrido en un 'tiempo profundo.' Esto incluye las supuestas transiciones hacia, y desde, los dinosaurios.
- La presencia de roca sedimentaria en tres cuartas partes de la superficie de la Tierra, y la presencia de grandes campos de huesos de dinosaurios ('cementerios de fósiles') tienen sentido a la luz del Diluvio del Génesis.
- Los descubrimientos en tales cementerios de dinosaurios incluyen restos fosilizados que todavía tienen tejido blando recuperable, incluyendo células y proteínas intactas. Esto socava seriamente el concepto de 'tiempo profundo' en la escala de tiempo naturalista.
- Los fósiles 'vivientes' (seres vivos que se parecen mucho a lo que se encuentra en el registro fósil) siguen siendo un enigma importante para la visión naturalista, porque estos seres vivos inalterados (hay muchos) deberían haber cambiado a lo largo de los supuestos eones de tiempo.
- La evidencia histórica en diferentes culturas apunta a la existencia de dinosaurios después del Diluvio del Génesis. Su temprana extinción (entre los más grandes) tiene explicaciones plausibles desde una cosmovisión bíblica debido a los desafíos climáticos y a los factores humanos en los siglos posteriores al Diluvio.

C. Lección

Introducción

Debido al gran interés que despiertan los dinosaurios y al énfasis que ponen los medios de comunicación en los más grandes y feroces, son frecuentes las preguntas y el interés por las mayores de estas criaturas. Las lecciones anteriores tratan de su creación en el Día 6 (Unidad 1, Lección 12) y del evento del Diluvio del Génesis, que tiene una gran relación con lo que les ocurrió (Unidad 2, Lecciones 5-10). Esta lección cubre temas y preguntas particulares relacionadas con los fósiles y resume la información histórica que se puede investigar hoy en día.

Fósiles Transicionales Desaparecidos

A partir de las respuestas de la asignación para esta clase, analiza las definiciones resultantes de la palabra 'dinosaurio.'

Con estas definiciones en mente, revisemos una cuestión más fundamental: la supuesta línea de tiempo en la que existieron los dinosaurios (término acuñado en 1841). La visión naturalista de la línea de tiempo, que es la que se presenta en los medios de comunicación y en la mayoría de las escuelas, es extremadamente larga. Según este punto de vista, el momento en que los dinosaurios llegaron a la historia puede ser determinado por la ciencia forense. Pero, la ciencia forense siempre debe basarse en suposiciones, y en este caso incluye una suposición asociada a dos cosas: una edad estimada del universo (miles de millones de años) y capas de roca sedimentaria en la tierra, que supuestamente equivalen a millones de años. La evidencia física se interpreta teniendo en cuenta ambas suposiciones, y esas suposiciones no permiten una línea de tiempo en términos de miles de años. Así que, según la visión naturalista, los antiguos dinosaurios proceden de una vida más simple, que procede de una vida marina más simple, que procede de una vida diminuta, que procede de ninguna vida, que procede del Big Bang, de alguna forma. La presunción es que todo el proceso tarda miles de millones de años en producirse. Una vez que surge la vida, la complejidad de los seres vivos aumenta por sí misma hacia el final de una línea de tiempo 'profunda'. Dado que la humanidad es la vida más 'inteligente' y avanzada, llegamos de últimos. Los dinosaurios, sin embargo, representan formas de vida más rudimentarias, por lo que llegaron mucho antes que el hombre. Incluso las pruebas que sugieren que el hombre podría haber vivido al mismo tiempo que los dinosaurios se descartan, ya que no se espera que el hombre estuviera presente tan pronto.

El concepto 'de los microbios al hombre' no sólo requiere miles de millones de años, sino que predice muchas formas transicionales (o 'intermedias' ya que una cosa supuestamente se convierte en otra). Para sostener la creencia central en la evolución, sus seguidores seguirán buscando formas de vida transicionales en el registro fósil. Si no parece haber ninguna, buscan otra. Sin embargo, no las encuentran, aunque de vez en cuando se proponen candidatos. Por ejemplo, a pesar de las muchas afirmaciones a las que se les da publicidad (hasta que son sustituidas discretamente por otro candidato), faltan formas fósiles de transición de simio a hombre que resistan el escrutinio. ¿Dónde está un pez en parte anfibio? ¿Dónde se encuentra algo que sea mitad extremidad y mitad ala? Después de supuestos millones de años en las capas de roca y tierra, los fósiles de transición deberían estar por todas partes, ¡pero no lo están! En particular, no se encuentran vínculos con los dinosaurios. Hay una clara ausencia de formas de vida transicionales, aunque deberían ser fáciles de encontrar. En cambio, las pruebas cada vez más numerosas muestran 'especies' bíblicas, a la vez que muestran variaciones dentro de cada género, lo que la Biblia llama especie.

Campos de Huesos, Huellas y Huevos de Dinosaurio

El Diluvio del Génesis es la razón por la que la mayor parte de la superficie de la Tierra está cubierta de roca sedimentaria, que es la roca depositada por la acción del agua. Se puede encontrar roca sedimentaria en la mayor parte de la Tierra, desde las montañas más altas hasta los valles más bajos. En la mayor parte del mundo se han encontrado campos de huesos de dinosaurio, o cementerios, en roca sedimentaria.

Algunos de los campos de huesos de dinosaurio en roca sedimentaria son excepcionalmente grandes. Contienen principalmente dinosaurios, pero también algunos fósiles marinos. Algunos tienen restos de miles de dinosaurios y con frecuencia sólo tienen uno o dos tipos de dinosaurios. Los yacimientos presentan una capa compactada de roca sedimentaria y tienen restos de esqueletos fosilizados desmembrados (que muestran mucha violencia). En los mismos yacimientos óseos, los ejemplares más jóvenes suelen estar ausentes. Estas características hablan del poder de las aguas turbias durante el Diluvio para reunir y enterrar grupos de criaturas muertas o moribundas, que no lograron escapar de la embestida.

En las últimas décadas, se han encontrado muchos yacimientos de huellas de dinosaurios en lugares muy variados. No se trata de las huellas normales de los animales, que no suelen ir en una sola dirección, por ejemplo mientras buscan comida, o cazan, o juegan. Las huellas fósiles suelen ser rectas, lo que sugiere circunstancias inusuales (como una manada entera huyendo del peligro) y fueron dejadas por un solo tipo de dinosaurio, o muy pocos. Para que las huellas se conserven, tendrían que haberse 'congelado' en el tiempo debido a circunstancias especiales que permiten que las huellas queden cuidadosa pero rápidamente enterradas (cubiertas) por los sedimentos antes de endurecerse. En cambio, las huellas expuestas se desgastarían rápidamente. Los bebés o los jóvenes rara vez están presentes. Todo esto apunta a un rápido enterramiento con condiciones excepcionales de agua/inundación.

Se han descubierto muchos depósitos de huevos de dinosaurio en una gran variedad de lugares. Unos pocos contienen un embrión. Otros huevos se encuentran en pequeños montones, en un área con muchos grupos (o nidadas). La mayoría de los huevos se encuentran en lechos planos y no en nidos. Casi no se encuentra vegetación fosilizada en los yacimientos. Ninguna de estas situaciones muestra las condiciones que se esperarían normalmente; por ejemplo, el terreno en el que estas grandes criaturas estarían normalmente cazando, alimentándose o procreando debió presentar una vegetación abundante.

Todo esto supone un verdadero reto para una explicación basada en millones de años o en una visión naturalista. Los sitios más grandes muestran evidencia de condiciones que estaban cambiando rápidamente, involucrando tanto el agua como los sedimentos. El Diluvio del Génesis es una explicación mucho mejor de lo que ocurrió. El Diluvio implicó condiciones de aguas crecientes, grandes olas que fluctuaban sobre costas marinas que disminuían, deposición de sedimentos pesados que podían causar un rápido pero 'cuidadoso' enterramiento (preservando las huellas) durante cortos períodos de tiempo, y animales asustados o volando (corriendo en línea recta) sin vegetación. Todas estas son condiciones catastróficas y especiales (causadas por el Diluvio del Génesis) que se conservan en la roca sedimentaria para nuestra observación.

Presencia Humana

Uno podría preguntarse, ¿dónde están los fósiles humanos si el escenario del Diluvio del Génesis es cierto? ¿Dónde aparecen en el registro fósil en comparación con los dinosaurios? En primer lugar, los vertebrados son sólo una cuarta parte del uno por ciento de los fósiles. La mayoría de los fósiles son organismos marinos. El pequeño porcentaje restante son los huesos (ya comentados) en unos pocos lugares notables. No es un número enorme. Por lo tanto, las posibilidades de encontrar un fósil humano son pequeñas. En segundo lugar, la falta de ciertos fósiles se extiende a los mamíferos, no sólo a los humanos. Aunque los mamíferos más pequeños están en el registro fósil, son una minoría. En tercer lugar, la mayoría de los fósiles muestran a buenos nadadores. Los humanos saben nadar, pero no mucho. Y la movilidad humana significa que los más innovadores se habrán desplazado a terrenos elevados a medida que subían las aguas de la inundación, con lo que estarían sujetos a las otras fuerzas y procesos de putrefacción al haber evitado algunos de los procesos de deposición sedimentaria a menor altura. En cuarto lugar, las personas que fueron tomadas por sorpresa habrán sido destrozadas por los escombros en movimiento al producirse una acción de las olas cargadas de restos a medida que subían las aguas de la inundación. Miles de personas mueren en los tsunamis actuales, pero no esperamos que se conviertan en fósiles. En quinto lugar, el mandato bíblico de destrucción de Dios estaba especialmente dirigido a la destrucción de los hombres convertidos en malvados. Sólo los que estaban en el arca fueron seleccionados para sobrevivir. El mandato era seguro y definitivo. De acuerdo con esa directiva, encontrar pocas evidencias posibles de fósiles humanos de la era anterior al Diluvio no es una sorpresa (ciertamente, hay fósiles humanos que son posteriores al Diluvio). Por último, hay un problema de sesgo de confirmación. Si no se espera encontrar humanos junto con los dinosaurios (no se espera en una visión naturalista del mundo) entonces es probable que la evidencia se haya perdido o malinterpretado. [Para un posible ejemplo y más respecto a todo este tema de los fósiles humanos: **Answers Book Chapter 15**] El resultado neto es la falta de fósiles humanos confirmados.

El 'sesgo de confirmación' hacia los resultados naturalistas (el hombre no debería estar presente) es significativo. Por ejemplo, existe una idea errónea sobre los restos fósiles pertenecientes a grandes dinosaurios que se exponen en destacados museos. Si se considera el número total, sólo hay unos pocos miles en todo el mundo. Este número es bastante pequeño en relación con el número total de excavaciones. Muchos fósiles son simplemente astillas de hueso y pequeñas piezas cuya identidad original no puede determinarse fácilmente. ¿Cuántos de esos podrían ser humanos? Con el predominio del paradigma evolucionista, hay muchas posibilidades de que algo se etiquete erróneamente, ya que las suposiciones desacreditarían cualquier resto fósil probablemente humano. En definitiva, las posibilidades de encontrar y clasificar correctamente un humano fosilizado, o una parte de un humano, son escasas en el mejor de los casos.

¿Qué Pasó con los Dinosaurios?

Entonces, ¿por qué desaparecieron todos los dinosaurios (los animales de los que les gusta hablar a los niños)? ¿Desaparecieron todos? La respuesta debe comenzar revisando la composición general del registro fósil en vista del Diluvio (Unidad 2, Lecciones 6-10) que lo produjo. Este acontecimiento, por supuesto, provocó la eliminación masiva de todos los seres vivos con aliento de vida, pero ¿qué pasa con los supervivientes en el arca? Esto se discutirá cerca del final de la lección. Por ahora, debes saber que hay evidencia histórica de que algunos dinosaurios sobrevivieron siglos después del Diluvio.

La cantidad de información que viene de descubrimientos recientes de yacimientos fósiles es cada vez mayor (no sólo lo que la gente ve en los museos de historia natural, que es muy selectivo). Los detalles técnicos de muchos yacimientos fósiles nos dicen que estos sitios suelen tener una combinación de criaturas. Y a veces contienen mamíferos, árboles y aves, además de reptiles. Algunos fósiles de animales terrestres y de follaje están cerca o mezclados con fósiles marinos. Los fósiles en general se encuentran en lugares muy variados (diferentes continentes, diferentes altitudes y diferentes distancias de los océanos). En una visión bíblica del mundo, por supuesto, el evento impulsor fue el Diluvio del Génesis, que duró un año. [Nota de investigación: *fossil beds dinosaurs*; **Answers Book Chapter 19**]

Descubierto Tejido Blando de Dinosaurio

Debido a las condiciones durante el Diluvio del Génesis, enormes fuerzas reunieron, y a menudo acorralaron, a las bestias moribundas o muertas. Luego se produjo un rápido enterramiento de los que no fueron totalmente destruidos en el agua cargada de escombros. La roca sedimentaria selló su tumba, pero también mantuvo al mínimo la putrefacción y la depredación normales. El proceso de fosilización no tiene por qué durar mucho tiempo, pero sí requiere las condiciones adecuadas. El proceso es tan rápido y minucioso que tenemos medusas, ballenas, T-Rex y un montón de otras criaturas congeladas en piedra. [Nota de investigación: ***How do fossils form?***]

Recordemos, sin embargo, que la línea de tiempo en términos bíblicos es corta. ¿Se completó el proceso de fosilización en todos los casos? Una serie de descubrimientos realizados por especialistas desde principios de la década de 1990 muestra la presencia de huesos de dinosaurios reales (no mineralizados, ni fosilizados) que contienen células sanguíneas, tejidos como ligamentos, vasos sanguíneos todavía blandos y elásticos, hemoglobina y otras proteínas frágiles. En 2012 se informó de la presencia de carbono 14 en huesos de dinosaurio. Estos descubrimientos recientes (y se están produciendo más) son difíciles de explicar dentro de un contexto de 'tiempo profundo.' En cambio, estos hallazgos son muy plausibles en un contexto bíblico. Las posibilidades de que tales cosas sobrevivan millones de años, y se encuentren en un estado que pueda ser objeto de análisis de ADN y carbono 14, son casi nulas. [Nota de investigación: **What about dinosaur tissue?**] Esta información rara vez llega a los profesores de las escuelas primarias/secundarias o a sus alumnos, y si lo hace, rara vez se discute su enorme importancia. Una vez más, el asunto desafía fuertemente la visión evolucionista del mundo, la única visión típicamente representada en las instituciones educativas.

Fósiles Vivientes

PPC La visión naturalista afirma que los sistemas biológicos complejos han surgido por sí mismos a lo largo de un 'tiempo profundo,' y la vida, una vez que se produce, se hace más avanzada por sí misma. Entonces, ¿por qué, por un lado, hemos avanzado supuestamente hasta un alto nivel de inteligencia, mientras que un cangrejo herradura (nada inteligente) y muchas otras formas de vida semejantes han existido sin cambios durante millones y millones de años? ¿Es posible que una cosmovisión tan extendida sea incorrecta? Analiza esto: ¿qué hace falta para que una cosmovisión sea cuestionada?

La evidencia fósil muestra muchas criaturas y plantas que tienen pocos cambios respecto a lo que observamos hoy. Los llamamos 'fósiles vivientes.' Deberían haber cambiado, según la teoría evolutiva, pero no lo han hecho. Hay muchos ejemplos que incluyen tanto criaturas marinas como terrestres. Algunos ejemplos notables son el cangrejo herradura, algunos tipos de peces, moluscos, pequeños animales terrestres y algunos reptiles. También se han encontrado grandes ballenas fosilizadas y medusas 'congeladas' en el tiempo en rocas sedimentarias y lejos del mar. Tanto las ballenas como las medusas son comunes hoy en día. Abundan las conjeturas sobre por qué hay tantos fósiles vivos en un contexto evolutivo. [Nota de investigación: **What about living fossils**]

La presencia de 'fósiles vivientes' es muy inconveniente para la creencia evolucionista, según la cual las criaturas deberían haber cambiado hace eones. Hace unos años, el Dr. Werner realizó un estudio y un documental que documenta la presencia de fósiles vivientes en sitios de excavación de dinosaurios, que ya fueron evaluados como de millones de años. En estos lugares, encontró ejemplos fosilizados de todos los principales tipos de animales invertebrados que viven en la actualidad. También encontró vertebrados, peces modernos, anfibios, plantas modernas, mamíferos más pequeños y aves modernas.

Sin embargo, en los museos populares, estas cosas casi nunca se muestran. ¿Por qué? Por el sesgo de confirmación. La historia del cambio gradual en el 'tiempo profundo' se ve seriamente socavada por el número de fósiles vivientes que se han descubierto. Por otro lado, la cosmovisión bíblica, con los efectos del Diluvio del Génesis unas pocas generaciones después de la semana de la Creación, hace que los 'fósiles vivientes' sean más plausibles. Deberían estar presentes hoy en día y lo están.

PPC Imagina que tienes que construir una escena en un museo sobre la vida que rodeaba a los humanos entre 6 y 10 generaciones después de Adán y Eva. Nombra las cosas que considerarías esenciales para incluir, y explica por qué.

Evidencia de los Dinosaurios Después del Diluvio

Mientras que los yacimientos de fósiles muestran la violenta desaparición de los seres vivos fuera del arca, los supervivientes que desembarcaron de la misma entrarían en un nuevo mundo con una variedad de desafíos. Los individuos de algunas especies, las que más retos enfrentaban, fueron probablemente sometidos. Como se dijo en la anterior Unidad 2, Lección 9 y 10, las condiciones posteriores al Diluvio (incluyendo el período estimado de varios cientos de años para la Era de Hielo) afectaron a las poblaciones. Es probable que se produjera un aumento de la tasa de extinciones en esa primera época después de la catástrofe.

Consideremos un ejemplo hipotético. Considera la pareja de dinosaurios en el arca (presumiblemente jóvenes) que representan a la especie que incluye al T-rex y otros similares. Deben haber estado otras especies de dinosaurios que crecerían bastante. Desembarcan en un terreno crudo que no tiene follaje maduro o denso. Cazan para alimentarse, se reproducen y migran para encontrar comida. El clima post-diluviano estaba todavía en plena agitación. Debido a los cambios en la dieta que Dios instituyó para el hombre después del Diluvio, la nueva generación de T-rex también estaría sujeta a ser cazada como alimento. Si eran violentos o una amenaza para la humanidad, también serían cazados. Por lo tanto, la humanidad se convirtió en un desafío adicional y probablemente significativo para la supervivencia de los dinosaurios.

No obstante, hay pruebas históricas de que algunos dinosaurios y otros animales sobrevivieron durante algún tiempo, en contraste con la creencia evolucionista de que se extinguieron mucho antes que el hombre. Los últimos capítulos de Job describen al leviatán y al behemot. Otro ejemplo es la leyenda de San Jorge en Inglaterra, así como las tallas de piedra en Oriente (Asia) que dan pistas sobre la presencia de dinosaurios. Estas cosas están fechadas mucho antes de cualquier controversia sobre los orígenes o las creencias evolutivas, que afirman que murieron hace millones de años. La palabra 'dinosaurio' no se había inventado cuando se hicieron las tallas, pero la palabra 'dragón' era común. Hay suficientes pruebas que sugieren que los dinosaurios vivieron durante algún tiempo después de salir del arca. Entonces, ¿qué pasó con ellos?

La respuesta corta es, 'No lo sabemos.' Pero la extinción en un mundo posterior a la Caída ocurre todo el tiempo a varias especies por diferentes causas. Como se mencionó anteriormente, las secuelas del Diluvio presentaron muchos desafíos físicos; se produjo la Era de Hielo, y la gente vio a los animales grandes como objetivos. Tiene sentido que Dios pusiera un temor en los animales hacia los humanos (**Génesis 9:2-3**) o las extinciones entre las bestias bien podrían haber sido más graves de lo que fueron.

Vale la pena examinar las extinciones que han continuado a lo largo de la historia de la humanidad de variedades de criaturas, vida marina y tipos de follaje. Hay ejemplos aún más numerosos de casi extinciones, debidas simplemente a una gestión o prácticas humanas inadecuadas hasta que se instituyeron medidas de protección. A veces también fracasan. En resumen, la desaparición de los dinosaurios no es una sorpresa en los siglos posteriores al Diluvio.

PPC Examina Job 40:15 y explica qué quiere decir Dios y cómo se relaciona con lo que hizo el sexto día de la Creación.

D. Asignación

Calcula una población humana basada en dos estimaciones. Primero, basada en 4500 años desde el desembarco del arca después del Diluvio (una cifra de la cosmovisión bíblica). En segundo lugar, basada en la estimación de 2 millones de años desde el inicio del *Homo erectus*. En ambos casos, se supone que la población se duplica cada 150 años. Examina los totales uno al lado del otro y compáralos con la población mundial actual.

E. Actividad de Aprendizaje

En equipos, redacten un anuncio verbal de sus servicios para mascotas. Viven un par de generaciones antes de Noé y al norte de la región donde él vivía. Tu empresa entrena regularmente a criaturas, que ahora llamaríamos dinosaurios más pequeños, para que sean mascotas de exterior. Elige una, calcula sus hábitos alimenticios, obtén los datos sobre su tamaño adulto y redacta un anuncio verbal que piensas utilizar en la ciudad local para atraer a la gente hacia tus servicios, definidos como ayuda a las familias para conseguir y mantener la salud de la criatura que has elegido. Proporciona una hoja de datos detallada que piensas entregar a los clientes para que no se sorprendan de lo que tienen que hacer para mantener esta 'mascota.' Los equipos compiten con sus presentaciones.

F. Resumen Final

La concepción clásica de los dinosaurios se limita a un contexto naturalista. Una comprensión bíblica muestra que vivieron al mismo tiempo que las personas, pero que ahora están extintos. Tenemos el registro fósil para mostrarnos algunas de las víctimas del Diluvio. Sin embargo, muchas de esas criaturas anteriores al Diluvio permanecen con nosotros y se han mantenido más o menos como cuando fueron creadas. Algunos dinosaurios vivieron durante varios siglos después del Diluvio.

Lección 13 ¿Dónde Están Todas las Personas y los Alienígenas?

A. Objetivo General de la Lección

- Apreciar dos nociones populares de la cultura actual que son falsas según una cosmovisión bíblica: el hombre prehistórico y los extraterrestres.

B. Plan de la Lección

- El 'hombre' prehistórico, tal y como se representa popularmente como miembro de una sociedad pre-humana, ha sido descartado en la mayoría de los casos porque se considera que se realizó un análisis incorrecto de los descubrimientos. De los tres grupos principales de estos 'humanos' prehistóricos que han recibido atención, dos han sido analizados más a fondo y se ha descubierto que son totalmente humanos. Uno ha resultado ser un primate extinto.
- La flagrante ausencia de pruebas de la existencia de extraterrestres después de más de 50 años de investigación y exploración, sugiere firmemente que no existen. Además, la línea de tiempo 'profunda' tiene tiempo más que suficiente para que los extraterrestres llenen el universo si esta cosmovisión fuera cierta, y sin embargo no se puede encontrar ninguno. La visión bíblica del mundo es clara: la humanidad es la corona de la Creación de Dios, la que Cristo murió para salvar. No hay más fuentes de seres vivos que la Tierra, que fue creada desde el principio para ser habitada por el hombre y otros seres vivos que Dios creó.
- Respecto a la existencia de personas prehistóricas, la visión bíblica contrasta claramente al tener un registro de la genealogía del hombre. Según esta genealogía, el primer hombre fue creado hace unos 6000 años. El Diluvio del Génesis da cuenta de un importante cuello de botella en la población; al estimar la población actual a partir de este punto, suponiendo una duplicación de la población cada 140-150 años, se obtienen las cifras que vemos hoy.

C. Lección

Introducción a los Temas

El hombre prehistórico y los extraterrestres son temas que se basan en los efectos de una visión naturalista del mundo. Ésta explica supuestamente los orígenes humanos y el origen de otra vida inteligente en el universo. La única diferencia es que uno toca la tierra y el otro los cielos. Ambas nociones (el hombre prehistórico y los extraterrestres) son muy difundidas por los medios de comunicación, las revistas populares (como National Geographic) e Internet. El hombre prehistórico se menciona en los libros de texto para niños; ellos toman esas referencias como un hecho. Aunque los extraterrestres no suelen tratarse en los centros educativos, los niños se ven muy afectados por los medios de comunicación que hablan de ellos. ¿En qué medida? El autor de este plan de estudios ha recibido más preguntas sobre los extraterrestres que sobre la mayoría de los temas posibles cuando se trata de los cielos. Baste decir que estos dos temas están unidos por un hilo conductor: la vida empezó en todas partes, según la visión naturalista, y nosotros somos el mejor producto 'local' de ese proceso evolutivo.

El hombre prehistórico se define a grandes rasgos como el antecesor del hombre. Los libros de texto están llenos de imágenes que muestran a una especie de simio encorvado que en las imágenes sucesivas se pone más erguido, y con el tiempo se parece más a un hombre. La imagen es fuerte, pero puramente ficticia. Tales transiciones entre las personas no se encuentran en el registro fósil. Esto se ha tratado en lecciones anteriores. Además, tampoco se encuentran transiciones fósiles de cualquier cosa a los simios. No obstante, la búsqueda de los vínculos continúa. Cada vez que se hace un posible descubrimiento de este tipo, los medios de comunicación se hacen eco de ello, aunque posteriormente se demuestre que es falso. En un contexto y una cosmovisión bíblicos, no se encontrará un medio humano sin alma. Dios fue muy específico sobre el Día 6 de la Creación y el relato del Jardín en Génesis 2: desde el principio fuimos hechos hombre y mujer, con capacidades comunicativas y cognitivas completas. Y lo que es más importante, fuimos hechos a Su imagen y semejanza, y Dios no realizó un experimento de millones de años para lograrlo.

Cavernícolas

La Lección 11 de la Unidad 2 afirma en general que la humanidad tuvo sus propios problemas con las condiciones cambiantes en los siglos que siguieron al Diluvio del Génesis. Las viviendas en cuevas fueron un refugio seguro durante este período, pero las cuevas no solían ser asentamientos permanentes. El clima tormentoso en las latitudes medias después del Diluvio y la Era de Hielo introdujeron condiciones duras que persistieron por generaciones, por lo que muchas residencias fueron probablemente transitorias. Sin embargo, las investigaciones arqueológicas muestran que los habitantes de las cuevas eran inteligentes e innovadores. Tenían que serlo, porque su vida dependía de ello. Hay suficiente información sobre los yacimientos arqueológicos de los 'hombres de las cavernas' para demostrar que tenían arte, herramientas, cultura y técnicas de enterramiento típicas de la humanidad. Las viviendas se abandonaban con frecuencia porque el clima seguía cambiando.

El Hombre Prehistórico (¿El Eslabón Perdido?)

Existen bastantes hallazgos arqueológicos del hombre primitivo, pero se clasifican en tres categorías que los hacen pertenecientes a la raza humana o a algún tipo de primate, no un punto intermedio. Ninguno de ellos constituye el eslabón perdido que tanto se busca. Uno de esos grupos es el de los neandertales, pero los estudios de ADN demuestran que eran plenamente humanos. La otra categoría humana es el *Homo erectus*. Los descubrimientos sobre su cultura han demostrado que son humanos; sus características físicas están dentro del rango humano.

Un tercer grupo es el de los Australopitecos. El examen de diversas pruebas y la comparación técnica con las dos categorías anteriores demuestran que se trata de un primate extinguido. La presión para etiquetarlos como pre-humanos se debe a las supuestas evaluaciones de 'tiempo profundo' (del orden de millones de años). En lugar de considerar que la línea temporal bíblica de la Tierra joven podría ser cierta, se buscan candidatos de 'tiempo profundo' del eslabón perdido. No encontrarán ninguno, porque Dios hizo las cosas por géneros. Los 'géneros' no cambian. Los humanos siguen siendo humanos y los simios siguen siendo simios.

[Nota de investigación: ***multivariate analysis***]

¿Extraterrestres a Cada Paso?

La mayoría de la población de la Tierra cree ahora en los extraterrestres. Deben estar en alguna parte. Después de todo, oímos hablar de ellos y los vemos mucho en los medios de comunicación (como películas, videojuegos y televisión). Sin embargo, la creencia está impulsada por los medios de comunicación, y los medios están impulsados por la cosmovisión dominante, que es naturalista. Con un sistema de creencia naturalista, la vida DEBE poder empezar en cualquier lugar, igual que en la Tierra. Después de décadas de búsqueda, los extraterrestres no pueden ser encontrados. No nos devuelven las comunicaciones. No se han encontrado otros tipos de pruebas contundentes. No encontrarán ninguna.

Usando la línea naturalista del 'tiempo profundo' y la línea de tiempo relativamente corta para la raza humana en la misma cosmovisión, el universo debería estar invadido de alienígenas. Abundan las especulaciones de por qué no se pueden detectar o encontrar. Ahora, algunos científicos y especialistas serios discuten cosas como que los extraterrestres plantaron la vida terrestre, que los extraterrestres están tan avanzados que no nos tienen en cuenta, y el temor a los extraterrestres porque supuestamente estamos muy atrasados. Incluso se habla de multi-versos. En resumen, algunos tipos de ciencia (no la verdadera ciencia operacional) se extienden ahora a ideas metafísicas que no son científicas en absoluto. Las discusiones sobre *cosmología* (explicaciones y filosofías sobre los orígenes) se vuelven muy interesantes y cada vez menos científicas.

Las cosas han cambiado mucho en varias décadas. Por ejemplo, el Dr. Werner von Braun, considerado el padre de la NASA, fue un cristiano creyente. Creía que el universo mostraba la gloria de Dios. La NASA de hoy ha cambiado: la agencia parece embelesada con la idea de encontrar vida en otros planetas y con las claves del origen del universo. Es un ejemplo de cambio drástico de pensamiento en menos de un siglo hacia una visión naturalista del mundo. Las mediciones científicas suelen interpretarse según esa cosmovisión, que impone una línea de tiempo muy larga, mientras persiste la búsqueda de vida en otros lugares y de extraterrestres. No se da cabida a ninguna noción de Dios como Creador, que actuó con un propósito hace unos pocos miles de años, como se registra en el Génesis. No hay que subestimar el poder de una cosmovisión como el naturalismo, especialmente si se enseña como un hecho durante varias generaciones. Moldea el pensamiento, la imaginación y el sentido de la historia. Lentamente pero de forma segura, ha cambiado casi todas las instituciones educativas, así como el enfoque de algunos esfuerzos científicos.

PPC Independientemente de la visión naturalista dominante, hay un conjunto de evidencias históricas en la Biblia que hablan de un tipo de ser que no es humano. Estos seres son poderosos, tienen una historia con la humanidad, y pueden presentarse de varias maneras. ¿Qué son? Utilizando la concordancia que aparece en la parte posterior de la mayoría de las Biblias, busca una referencia a los 'ángeles' y una referencia a los 'demonios.' Bajo la dirección del profesor, enumera algunos ejemplos de su aparición y coméntalos. ¿Cuál es su poder? ¿Actuaban del lado de Dios o en su contra? ¿Cómo aparecieron? ¿Qué hacían?

Los Verdaderos 'Extraterrestres'

Los días de la Creación en el Génesis describen el universo físico y algo más. ¿Por qué más? Porque somos más que seres físicos; tenemos alma. Génesis 2 proporciona información adicional al cambiar la perspectiva del relato: el hombre y Dios están presentes juntos en el Jardín. El tercer capítulo es la primera presentación de Lucifer, que tiene forma de serpiente, aunque no es una serpiente normal. Otras partes del registro bíblico proporcionan muchos más detalles sobre este ser y sus seguidores, que se alinean contra los propósitos de Dios. La Palabra también registra la presencia y la actividad de los ángeles, que están alineados con Dios. Para la persona que no está familiarizada con la cosmovisión bíblica, todas estas cosas espirituales parecen descabelladas, pero la Palabra es seria, y es precisa. La actividad de estos seres está registrada en la Biblia, y la cosmovisión bíblica los abarca. La conclusión es la siguiente: vivimos en un mundo físico y espiritual.

Se requiere una cosmovisión bíblica y un estudio profundo para entender la categoría de los seres espirituales como los que se describen en la Biblia. A diferencia de los conceptos mediáticos de ángeles y demonios, a menudo mezclados con la ficción o con fuentes no bíblicas, la Biblia es técnicamente precisa en lo que aborda. ¿Por qué hablamos de esto aquí? La investigación de los extraterrestres se basa en gran medida en una visión evolutiva o naturalista del mundo. Ha habido estudios realizados por científicos y especialistas creacionistas que demuestran que gran parte de la actividad de los demonios (especialmente) y de los ángeles se interpreta erróneamente como 'extraterrestre.' En efecto, estos seres son ajenos a la humanidad, pero no 'ajenos' en el sentido del desarrollo de la vida en otros mundos. Más bien, la actividad, si es mala, es la actividad de los demonios. La actividad que está en alineación o acuerdo con Dios es angélica.

¿Por qué este tema forma parte de un curso sobre la Creación? Las actividades de Lucifer, o el Diablo, y posteriormente de sus seguidores, comenzaron en el Génesis. Los atributos de este ser son consistentes: se centran en el engaño y la mentira. Lucifer y sus seguidores tienen un propósito claro: desacreditar a Dios y a Sus seguidores. Buscan devorar y destruir. Algunas de las actividades de los supuestos extraterrestres tienen los mismos atributos, aunque las experiencias registran que a menudo se presentan como benévolas. No permanecen así.

Con respecto a los ángeles de Dios, el Génesis registra la primera actividad. Uno de ellos custodiaba el acceso al árbol de la vida (3:24). En otras partes de la Biblia también sirven a Dios para ejecutar el juicio, entregar mensajes, dirigir la batalla espiritual y defender a los que forman parte del pueblo de Dios.

La Humanidad es Central Desde el Principio

El registro de la Creación en el Génesis describe la intención básica de Dios para el mundo y el universo. Como se dijo en la Unidad 1, el hombre es la corona de la Creación de Dios; estábamos destinados a caminar con Él. Pero el hombre (Adán y Eva) pecó; toda la Creación fue puesta en sujeción debido al castigo asociado con el pecado que perdura en la historia del hombre. Este contexto, como se presenta en otras lecciones, es la base de la necesidad de salvación de nuestra condición. Esa es la razón por la que Jesucristo, como el último Adán, murió una vez por todos los hombres: para que fuéramos redimidos. Él es nuestro 'pariente redentor.' Él hizo la Tierra habitable desde el principio; la esfera celeste para mostrar Su gloria; y varios aspectos de la Creación para mostrarnos Su inconmensurable sabiduría, para que pudiéramos elegir llegar a Él. Entonces, no es una sorpresa que sea tan fuerte el movimiento para desacreditar la verdad del Génesis y sustituir la cosmovisión bíblica por la posición de que el universo surgió por sí mismo, de que la vida (incluyendo los extraterrestres) puede comenzar en cualquier parte del universo (también por sí misma), y de que las cosas están mejorando a medida que avanzamos. ¿Lo están? En algunos círculos de creyentes en los OVNI, la visión naturalista va un paso más allá, donde los extraterrestres acaban siendo los esperados liberadores de nuestra defectuosa condición en este mundo. Es una inversión completa de la visión bíblica del mundo.

Uno podría preguntarse: '¿Por qué, entonces, el universo es tan grande?' El incontable número de estrellas tiene un propósito primordial: mostrarnos la gloria de Dios (Salmos 19:1). Las estrellas no son el semillero de otra vida. Y, por eso, no se pueden encontrar, ni se encontrarán, extraterrestres. Uno podría preguntarse: '¿Por qué somos tan pequeños?' ¿Lo somos? Él nos hizo el objeto de Su Creación:

inteligentes y con Su imagen desde el principio. ¿Qué es más asombroso: que haya hecho un universo tan grande o que haya hecho que personas tan pequeñas sean objeto de Su atención? Por eso no se encontrarán personas prehistóricas menos que humanas, como tampoco se encontrarán extraterrestres.

[Nota de investigación: ***What about apemen? What about aliens?***]

Líneas de Tiempo y Estimados de Población

Revisa los resultados de la asignación para esta clase. Con el cuello de botella de la población en el momento del Diluvio del Génesis, una proyección general de la población muestra que la población actual es aproximadamente la correcta. Si la línea de tiempo naturalista fuera cierta, entonces ¿dónde están los miles de millones y trillones de personas, cuyas evidencias de enterramiento deberían estar alrededor del mundo de manera prominente?

PPC Si no se pueden encontrar extraterrestres con la línea de 'tiempo profundo' del universo (en una visión naturalista) y se encuentran hombres de las cavernas totalmente humanos con evidencias de entierro durante eones de tiempo, entonces ¿es cuestionable una línea de tiempo larga (en términos de millones de años)? ¿Por qué o por qué no?

D. Asignación

La próxima lección tratará de una actividad inusual en la que Dios es el Autor. Escribe una definición de milagro con tus propias palabras y describe en dos párrafos lo que crees que es un ejemplo de uno. Proporciona la referencia de tu ejemplo.

E. Actividad de Aprendizaje

Divídanse en equipos. Cada equipo representa a la mamá y al papá perfectos que quieren construir un arenero y una zona de juegos que asombren completamente a su hijo y le den años de cosas para investigar y aprender. Quieren mostrar al hijo lo mucho que lo quieren por medio de lo que construyen, así que incluyen detalles que impresionan al hijo con su atención a cosas muy pequeñas. Haz un plan para la zona de juegos y define por qué se ponen cosas en ella para el hijo. Por último, ¿qué harás en el área de juego para asegurarte de que tu hijo tenga la opción de llegar a ti, el constructor y diseñador del área de juego? ¿Le darás la opción de acudir a ti? ¿Por qué sí o por qué no?

PPC Comenta esta pregunta: ¿Es esto lo que Dios ha hecho por nosotros?

F. Resumen Final

Dios hizo a las personas a Su imagen y semejanza desde el principio para que habitasen la Tierra y viesen el universo a su alrededor para atraerlas hacia Sí. Esto contrasta directamente con la visión naturalista del mundo, en la que las personas se desarrollan a partir de algo menos que humano, al igual que los extraterrestres pueden desarrollarse desde la no-vida hasta la vida inteligente en cualquier lugar del universo.

Lección 14 Observando la Creación Desde un Punto de Vista Bíblico: Los Milagros y Dios en Eventos Reales

A. Objetivo General de la Lección

- Apreciar la parte del registro bíblico relativa a los milagros, que fueron hechos reales.

B. Plan de la Lección

- Los numerosos registros de milagros en la Biblia muestran una clase distinta de eventos en los que el Dios Eterno interviene de manera notable en Su Creación.
- Aunque en las Escrituras se producen numerosos milagros, son relativamente poco frecuentes. Cuando ocurren, pueden ser observados y registrados como ocurrió con los que aparecen en la Biblia.
- No es una sorpresa, en vista de la cosmovisión bíblica, que Dios sea plenamente capaz de insertarse en circunstancias específicas en forma de lo que llamamos un 'milagro,' que implica cambios en las personas o en la Tierra que Él creó.

C. Lección

Resumen

La Creación bíblica fue milagrosa y declarada completa por Dios en el Génesis. El proceso de creación no es observable, pero tenemos un excelente registro del Creador. Vemos los resultados. El mismo Creador es también el Autor de obras milagrosas dentro de Su Creación. El Antiguo Testamento proporciona un registro de estos eventos ocasionales. Cada uno tuvo testigos y alguien que lo registró. Cuando ocurrieron, representaron más un complemento de Su Creación que una suspensión de la misma. Estos eventos no ocurrían todos los días, pero sí ocurrían. Algunos fueron dramáticos, como los milagros que ocurrieron alrededor del éxodo de los israelitas de Egipto, las plagas en Egipto, y el fuego de noche/nube de día que los acompañó en el desierto. Dios también se manifestó de forma personal en varias escenas a profetas, reyes e incluso gente común.

Sin embargo, hay un cambio dramático cuando Dios vino como Jesucristo a semejanza nuestra. Se cumplió la promesa de Su venida y el propósito de salvar a la gente de la separación de Dios que comenzó en el Génesis. El cambio fue nada menos que increíble con respecto a los milagros, porque sucedieron una y otra vez, generalmente en presencia de miles de personas. Muchos fueron afectados directamente. Se registraron muchos eventos específicos. Este capítulo trata de algunos de esos eventos. Escogeremos tres para examinarlos más a fondo.

Los milagros en los Evangelios, según lo declarado por Dios, son parte de la *autentificación* de quién era (y es), lo que incluía acreditar que era el Creador. Los milagros estaban destinados a darnos testimonio de que el Mesías había venido (**Mateo 9:1-8, Lucas 7:21-23, Juan 10:37-38**). Y así fue. Aunque no podemos ver los acontecimientos, el registro de los mismos es exhaustivo y la mayoría de ellos fueron presenciados por muchas personas. En resumen, afirman que Cristo es la misma Persona que dijo ser: El Camino, la Verdad y la Vida. Su manera de hablar era clara; su *lógica* estaba fuera de toda duda; sus actos confirmaban su identidad. Por lo tanto, Él es Aquel por medio de quien fue hecho el universo (**Juan 1:3, Hebreos 1:2**).

Al examinar la Creación en el Génesis, el comandado acontecimiento del Diluvio y la intervención en la Torre de Babel, vale la pena pensar en esto: es la misma Persona la que realiza los milagros en los registros de Mateo, Marcos, Lucas y Juan. De manera similar, si se mira la Luna y las estrellas, se ve la obra de la misma Persona. Él hizo y colocó las estrellas; Él resucitó a Lázaro de entre los muertos. Sus actos, incluida Su propia resurrección de los muertos, dicen una cosa: Él dice la verdad y es la Verdad. Esto significa que Él tiene la autoridad para redimirnos o salvarnos de nuestra condición –la misma condición que comenzó con la decisión de Adán y Eva de desobedecer a Dios. Si los milagros son mentiras, también lo es la Creación. Si los milagros son verdaderos (lo son), es el Creador quien los realizó y fue perfectamente capaz de crear el universo exactamente como Él ha dicho. También nos ama lo suficiente como para darnos la oportunidad de creerle.

Entonces, ¿cómo fueron estos milagros? ¿Qué hicieron? En esta breve lección veremos tres. Para revisar más, basta con leer uno de los cuatro Evangelios. ¿Siguen ocurriendo los milagros? Si crees que no, lee Hechos. Los actos de Dios a través de los creyentes continúan, aunque los registros de los eventos parecen menos comunes en comparación con los milagros registrados en los Evangelios.

Milagros Seleccionados

Lee cada porción de la Escritura. Para cada milagro, responde a las preguntas que siguen antes de leer las notas que se proporcionan: ¿quién está presente, dónde ocurre el milagro, cuándo ocurre y qué sucede? Cuando respondas a 'qué ocurre' en la escena en la que ocurrió el milagro, anota las acciones que se registraron en el orden en que ocurrieron. Cuando respondas a estas preguntas, describe en un breve párrafo el milagro o los milagros que ocurrieron.

Mateo 8:14-17 Una persona fue sanada de una fiebre; luego fue sanada una multitud de enfermos.
1. Observa el toque personal y privado de Jesucristo. No se trata de la acción de una persona extraña y lejana, sino de un amigo. El toque de Jesús es una acción privada y deliberada. No necesitaba emplear el tacto, sino que podía curar hablando. Sin embargo, está bajo el mando del Padre y sigue instrucciones precisas (**Juan 12:49-50**)
2. Al anochecer del mismo día había una multitud que buscaba a Jesús. Muchos traen a otros que estaban endemoniados. Jesús los curó con una palabra. También curó a los que estaban enfermos. Los testigos de todos los acontecimientos se contaban probablemente por cientos o por miles. Si hubiera ocurrido algo que sugiriera que Jesús no había hecho lo que se dice, la reacción habría sido totalmente diferente. En cada caso de curación, el cuerpo fue cambiado, las cosas malas fueron removidas, los procesos fueron corregidos, las partes de los cuerpos fueron hechas creativamente como se requería. Dios ordenó la corrección en cada cuerpo de cada persona, para cada miembro de la multitud que vino con un demonio o problema de salud. El mismo tipo de evento se repitió a menudo, como se registra en los Evangelios.
3. El comentario al final del evento es de Isaías, que dice que el Mesías llevaría o tomaría la carga de nuestras enfermedades y dolencias. Las curaciones fueron completas, cada una de ellas. El Creador de nuestra sustancia biológica obviamente sabría corregir su mal funcionamiento o incluso crear partes totalmente nuevas.

PPC Considera la escena en primera persona como si estuvieras allí. Describe tus pasos por la casa hasta la suegra, desde la casa hasta la multitud, luego recibiendo a los 5 primeros enfermos. ¿Qué hiciste y qué pasó? Nombra lo que podría haber estado enfermando a los cinco primeros y lo que sucedió cuando los tocaste.

Lucas 8:22-25. La tormenta es calmada.
1. Muchos de los discípulos eran pescadores de oficio en el mismo mar interior. Estaban familiarizados con los barcos, las tormentas y lo que podía ocurrir. Jesús durmió en paz durante una tormenta que tenía a los experimentados pescadores aterrorizados de perder la vida. Entonces, despertaron a Jesús.
2. Los vientos de una tormenta local serían como una violenta tormenta eléctrica. El rango de una borrasca probablemente habría crecido rápidamente. Con probabilidad, las olas superaban el borde del barco, por lo que la embarcación debió estar anegada. Las olas habrían cubierto la mayor parte del lago y probablemente alcanzaban 4 pies (un poco más de 1 m) en el lado de barlovento del lago.
3. Jesús hizo cesar la tormenta con una palabra. (Nota: la energía acumulada de una tormenta eléctrica promedio es aproximadamente la de una bomba nuclear de 20 kilotones. Las tormentas eléctricas suelen persistir durante horas; las columnas verticales de aire suelen estar a 15000 pies o 5000 m sobre el nivel del suelo). La tormenta cesó a la orden.

PPC La energía del agua almacenada en el Mar de Galilea, suponiendo olas de 2 a 4 pies, o 1 metro, (lo cual es muy conservador) habría tardado varias horas en disiparse en condiciones normales. Jesús ordenó la calma en un instante. Los discípulos respondieron con miedo y asombro. Nunca se había hecho algo así. Calcula la energía eliminada del agua y el tiempo transcurrido basándote en la descripción de la escena.

Juan 11:1-44 Lázaro resucitó de entre los muertos.
Observa el cuidadoso momento de las acciones de Jesús. Él ya sabía lo que iba a suceder. Las multitudes rodeaban a Jesús todo el tiempo durante esta parte de su ministerio terrenal, así que nada de esto era privado. Les explicó dos veces a los discípulos lo que pasaría en unos días. Ellos estaban demasiado preocupados por la probable amenaza a sus vidas, si regresaban a la zona de Jerusalén, como para haber entendido lo que Él decía.
La referencia a los 'cuatro días' en el versículo 17 es importante. La multitud se había reunido y la parte del luto que sigue a la muerte de una persona estaba muy avanzada. Fue un momento muy público cuando Jesús regresó con Sus discípulos. La conversación, y cada paso que daba Jesús, estaban a la vista tanto de la multitud que lo acompañaba como de la multitud de dolientes. La declaración de que Él era la resurrección y la vida era atrevidamente clara. Si lo que decía era cierto, la condición de vida o muerte estaba sujeta a Su mandato. De lo contrario, Él mintió.
Jesús, de lejos y con una voz fuerte, ordenó a Lázaro que saliera. Nadie se acercó al cuerpo. La piedra que cubría el lugar de la sepultura fue removida, pero nadie se habría atrevido a aventurarse al lugar del cuerpo. Todo el pueblo habrá escuchado la orden de Jesús. Lo que siguió debe haber provocado un *pandemónium* y gran conmoción, empezando por la más absoluta incredulidad. Cuando Jesús creó la vida en el principio, fue un proceso sobrenatural que no requería tiempo. Sólo el Creador de la vida podía tener el poder de resucitar a los muertos, que es exactamente lo que hizo.
El acontecimiento cambió tanto las cosas que llevó a los líderes religiosos a planear la muerte de Lázaro (Juan 12:10), así como la de Jesús.

PPC Describe, como si estuvieras en los 'zapatos de Dios,' el límite entre la vida y la muerte basándote en la información de esta escena.

Exhortación a Observar

En el libro de Hechos se registraron milagros. Y se han registrado a lo largo de la historia. Generalmente, la mayoría de la gente no los ve, pero el registro de la Escritura es abundantemente claro.

Los milagros son cosas que nunca ocurrirían por procesos naturales. Por lo tanto, los verdaderos milagros sólo pueden ser realizados por Dios. Él tiene el mando sobre todo en el universo. Cualquiera de los milagros que se registran son dignos de estudio. Los milagros generalmente tienen un resultado conocido, pero el contexto más amplio de un evento es este: Dios es Dios; Él es el Creador del universo; Él es el que creó en seis días todo lo que conocemos; Él juzgó a los hombres por su maldad e inundó el mundo; Él tocó a la suegra de Pedro; Él calmó la tormenta; Él ordenó a Lázaro que se levantara de entre los muertos. Él gobierna la Creación y lo que ocurre en ella.

Sobre esta base, te animamos a observar lo frágiles que somos. Observa la estrechez de la atmósfera que nos mantiene vivos. Observa los detalles y la complejidad de cualquier parte de Su Creación. ¿Cómo puede ser esto? La pregunta está hecha para que nos la formulemos. Dios dice que tiene la respuesta. Volvió a un mundo caído para darnos un mensaje específico: podemos volver a relacionarnos con Él si elegimos creer en Jesucristo. Lo demuestra cambiando a las personas, haciéndolas sanar, ordenando a los elementos que salven a los discípulos. Si lees cualquiera de los Evangelios, se registran muchos milagros similares para demostrar lo mismo: Jesucristo, el Mesías y Salvador, el Creador, es capaz de salvarnos de nuestros pecados.

¿Ves cómo este punto de vista de la Creación bíblica es muy diferente del punto de vista que afirma que el universo es el resultado de un proceso no dirigido y continúa sin dirección? El universo y las leyes, u ordenanzas, por las que se rige son por completo obra Suya. Como se ha dicho antes, Él quiere que descubramos los detalles. Él no desalienta la investigación o la ciencia operativa, sino que la invita. De hecho, no es una coincidencia que la ciencia moderna haya surgido en aquellas áreas del mundo afectadas por el énfasis de la Reforma en la Biblia. [Nota de investigación: ***the biblical roots of modern science***]

D. Asignación

Lee los planes de las lecciones 3 a 11 de la Unidad 3.

E. Actividad de Aprendizaje

Después de formar equipos, redacta una serie de instrucciones (no más de una página) como si estuvieras enseñando a los niños pequeños a observar. Quieres que vean e informen de lo que han observado durante la mitad de una jornada escolar en tu centro. Discute los resultados y compara los enfoques entre los equipos.

F. Resumen Final

Dios, el Creador, registra los acontecimientos milagrosos en la Biblia. Siguen ocurriendo. Dios, el que los realiza en ocasiones, no ha cambiado.

Lección 15 Preguntas de Examen

Resume el origen del universo y de la humanidad en una visión naturalista del mundo.

Resume los mismos orígenes en una cosmovisión bíblica.

¿Cuál es el mecanismo principal para que las cosas cambien y se desarrollen en la visión naturalista del mundo?

Explica las diferencias en la historia de las cosmovisiones naturalista/evolucionista y bíblica.

¿Por qué hay controversia entre estas cosmovisiones?

¿Cómo sabes que Dios fomenta la observación del mundo y del universo que nos rodea?

¿Cuál es el propósito de las estrellas y el espacio en una visión bíblica del mundo?

Explica el origen y la historia de los dinosaurios desde una cosmovisión bíblica.

Explica el origen de la mayoría de los fósiles desde una visión bíblica del mundo y desde una visión naturalista/evolutiva del mundo.

Explica los extraterrestres desde una cosmovisión bíblica y desde una cosmovisión naturalista.

Explica al hombre primitivo o cavernícola desde una cosmovisión bíblica y desde una cosmovisión naturalista.

Explica la historia del hombre desde una visión bíblica del mundo y desde una visión naturalista/evolutiva del mundo.

Explicar los milagros desde una visión bíblica del mundo. ¿Quién los hace y qué muestran?

Explica si lo sobrenatural o los milagros están permitidos en una cosmovisión naturalista.

Unidad 4 Parte 1 Comparaciones de la Perspectiva Bíblica y la Naturalista en Base a Temas Comunes

Resumen de la Parte 1 de la Unidad 4

La Parte 1 de la Unidad 4 compara las cosmovisiones naturalista y bíblica, ya que afectan a las asignaturas típicas de Historia, Estudios Sociales y Ciencias en la educación primaria y secundaria. Para ello se han revisado libros de texto de varios países. Dado que los niños ven los libros de texto y el entorno del aula como una autoridad y una verdad, se ven moldeados por lo que se enseña o se presenta en el texto o por el profesor. Si la cosmovisión que se asume es incorrecta, lo que se presenta puede ser incorrecto en cuanto a los orígenes. Aunque pueda parecer que los hechos no son discutibles, algunos hechos se interpretan y se ven afectados por la cosmovisión que se elija. Una cosmovisión diferente puede dar lugar a respuestas distintas. Sin embargo, al niño se le suele presentar una sola visión del mundo, que es el naturalismo. Esta parte del estudio resumirá cada cosmovisión, proporcionará una lección específica sobre la cuestión de la edad de la Tierra y abordará cómo la elección de la perspectiva del mundo afecta a las principales materias escolares. Las respuestas son muy diferentes si los orígenes están implicados en la materia.

Lección 1 Panorama de la Perspectiva Naturalista

A. Objetivo General de la Lección

- Comprender los presupuestos subyacentes a una cosmovisión naturalista y cómo afectan a la interpretación de la información.

B. Plan de la Lección

- En una visión naturalista no se permite ninguna deidad externa ni la noción de ningún dios.
- Todas las fuerzas y materiales que están hoy presentes en el universo se proyectan en el pasado. El presente es la clave del pasado, junto con el uso del 'tiempo profundo' para dar a las cosas una mejor oportunidad de desarrollarse.
- La ocurrencia del azar en el 'tiempo profundo' es el presupuesto y el mecanismo por el cual las leyes que operan y las cosas (vivas y no vivas) llegaron a ser como las vemos hoy. El aumento de la complejidad en cualquier esfera del universo tuvo que desarrollarse de forma natural a lo largo de un 'tiempo profundo,' incluida la transición, cuando se produjo, de la no vida a la vida.
- La edad del universo y la edad de la Tierra pertenecen al 'tiempo profundo' (billones de años), debido a la escasa probabilidad de desarrollo por azar o sin dirección. Este es el presupuesto subyacente para interpretar las fechas y utilizar los métodos de datación, que también requieren presupuestos de edad profunda.

C. Lección

No Hay Deidad Externa

En una visión estrictamente naturalista del mundo y del universo no existe la noción de una deidad, un dios o una fuerza inteligente. Por lo tanto, cualquier proceso desconocido o fuerza sospechosa que no pueda definirse con los procesos actualmente conocidos no se atribuirá a un dios o deidad. Dado que la vida extraterrestre es posible dentro de una visión naturalista, es aceptable que haya vida extraterrestre extremadamente avanzada que aporte fuerzas y acciones mucho más allá de nuestra comprensión, pero no se les califica como dioses o deidades, ya que supuestamente se desarrollaron a través de los mismos procesos naturales que dieron lugar a la humanidad.

El Presente es la Clave del Pasado

Las cosas que ocurren hoy —las leyes y procesos naturales tal y como se entienden actualmente— se proyectan en el 'tiempo profundo.' Las leyes que rigen el presente, tal y como las entendemos actualmente, también se proyectan al pasado o se utilizan para estimar la llegada de la aparición y la naturaleza de las cosas tal y como las vemos. Dado que la probabilidad de este desarrollo parece ser muy baja, se considera que el 'tiempo profundo' (billones de años) es un requisito fundamental para que el universo se desarrolle, y luego la vida se desarrolle en él. En cualquier caso, nuestra comprensión actual de los procesos se proyecta hacia el pasado.

La Función del Azar y la Ocurrencia Aleatoria

El azar, o la ocurrencia de cosas al azar, es el proceso activo por el cual se desarrolla cualquier cosa no viviente. Asimismo, es el proceso por el que se desarrolla la no-vida en algunos puntos y lugares del universo a lo largo del 'tiempo profundo.' En la historia del universo, los procesos naturalistas no dirigidos deben ser aleatorios por definición. Por tanto, la complejidad surge a través de las cosas inanimadas para llegar finalmente a algo que se considera elemental para la vida. Una vez que se ha producido la vida, la materia viva, independientemente de la forma que adopte, tiene la capacidad innata de producir una mayor complejidad si se le da el tiempo suficiente para ello.

El Principio de Uniformidad

La uniformidad, en términos geológicos, significa un cambio lento en el tiempo. En sentido estricto, el principio de uniformidad no es un principio, pero se utiliza como tal en términos prácticos, especialmente en relación con los procesos geológicos en la Tierra. Es extensivo al universo (por ejemplo: desarrollo de planetas y estrellas). Este principio se aplica en la Tierra a las capas de hielo cuando se investigan los núcleos de hielo de las regiones polares o los glaciares. Es una suposición de base que descarta cualquier proceso de deposición catastrófica de corto período o cualquier proceso de creación a corto plazo instigado por Dios en cualquier lugar.

La idea del uniformismo es que todo, incluidas las rocas, se produjo lenta y gradualmente durante largos periodos de tiempo por medio de procesos naturales (Dios o cualquier deidad no están considerados). Como resultado, este 'principio' define la interpretación de las capas de roca de una manera determinada, donde se cree que las capas individuales que se ven en los cañones u otras caras de la roca se han depositado durante largos períodos de tiempo (millones de años).

¿De dónde viene esto? La idea de las largas eras surgió inicialmente de la creencia de que los procesos que vemos hoy en día nunca han cambiado, ni tampoco sus ritmos medios. 'El presente es la clave del pasado' era su *lema*, y de ahí surgió la visión naturalista de la Tierra y el Universo. La idea fue desarrollada por Lyell, quien quería rechazar la visión bíblica del pasado que incluía un diluvio catastrófico que afectó a toda la Tierra. [Nota de investigación: **Lyell**.]

Se pensaba que los fósiles se habían formado a partir de procesos lentos y uniformes, lo que significa que no deberían encontrarse impresiones de tejidos blandos, pero se han encontrado (son relativamente comunes). Hoy en día, el concepto de millones de años para algunos procesos ha sido desbaratado por evidencias recientes, de modo que los geólogos naturalistas están dispuestos a aceptar que debe haber habido al menos algunas catástrofes; el registro geológico de catástrofes es demasiado claro y obvio. Sin embargo, esto no ha hecho que se vuelva a considerar seriamente la posibilidad de un diluvio universal. Los libros de texto de la enseñanza elemental y secundaria siguen siendo en gran medida los mismos. Y, lo que es más importante, el principio de uniformidad sigue siendo dominante en lo referente a la Tierra o al resto del universo.

Interpretación de la Información

Con el punto de vista naturalista, la interpretación está sometida a serias limitaciones en lo que concierne al tiempo. Los procesos rápidos en geología rara vez se tienen en cuenta, a menos que el ámbito se limite a un escenario local (no mundial). La arqueología, cuando implica el estudio de cuestiones de 'tiempo profundo' (como lo que se considera producto de la evolución) no suele tener en cuenta las interpretaciones de corto alcance (miles de años contra billones) que podrían dar los mismos resultados. Debido a que la visión naturalista es tan dominante, los procesos de menor alcance o más rápidos, o los eventos catastróficos (que son rápidos), son comúnmente desestimados en una consideración seria. Un ejemplo: cuando se encuentran fósiles de moluscos o medusas, no se suele considerar un proceso rápido a escala de la zona porque simplemente es demasiado corto en términos de tiempo.

D. Asignación

¿Cuántos años implica el concepto de viejo? Encuentra a dos personas de edades totalmente diferentes y dos libros (uno sobre la historia de Estados Unidos y otro sobre los primeros años de la historia de China). Respecto a las personas: pregúntales qué creen que es viejo. Para los libros: ¿qué interpretan o responden sobre lo que es la Historia Antigua? Con estas respuestas, define lo que significa viejo.

E. Actividad de Aprendizaje

PPC ¿Qué había al principio? Hay preguntas que surgen con la visión naturalista del mundo, ya que los procesos aleatorios son su base. Por lo tanto, vamos a pensar en lo que la persona naturalista podría decir cuando se hace la pregunta: '¿Qué había al principio?' Formulemos un par de respuestas que esa persona podría dar, y luego formulemos una pregunta más para cada respuesta que el naturalista dé.

PPC Parte de la visión naturalista del origen del universo es el 'Big Bang.' Se asume como un hecho cierto en la mayoría de las instituciones y libros escolares. ¿Es un hecho? ¿Por qué, o por qué no?

F. Resumen Final

La cosmovisión naturalista se basa en la creencia de que el universo (incluida la Tierra) se ha desarrollado por sí mismo a lo largo de un 'tiempo profundo' (billones de años) sin que haya ninguna deidad o Dios implicado. El principal mecanismo de cambio o desarrollo es el azar.

Lección 2 Panorama de la Perspectiva Bíblica

A. Objetivo General de la Lección

- Comprender los presupuestos subyacentes en una cosmovisión bíblica y cómo afectan a la interpretación de la información.

B. Plan de la Lección

- El Dios Eterno, el Chef Maestro, creó de la nada, con Sus palabras, el tiempo, el espacio, la materia y la energía; el registro de este comienzo y de Sus acciones posteriores se encuentra en el Génesis. La información fue proporcionada por Él a los escritores.
- El Registro de las acciones fue escrito en términos claros de tiempo, y afirma que la creación de la Tierra y el universo se llevó a cabo en el tiempo equivalente a seis días solares. El séptimo día es declarado santo, un día de descanso, ya que Dios también descansó de crear. Su Creación incluye las leyes y ordenanzas que vemos en funcionamiento hoy en día.
- Las genealogías se enumeran claramente en la Biblia, y permiten razonablemente estimar la edad de la Tierra en un poco más de 6000 años. El Diluvio del Génesis ocurrió hace unos 4500 años.
- Si bien la Creación era perfecta, el pecado del hombre y sus consecuencias llevaron a la entrada de la muerte, la enfermedad y la decadencia poco después del período creativo de Dios. El libre acceso del hombre al Creador, el Dador de la Vida, se rompió. El universo y la Tierra fueron sometidos a la decadencia.
- La única solución para la rota relación del hombre con Dios es Jesucristo, quien pagó el precio del pecado que comenzó con los primeros seres humanos. Aquellos que clamen a Él y caminen en consecuencia tendrán vida eterna.
- Él regresará al final de los tiempos, que, según el Registro, será pronto, para juzgar la Tierra y traer un final distinto al universo y a la Tierra que conocemos hoy. Los que no crean serán juzgados en consecuencia.
- Todo el asunto comienza y se enmarca en lo que ocurre al principio del Génesis.

C. Lección

Los dos primeros trimestres de este curso cubrieron en detalle la cosmovisión bíblica. Esta lección repasa los fundamentos para poder comparar las cosmovisiones bíblica y naturalista en futuras lecciones.

Como has visto en el resumen de la cosmovisión naturalista en la última lección, el fundamento de ese sistema de creencias elimina a Dios en todos los aspectos. En cambio, este sistema de creencias incluye a Dios en todos los aspectos. El cuerpo de evidencia para la cosmovisión bíblica es histórico y ha sido llevado a través de los siglos en el Registro, la Biblia. Resumamos los fundamentos:

1. El Dios eterno crea los cielos y la Tierra (todas las cosas) por medio de Su palabra. Habiéndolas creado de la nada, Él se aseguró de que el Registro (la Biblia) declarara para nuestro beneficio lo que Él hizo y cuándo lo hizo. Él es eterno, pero marca el comienzo del Registro con las

importantes palabras "En el principio." El tiempo, la materia y la energía continuos comprenden el comienzo de la semana de la Creación tal como se establece en Génesis 1.

2. La lectura simple del Génesis especifica que toda la Creación, incluyendo el tiempo, la materia y la energía del primer día, fue creada en un total de seis (6) días solares. El significado de 'día' es claro y se repite en **Éxodo 20:11**. Jesucristo también se refiere al período del 'principio' en el Nuevo Testamento. Dios hace referencia al séptimo día por Su acción de "descansar" después de la Creación, la cual declaró que era "buena" durante varios de los días individuales y "buena en gran manera" al final del sexto día. No había ningún defecto, ni maldad, ni muerte en Su Creación. Las ordenanzas de los cielos y la Tierra están en funcionamiento.

3. La profundidad y la complejidad de todo lo que hizo en los primeros cinco días y la primera parte del sexto día precedieron a Su último acto de creación, cuando crea al hombre, hecho a imagen de Dios. Le da al hombre mandatos y funciones. Se le da una restricción: no comer del fruto del árbol del conocimiento del bien y del mal. Dios le dice que si lo hace morirá. El hombre nombra a todas las clases de criaturas vivientes a medida que Dios se las presenta. No pudo encontrar ningún ayudante adecuado para él. Dios crea a la mujer y se la trae. Dios define su relación. La gran variedad de la Creación espera por ellos para reproducirse y cumplir los mandatos de Dios.

4. A medida que el Génesis continúa, la historia del hombre se registra en estas dos primeras personas y en las generaciones sucesivas. La historia ancla la existencia humana en vidas y circunstancias reales para que el lector entienda de dónde viene, qué acontecimientos significativos afectaron a la historia y cómo Dios supervisó esas generaciones y acontecimientos. Cuando se estudian las genealogías en la Biblia, incluyendo los listados en otros libros fuera del Génesis, la edad de la Tierra consiste en unos 6000 años y han pasado un poco más de 4500 años desde el Diluvio del Génesis.

5. Los acontecimientos entre las primeras personas, Adán y Eva, precipitaron la Caída del hombre del acceso irrestricto a la comunión con su Creador. El acontecimiento tiene repercusiones inmediatas declaradas por el perfecto y justo Creador. La Caída del Hombre, como se denomina, marca la entrada del pecado y de la muerte en los seres humanos. La Creación se vio afectada por el pronunciamiento de Dios. Las generaciones siguientes, nacidas del mismo linaje, se deterioraron rápidamente. Sin embargo, la supervisión de Dios no se detuvo y los acontecimientos revelaron Su mano obrando. Cuando el grado de violencia en el corazón de la humanidad llegó a un punto culminante, Dios anunció el juicio sobre todos los seres vivos, excepto Noé, su familia y las especies representativas de seres vivos. Dios inicia y orquesta el Diluvio del Génesis en todo el mundo para ejecutar Su juicio proclamado, pero mantiene a salvo en un arca a estas personas seleccionadas y a pares de tipos de seres vivos. El Diluvio reorganiza la topografía de la Tierra y marca permanentemente la Tierra con su evidencia. Algunas de esas pruebas están en el registro fósil. Las condiciones después del Diluvio son duras, con tierras nuevas y crudas y un clima inestable. El corazón de la humanidad, sin embargo, permanece inalterado y rebelde.

6. Después de algunas generaciones más, parte de la humanidad comienza a construir una torre hacia los cielos, resistiendo la orden de Dios de dispersarse y pretendiendo hacerse un nombre. Él observa su comportamiento y provoca una confusión lingüística. Las barreras lingüísticas impuestas sirven para dispersar a los pueblos restantes según los diferentes tipos de lengua. Todos estos acontecimientos cruciales en la historia de la humanidad, registrados en los primeros capítulos del Génesis, conducen a las puertas de la vida de Abraham.

7. La única solución a la tendencia del hombre al pecado es Jesucristo, el Salvador. Desde los escritos del Génesis en adelante, Él es anunciado de diversas maneras como la Solución a la separación de Dios del hombre, que comenzó poco después de la Creación en el Génesis. Así, lo

que ocurrió al principio se convierte en el contexto del Evangelio, la Buena Nueva, que es el Reino de Dios.
8. Dios va más allá en el registro bíblico al hablar de un futuro eterno para los que le invocan. Mientras tanto, como prometió el Creador, la Tierra perdura, pero no perdurará para siempre. Él promete un regreso, que la Biblia dice que será pronto y sin demora. Su venida se compara con el acontecimiento del inicio del Diluvio del Génesis: una sorpresa. La cuestión que los hombres tienen siempre ante sí es si aceptarán la solución del Creador a su condición pecaminosa, que comenzó con Adán y Eva poco después de la Creación. La Biblia dice que aquellos que lo invoquen y caminen en consecuencia estarán con Él para siempre. Cuando llegue el fin de la Tierra y del universo, Dios juzgará a todos los hombres. Aquellos que le hayan escuchado y respondido vivirán para siempre. El mal y la injusticia también serán tratados en forma definitiva.
9. Todo el asunto comienza y se enmarca con lo que ocurrió en las primeras partes del Génesis.

D. Asignación

La cosmovisión naturalista y la cosmovisión bíblica difieren dramáticamente en lo que respecta a la edad de la Tierra y la edad del universo. ¿Cómo crees que las diferencias afectan a la forma de ver las siguientes cuestiones?
1. El gobierno de los recursos que escasean en la Tierra.
2. La razón tras la búsqueda del descubrimiento del espacio exterior.

E. Actividad de Aprendizaje

PPC En una discusión de grupo,

1. ¿Cómo se establece una ley científica, como la Ley de la Gravedad? Explica el proceso desde la observación inicial hasta una ley escrita.
2. Propón tres tipos de leyes de una amplia gama de áreas.
3. Una vez enumeradas, considéralas como un conjunto de leyes y reflexiona: ¿en qué se diferencian de las funciones aleatorias o no dirigidas? ¿La aleatoriedad dará lugar a un conjunto definido de leyes de la acción física?

F. Resumen Final

La cosmovisión bíblica se define por los detalles históricos que ofrece la Biblia. Incluye cómo empezó la Tierra y el universo, cómo fueron estropeados por el pecado y cómo terminarán. La intención de Dios en la Creación es tener un pueblo que lo conozca, que decida invocarlo y caminar en consecuencia.

Lección 3 El Gran Problema de la Edad

A. Objetivo General de la Lección

- Entender cómo las diferentes cosmovisiones asumen líneas temporales totalmente diferentes, y cómo los métodos de datación juegan un papel en el proceso.

B. Plan de la Lección

- La cuestión de la "edad" de la Tierra y del hombre es radicalmente diferente para las dos cosmovisiones.
- Ninguna de las dos visiones del mundo puede ser 'probada' por la ciencia operacional porque nadie estuvo allí, pero forman una suposición de base a través de la cual se puede interpretar un conjunto común de pruebas.
- Los métodos de datación varían mucho en cuanto a su fiabilidad, y algunos son claramente poco fiables, pero se utilizan porque sugieren un 'tiempo profundo.' Otros métodos sugieren una edad mucho más corta de la Tierra y el universo.
- Los descubrimientos recientes, incluidos los tejidos blandos de los dinosaurios y los avances en genética, tienen mucho más sentido cuando se interpretan desde una cosmovisión donde la Tierra es joven. Sin embargo, la visión de millones de años para la Tierra y el universo, dentro de un 'tiempo profundo,' domina los libros y las instituciones.

C. Lección

Introducción

Las preguntas sobre la edad de la Tierra son frecuentes. La respuesta, como se ha dicho en lecciones anteriores, es totalmente diferente en las cosmovisiones, la naturalista y la bíblica. Aquí está la misma tabla de la Lección 1 de la Unidad 3, que resume las diferencias.

Línea del Tiempo

Cosmovisión	Universo	Tierra	Vida	¿Un final?
Naturalista	18 mil millones de años	4,5 mil millones de años	3,5-4 mil millones de años	Ninguno a la vista
Creación bíblica	Unos 6000 años	Día 1	Días 5-6	Sí, cuando Cristo regrese

Hay razones por las que la Tierra y el resto del universo deberían considerarse jóvenes, pero primero debemos revisar los presupuestos de las técnicas populares de datación. Se consideran popularmente como hechos científicos. De hecho (no es un juego de palabras), las técnicas de datación dependen de presuposiciones. Esas presuposiciones asumen una visión del universo que incluye el 'tiempo profundo,' por lo que generalmente no se considera posible un descubrimiento potencial de la Tierra joven. Pero, ¿hay alguna manera de comprobar las presuposiciones que conducen a una datación radiométrica que da respuestas de 'tiempo profundo'? La hay, y eso es lo que se ha hecho varias veces para comprobar la validez de las respuestas que provienen de las técnicas de datación radiométrica (incluyendo el carbono).

Técnicas de Datación y Presupuestos Utilizados

En primer lugar, hay que entender el 'reloj de carbono.' El carbono es una sustancia que se encuentra de forma natural en la Tierra y está presente en los seres vivos, pero determinados tipos radiométricos (o isótopos) de carbono comienzan a transformarse en otros tipos una vez que algo muere. Así, una proporción de tipos de carbono actúa como un reloj. Aquí es donde empiezan las presuposiciones, porque hay factores que afectan a la tasa de cambio de las proporciones de los tipos de carbono. El carbono es un elemento natural en la Tierra y está presente en los seres vivos, pero una forma radiactiva particular (o isótopo) del carbono, decae para convertirse en nitrógeno a un ritmo constante. Los seres vivos intercambian carbono con la atmósfera constantemente (las plantas lo eliminan, los animales y los humanos lo devuelven a la atmósfera), por lo que la proporción de este tipo radiactivo en comparación con el tipo normal de carbono en los seres vivos es la misma que en la atmósfera. Pero una vez que algo muere y deja de intercambiar carbono con la atmósfera, como la forma radiactiva desaparece lentamente y no se repone, la proporción se reduce cuanto más tiempo pasa. Por lo tanto, se puede utilizar como reloj, siempre y cuando la presuposición que se haga sobre lo que era al principio, es decir, cuando la criatura murió, sea correcta. Las presuposiciones (y su ajuste en el cálculo) son cruciales; sabemos que la revolución industrial, con su quema de combustibles fósiles, ha cambiado en gran medida la proporción, ya que ha añadido mucho carbono no radiactivo a la atmósfera. Pero el Diluvio (que enterró enormes cantidades de vegetación, incluida la que formó los combustibles fósiles) también habría alterado esa proporción en los primeros años posteriores, haciendo que las 'edades' de los objetos enterrados en esa época parezcan más 'antiguas.' Cuando la calibración se realiza con cuidado, las edades resultantes del análisis nos muestran una Tierra joven, incluso para objetos que supuestamente tienen millones de años, ¡y que por tanto ni siquiera se supone que tengan carbono radiactivo!

[Nota de investigación: **RATE** y *carbon dating*]

¿Qué hay de la comprobación de los números? Esto se ha hecho mediante la datación del material del nuevo flujo de lava del Monte Santa Helena y de otros flujos de lava recientes. Las fechas de los laboratorios eran del orden de millones de años, cuando la respuesta correcta era un par de décadas. ¿Ves el problema? ¿Qué fechas busca un científico? Si se utilizan presupuestos de 'tiempo profundo,' entonces generalmente se obtienen resultados de 'tiempo profundo.' El problema en las instituciones educativas es que los presupuestos que afectan a la datación, que están muy afectados por el sistema de creencias en el naturalismo, nunca se declaran. Independientemente de las técnicas de datación, hay muchas pruebas de que los métodos clásicos de datación no son precisos y no se puede confiar en ellos en la mayoría de los casos.

PPC Si las técnicas de datación muestran cifras muy variables, ¿cuál sería la razón por la que se siguen utilizando?

Otras Técnicas Prácticas de Datación Mediante Pruebas Físicas

Las técnicas de datación, incluso las físicas que se discutirán, no siempre son utilizables. No estábamos allí y no se conocían todas las condiciones. Sin embargo, hay indicadores de varias esferas que indican una Tierra muy joven, de acuerdo con la edad que debe tener según una visión bíblica del mundo.

El primero es la erosión continental. Se puede hacer la siguiente pregunta: ¿Crees que todas las montañas y zonas altas están sometidas a algún tipo de erosión? La respuesta, por supuesto, es 'sí.' Entonces, ¿cuál es la tasa de erosión? ¿1 o 2 mm al año? ¿10-30 mm al año? ¿Puede hacerse un cálculo razonable? A continuación, calcula el tiempo necesario para que la montaña se erosione hasta convertirse en una pequeña colina. La respuesta es siempre del orden de unos pocos millones de años, pero muchas montañas actuales siguen siendo altas y escarpadas. ¿Qué ha ocurrido? Hay muy poca erosión porque las montañas son recientes. ¡La Tierra es joven!

¿Qué pasa con el contenido de sal de los océanos, que está subiendo debido a las sales naturales de los continentes que llegan al mar? Si esto ocurre desde hace miles de millones de años, los mares no estarían como hoy, ya que su contenido de sal es todavía muy modesto.

El campo magnético de la Tierra está decayendo rápidamente. El ritmo indica, cuando se estima un estado original, que la Tierra tiene menos de 10000 años. El Gran Diluvio, que ha dejado indicadores de que pueden haberse producido rápidos retrocesos, habría acelerado aún más el ritmo de descomposición.

El registro fósil es uno de los mejores indicadores de una Tierra joven, y es lo que supuestamente ayuda a imaginar el 'tiempo profundo.' En un escenario de 'tiempo profundo,' cada capa de roca se equipara a un largo período. Sin embargo, si se depositó a partir de una inundación, no hay ningún período largo. La erupción volcánica del Monte Santa Helena, por ejemplo, muestra que cientos de capas de roca se depositaron en horas.

Además, no hay evidencia de erosión entre las capas de roca sedimentaria, lo que sería un indicador obvio de largos períodos de tiempo entre las capas. Las capas que contienen fósiles agravan aún más el problema de asumir largos periodos de tiempo. Muestran moluscos, peces, medusas y otros seres vivos de tejido blando rápidamente enterrados, todo ello antes de cualquier depredación, putrefacción y deterioro. Teniendo esto en cuenta, las edades largas simplemente no son posibles. Hay fósiles de animales marinos dando a luz y animales con contenidos estomacales identificables. Si juntamos estas cosas, tenemos la evidencia del Diluvio del Génesis junto con sus diversos efectos.

En la década de 1990, hubo un descubrimiento de tejido de dinosaurio que no está completamente fosilizado (cubierto en la Unidad 3, Lección 12). Hay informes de la consternación de los científicos con respecto a cómo esto podría ocurrir en vista de las supuestas edades de 'tiempo profundo' de la Tierra. Estos descubrimientos cuestionan los conceptos de 'tiempo profundo.'

A este problema hay que añadir los recientes descubrimientos en genética, en los que es evidente que la raza humana arrastra mutaciones de generaciones anteriores. Si se parte de una larga edad de la historia humana, las mutaciones acumuladas deberían haber provocado la desaparición de la raza humana hace mucho tiempo. En cambio, 'parecemos' jóvenes, con una historia recientemente registrada. Un pasado de 'tiempo profundo' es cada vez más difícil de defender.

Por desgracia, a la mayoría de los niños sólo se les presentan los conceptos de 'tiempo profundo,' el Big Bang y los puntos de vista naturalistas. Los nuevos descubrimientos, y hay muchos como los resumidos anteriormente, no llegan a los libros en las aulas.

[Nota de investigación: ***dinosaur soft tissue***]

PPC Hay un registro de una conversación, donde un profesional, que presentó el primer documento oficial sobre el descubrimiento de medusas fosilizadas, se encuentra con la incredulidad de sus colegas. Los colegas simplemente no podían creer que fuera posible, incluso ante la evidencia de lo contrario. Evalúa la razón de la incredulidad. Explica tu respuesta.

[Nota de investigación: ***fossilized jellyfish***]

¿Qué Edad Tiene la Tierra?

Ninguno de estos ejemplos es suficiente para construir un método estricto de datación de las cosas, salvo en los términos más generales, pero muestran la viabilidad de una Tierra joven. Por el contrario, las técnicas tradicionales de datación radiométrica sencillamente descartan la consideración de una Tierra joven debido a los presupuestos de 'tiempo profundo.'

La forma en que vemos las cosas, en consecuencia, se ve fuertemente afectada por la visión del mundo que tengamos. La mayoría 've' millones de años porque eso es lo que se ha enseñado y asumido durante el último siglo. Sin embargo, la Tierra es joven desde el punto de vista bíblico, en el que las generaciones registradas son precisas, y cada vez hay más pruebas que apoyan este punto de vista. En el punto de vista bíblico Dios marca un comienzo, y la mano de Dios en el Diluvio se ve claramente. Entonces, ¿cuál es la edad real de la Tierra? Miles de años hacen que la Tierra sea vieja, pero joven en relación con el punto de vista naturalista del 'tiempo profundo,' donde no se permite la presencia de Dios.

D. Asignación

Dime, si fueras el director del departamento de Historia de una gran universidad, ¿qué debería incluir un curso de Historia Universal? Construye las principales secciones de un índice que muestre lo que has pensado. ¿Los orígenes juegan un papel importante? ¿Por qué sí o por qué no? Justifica tu respuesta.

E. Actividad de Aprendizaje

La visión bíblica del mundo reconoce que Dios hizo el tiempo y el espacio, pero que Él es eterno. El tiempo y la eternidad son diferentes, pero es difícil de imaginar o pensar. Divídanse en equipos opuestos. Hagan una representación que muestre o ilustre a un grupo de niños pequeños cómo el tiempo y la eternidad son diferentes. Discutan y comparen sus presentaciones.

F. Resumen Final

Los métodos tradicionales de datación se basan a menudo en presuposiciones que requieren cálculos de 'tiempo profundo.' Sin embargo, hay otros métodos de datación que muestran una Tierra joven. La cosmovisión bíblica registra una Tierra joven (miles, no billones, de años).

Lección 4 Comparación de las Cosmovisiones Según la Historia del Mundo

A. Objetivo General de la Lección

- Comprender una cosmovisión bíblica en contraste con una cosmovisión naturalista para la historia del mundo.

B. Plan de la Lección

- La visión naturalista del mundo afirma que el desarrollo del hombre es muy reciente en una escala temporal de billones de años y una edad de la Tierra de unos 4500 millones de años.
- En la mayoría de los libros seculares, la *prehistoria*, o historia prehistórica, suele comenzar con comentarios sobre el hombre primitivo como subhumano, que desarrolla lentamente herramientas rudimentarias, utiliza el fuego y finalmente evoluciona hacia el hombre moderno, todo ello en la última parte de la historia de la Tierra. Desde una perspectiva naturalista, el origen de la humanidad en su forma más temprana provino de otro tipo de vida 'más simple,' anterior en la historia de la Tierra.
- La cosmovisión bíblica afirma a partir del Registro que el hombre fue creado con inteligencia y plena capacidad de lenguaje para nombrar a los animales, comunicarse y hablar con Dios, y con capacidades cognitivas demostradas en varias tecnologías de las primeras generaciones.
- La perspectiva bíblica del hombre es que fue hecho deliberadamente a imagen de Dios y sin error, pero su posición de relación con Dios cambió cuando pecó. El linaje de ese pecado y sus efectos continúan. La situación no tiene remedio, excepto a través del Hijo de Dios, Jesucristo. La Historia, por lo tanto, trata de los caminos del hombre, donde la mayoría de las personas y las naciones ignoran a su Creador. Unos pocos se acercan y lo encuentran.

C. Lección

Definición

PPC Utilizando las respuestas desarrolladas en la asignación, ¿cuál es una buena definición de Historia Universal? ¿Debería incluir el tema de los orígenes? ¿Por qué? De ser así, ¿cómo lo harías? En un debate guiado por el profesor, responde a las preguntas antes de continuar con la lección.

Visión Naturalista o Evolutiva con Comentario

El tiempo de desarrollo del hombre reciente es bastante estándar en los textos, y suele darse en términos de millones de años cerca del final de la línea temporal para el desarrollo de la Tierra (del que normalmente se dice que ha tomado 4500 millones de años). Las explicaciones históricas suelen comenzar con un tratamiento del hombre prehistórico. El 'hombre primitivo' suele dibujarse con rasgos simiescos. En la mayoría de los casos, se presenta una serie de imágenes que muestran la interpretación de un artista del proceso evolutivo desde el simio hasta el hombre moderno. Los libros tienen autoridad, sobre todo para los jóvenes estudiantes, por lo que tales diagramas suelen interpretarse como verdaderos y factuales.

¿Qué ocurre con los ejemplos de restos humanos que supuestamente demuestran la 'evolución humana'? Muchos han sido sometidos a un considerable trabajo artístico para rellenar las incógnitas. Algunos siguen figurando en los libros de texto, pero hace tiempo que fueron desacreditados. Muchos son, de hecho, humanos (el llamado *Homo erectus*, por ejemplo, y los neandertales, descendientes de Adán después del Diluvio). Están dentro del rango de variación de la humanidad. La mayoría, sin embargo, son simplemente parte del tipo australopiteco extinto (por ejemplo, la supuesta mujer-simio 'Lucy'), que han demostrado los expertos evolucionistas que tienen una anatomía única que no es ni simia ni humana, pero definitivamente no está entre las dos. [Nota de investigación: ***multivariate analysis***] Sin embargo, la mayoría de los textos de historia del mundo no cambian: siguen ilustrando o explicando al 'hombre primitivo' si el libro trata del hombre prehistórico. La conclusión para la historia es que descendemos de algo menos que el hombre, y casi todos los libros de historia mundial lo mencionan de una forma u otra. Un tema popular es el de los 'habitantes de las cavernas.' La Lección 13 de la Unidad 3 explica los temas desde una cosmovisión bíblica, pero la mayoría de los libros de historia secular mantienen que algún tipo de hombre primitivo vivía en cuevas y que sus capacidades eran rudimentarias, en el mejor de los casos. La imagen que se dibuja está en consonancia con una visión evolutiva del desarrollo del hombre primitivo.

La mayoría de los textos hablan brevemente del desarrollo de las lenguas como parte fundamental de la historia primitiva. A menudo señalan los primeros ejemplos conocidos de lenguaje, pero las lenguas antiguas no son nada simples. Además, existen varias familias lingüísticas distintas. Todas ellas muestran un nivel de sofisticación. (El origen del lenguaje es importante por ser fundamental para el desarrollo de la tecnología, especialmente porque ésta se transmite de una generación a otra).

Tras un tratamiento del hombre 'prehistórico' o 'primitivo,' los libros de historia suelen explicar que las tecnologías se desarrollaron a medida que evolucionaba una mayor inteligencia. Sin embargo, esto se debe a un malentendido. Los antiguos eran muy inteligentes, como demuestran las investigaciones arqueológicas. Se pueden encontrar trabajos avanzados de metales, diseños de barcos, instrumentos musicales e ingeniería civil. Los ejemplos muestran un gran ingenio. El desarrollo de la tecnología moderna en los últimos siglos no implica que un grupo de personas se vuelva más inteligente. Sin embargo, sí demuestra que es necesario innovar para <u>añadir a los descubrimientos anteriores</u> y obtener los desarrollos técnicos modernos que vemos. Casi todo lo que se hace hoy en día se basa en algo ya existente. Es un hecho interesante que el aumento de los avances técnicos se produjera en Europa después de que la Biblia estuviera ampliamente disponible para el hombre común. La ciencia explotó en Europa occidental también en esa época.

Los primeros pueblos de la historia se explican a menudo en términos de regiones. Al tratar al hombre prehistórico desde un punto de vista evolutivo, se asume que el hombre habría evolucionado en casi cualquier lugar de la Tierra, y no necesariamente al mismo ritmo o con el mismo tipo de desarrollo en cada lugar. De ello se deduce que algunos grupos podrían evolucionar más eficazmente que otros. Este tipo de pensamiento peligroso se ha atenuado en la mayoría de los libros, pero se mantienen las raíces del pensamiento evolutivo, que lógicamente apuntan a que algunos pueblos son más avanzados que otros debido a las diferencias en su historia temprana. Las nociones de esto continúan, ya que los pueblos nativos de muchas regiones son considerados menos capaces que los que vinieron después, o ciertos grupos se ven a sí mismos como más capaces que otros. Es la base del pensamiento racista. La historia del hombre atestigua cómo los efectos persuasivos del pensamiento evolutivo pueden hacer que las ideas racistas se vuelvan dominantes durante un período, como el surgimiento de la Alemania nazi, donde ciertas razas de personas eran consideradas indeseables o menos dignas que otro grupo. Los efectos históricos de la visión evolutiva del mundo, llevados a sus conclusiones lógicas, hacen que la gente se sienta muy incómoda, y debería hacerlo. Muchos genocidios tienen su origen en el mismo tipo de pensamiento.

Los textos de Historia Moderna, en muchos casos, pintan una imagen de la supuesta bondad del hombre. El problema, sin embargo, es que las raíces naturalistas permanecen inalteradas. Se puede ver en la forma de las 'esperanzadoras' referencias al gobierno mundial de la historia reciente, donde los esfuerzos modernos para 'asociar' a las naciones, o a grupos de naciones, hacia objetivos comunes reciben una proyección muy positiva. Pero la proyección no incluye la comprensión bíblica de que parecemos persistentemente incapaces de hacer que eso suceda. Algo en nosotros es defectuoso desde el principio. Por lo tanto, los conceptos históricos populares tienen un presupuesto de tipo evolutivo: deberíamos mejorar. La historia enseña lo contrario. El racismo sigue vivo. La esclavitud ha adoptado diferentes formas, pero sigue existiendo. Grupos de personas siguen guerreando contra otros grupos de personas. Las migraciones masivas siguen afectando gravemente a las regiones, ya que las condiciones son tan malas que las ciudades y las regiones deben ser abandonadas. La imagen de la historia para los jóvenes, sin una referencia sólida a nuestro verdadero y abismal historial, está sesgada con un ideal evolucionista: vamos mejorando a medida que avanzan las generaciones.

La Cosmovisión Bíblica de la Creación con Comentarios

Los comentarios que siguen aplican la cosmovisión bíblica de la Creación a varios temas de historia.
1. Generaciones y Edad. Usando una lista directa de generaciones de **Génesis 5** y **10** para el período inicial, así como referencias de tiempo para el momento en que ocurrieron los eventos, y listas de generaciones en libros posteriores, la Tierra tiene aproximadamente 6000 años. El Diluvio ocurrió 1656 años después de la semana de la Creación, con un pequeño margen de error. Los artefactos, a menudo asignados al hombre prehistórico, podrían interpretarse como procedentes de la época anterior al Diluvio del Génesis o de la época posterior al Diluvio, dependiendo de dónde se encuentren. El resultado del Diluvio decretado por Dios (la erradicación completa de todas las criaturas terrestres y de las personas, excepto las que estaban en el arca) aseguró que no quedaran muchos restos anteriores al Diluvio. Dado que tales hallazgos harían referencia a un Diluvio mundial ordenado por Dios, no se considerarían posibles o aceptables en un esquema evolutivo. Si se encontrara un *artefacto* relacionado con el ser humano entre los fósiles de dinosaurios, por ejemplo, se consideraría un 'error,' o una contaminación, porque no se supone que el hombre y esas criaturas prehistóricas existieran al mismo tiempo. Es seguro decir que algunos trabajos *arqueológicos* del mundo antiguo o del hombre 'primitivo' arrojarían conclusiones totalmente diferentes si el proyecto de investigación considerara un contexto de Creación bíblica y pudiera rehacerse en sitios prístinos. [Nota de investigación: *Where are all the human fossils?*]
2. Tamaño de la Población. Como mencionamos anteriormente, la población que vemos hoy en día tiene el tamaño adecuado si se utiliza una cifra conservadora de crecimiento de la población desde la época del Diluvio. A las pocas décadas del Diluvio, la tasa de población habría sido alta (de acuerdo con el mandato de Dios y el registro de **Génesis 9:1** y **Génesis 10**), pero parece haber disminuido a partir de entonces. Las tasas de natalidad de la *Edad Media* fueron muy bajas. Algunos otros períodos de la historia tuvieron tasas de crecimiento más altas. La elección de un valor general razonable da como resultado el número de personas que vemos hoy en día (7000 millones más o menos) si se utiliza la familia de Noé como punto de partida. Si se utiliza el mismo valor para un periodo de tiempo evolutivo, la población debería ser mucho mayor de lo que el planeta podría albergar. Si las tasas de crecimiento fueran casi nulas durante miles de

años en un marco temporal evolutivo, todavía tendríamos pruebas de enterramientos a lo largo del tiempo en las supuestas largas edades de la historia con condiciones uniformes (sin que se permitiera una catástrofe de inundación mundial). Este no es el caso. [Nota de investigación: ***where are all the people?***]

3. Condiciones Posteriores al Diluvio. Los efectos del Diluvio, seguidos por la dispersión de los grupos en la Torre de Babel, son raramente considerados con respecto a la evidencia histórica de la historia temprana post-Diluvio, cuando se produjo una dispersión de grupos de personas con lenguas poco comunes. Las condiciones tras el Diluvio (Lección 12) fueron muy inestables durante cientos de años; las nuevas masas de tierra estaban todavía afectadas por el cambio. Había puentes terrestres cambiantes y una nueva topografía en bruto. El vulcanismo residual y la gran Era de Hielo en ciertas latitudes crearon condiciones peligrosas. El agua seguía siendo una fuerza dominante en las regiones. En grandes áreas se formaron capas de hielo (la única Era de Hielo, la secuela del Diluvio) que luego se derritieron. El derretimiento del hielo provocó grandes catástrofes regionales de inundación, de las cuales tenemos pruebas. Los flujos de agua residuales eran considerables en muchas zonas continentales. Los cambios climáticos dificultaban el desplazamiento de las personas y el desarrollo de los territorios. En estas condiciones, las cuevas proporcionaban un hogar protector. Sin embargo, no habrán sido permanentes debido a los cambios en las temperaturas locales, las fuentes de alimentos y la seguridad. Se han redescubierto algunas de estas cuevas de protección natural. Muestran diferentes niveles de sofisticación debido a la naturaleza temporal de su uso.

4. Los Habitantes de las Cavernas. Algunos grupos de personas, que se dispersaron en Babel, no habrían llevado consigo todos los conocimientos de su cultura anterior al Diluvio. Se sabe que las poblaciones pequeñas que migran rápidamente en condiciones severas de viaje 'pierden' muy fácilmente la tecnología. Las condiciones climáticas cambiantes, las enfermedades y las penurias son razones plausibles por las que el análisis de muchos emplazamientos de cuevas muestra que fueron abandonados sin razón aparente. Esos lugares eran una buena protección cuando se necesitaban, pero las condiciones cambiantes suponían estancias de corta duración (unas pocas décadas) en las que las herramientas y otras habilidades técnicas seguían siendo *rudimentarias*. Si se disponía de más tiempo, las tecnologías podían volver a desarrollarse. Por el contrario, las pinturas de algunos yacimientos suelen mostrar una gran sofisticación, mostrando un trabajo con materiales que demuestra una considerable sabiduría. Los habitantes tuvieron más tiempo para dejar su huella y pruebas de sofisticación. Estas condiciones variables son exactamente lo que cabría esperar para varios cientos de años después del Diluvio.

5. 'Especies' a Través de los Tiempos. Dios repite el principio de las 'especies' (**Génesis 1:12, 21, 24-25**) con respecto a la vegetación y los seres vivos. Todo se reproduce según su especie, lo que hoy llamamos género. No hay eslabones de formas de vida intermedias entre los géneros que se muestran en el registro fósil. Las rocas sedimentarias que contienen fósiles son una prueba del Diluvio, y muchos de estos 'fósiles' tienen representantes vivos en la actualidad. Las personas siguen produciendo personas (**Génesis 1:27-28**). Los simios producen simios. Los géneros son un poco más amplios que nuestro sistema de clasificación: los perros, por ejemplo, proceden de un género común que incluye a los lobos y animales similares. Sin embargo, la reproducción se mantiene dentro del 'género.' Los animales terrestres no se convierten en peces. Los leones y los tigres (que pueden cruzarse y tener descendencia, a pesar de ser especies diferentes) descienden claramente del mismo ancestro, pero no de un ancestro en común con un oso, un caballo o un canguro. La especiación dentro de un género es ciertamente posible y común, pero el cruce de género no se producirá de forma natural, porque Dios diseñó las cosas así. Y, sobre todo, el hombre es un objeto especial de la Creación de Dios y con la

impronta de Su imagen. Ninguna otra cosa tiene esta característica, en cualquier parte del universo.
6. Las Lenguas. La intervención milagrosa de Dios en el suceso de la Torre de Babel, donde se hablaba una sola lengua, dio origen instantáneo a muchas lenguas (**Génesis 11:1, 6-8**). Los expertos en idiomas señalan hoy en día unas cuantas docenas de familias de lenguajes; los muchos idiomas dentro de cada familia se han desarrollado todos a partir de uno de los idiomas madre creados en Babel. Esto tiene sentido. Cuando los grupos se separaron en Babel y siguieron separándose entre sí, lenguas que antes eran iguales se diferenciaron rápidamente. En Papúa Nueva Guinea, por ejemplo, donde los pueblos están separados por muchas cordilleras, se han desarrollado más de 600 lenguas distintas en una nación de tamaño modesto. Así, cientos de lenguas dentro de cada familia muestran claros signos de estar relacionadas, pero no se relacionan con lenguas de otras familias que proceden de una lengua madre diferente. Consideremos también la sofisticación de la primera lengua de Adán en **Génesis 2:19-20**. Estaba completo en el momento de su creación; nombró a los animales; se comunicó con Dios al principio, luego con su mujer y después con sus descendientes. No hay un desarrollo gradual de esta lengua original; fue creada. [Nota de investigación: ***towering change***, también ***how did all the different races arise?***]
7. Historia Temprana Después del Período Post-Diluvio. En términos históricos, el tiempo después de Babel es el nacimiento de las culturas antiguas en todos los continentes post-diluvianos. Es interesante descubrir que culturas lejanas y aparentemente no relacionadas entre sí tienen historias de inundaciones en su pasado. [Nota de investigación: ***historical references to the Flood***]. Los detalles de la historia, por desgracia, faltan en la mayoría de las regiones fuera del 'mundo' de los Patriarcas, debido a la dureza de esos siglos, la desaparición de los puentes terrestres y la dificultad de registrar la historia en los primeros y más difíciles de esos tiempos. La excepción más notable, por supuesto, es la del pueblo elegido por Dios, al que se le encomendó la función de registrar la historia de Abraham y de las generaciones sucesivas que condujeron al nacimiento de Jesucristo. No es de extrañar, pues, que la Biblia, con el paso del tiempo, haya demostrado ser un documento histórico tan fiable. Independientemente de la terrible condición del alma humana, que el Antiguo Testamento muestra repetidamente, la importante historia que conduce a Cristo se conserva a través del Registro.
8. La Historia Desde Cristo. La historia moderna, por lo tanto, en una cosmovisión bíblica, es predominantemente el registro de la continua necesidad del Salvador y la persistente condición 'perdida' de la raza humana. Aunque se encuentran personas notables y excepcionales, y algunas naciones se levantan para impedir que sucedan diversas cosas malas, lo contrario es igualmente cierto. La raza humana, en un sentido histórico, no mejora por sí misma. El valor de la historia es que ilustra esto repetidamente. Allí donde el cristianismo ha influido en los pueblos y naciones, se pueden encontrar efectos históricos generalmente más positivos. Sin embargo, rara vez se mencionan estos efectos históricos en los libros de historia seculares.

D. Asignación

Define lo que crees que es una buena definición de Estudios Sociales. Si piensas desde una visión bíblica del mundo, ¿cuál sería tu base fundamental para entender el comportamiento humano? Elige dos o tres versículos bíblicos que apoyen tu definición.

E. Actividad de Aprendizaje

Divídanse en equipos. Cada equipo revisa 3 libros de historia secular del mundo o de la historia antigua. Resume lo que dice cada uno de ellos sobre el hombre primitivo o prehistórico. Presenta las conclusiones en un resumen rápido y compara los resultados entre los equipos.

PPC ¿Tratan estos libros el origen del hombre? Si es así, ¿qué afirman sobre sus inicios? ¿Qué visión del mundo se presenta? ¿Cuál sería el valor de presentar tanto la visión del mundo bíblica como la naturalista? Discute en grupo.

F. Resumen Final

La historia de la raza humana, desde una cosmovisión bíblica, muestra la necesidad de una relación con el Creador. Una visión secular de la historia significa que la historia del hombre se basa en su evolución a partir de algo menos que un hombre, y no tiene relación con ningún tipo de deidad.

Lección 5 Comparación de las Cosmovisiones Según los Estudios Sociales

A. Objetivo General de la Lección

- Comprender las diferencias entre la visión bíblica y la naturalista del comportamiento social de los grupos humanos y las culturas.

B. Plan de la Lección

- La cosmovisión naturalista (en su forma pura) no tiene lugar para la moral. En cierto sentido, está en bancarrota moral, ya que los elementos del comportamiento bueno o malo pueden cambiar con el tiempo sin ningún fundamento concreto, salvo el de alcanzar normas culturales o históricas que están fuera de su definición.
- El comportamiento social, y los libros de texto relacionados con los estudios sociales en la mayoría de los sistemas educativos, por lo tanto, se apoyan en la fuerza de las normas culturales y (muy raramente) en un concepto indefinido de la religión para llenar la falta de normas de comportamiento centradas en la religión. Así, se desarrollan normas locales o generalmente aceptadas para el buen o mal comportamiento social, pero pueden cambiar con el tiempo. Recientemente, por ejemplo, en varios países la base de las relaciones ha pasado a ser cualquier cosa aceptable o placentera, independientemente de la elección de género o de la edad. Muchos medios de comunicación están acelerando los cambios. En estas mismas regiones, las opiniones cristianas suelen ser marginadas. Los cambios se ven en los libros de texto para niños.
- La visión bíblica de los estudios sociales comienza con definiciones específicas de la relación entre un esposo y una esposa, pero va más allá para especificar lo que es un comportamiento aceptable o inaceptable entre individuos, grupos de personas y naciones. En todos los casos, sin embargo, la norma proviene de Dios —no de las normas culturales o de las personas, que a menudo cambian con el tiempo. Se dan ejemplos a lo largo de la Biblia.
- El punto de vista bíblico también reconoce claramente que la humanidad está envenenada con el pecado, por lo que el comportamiento de las personas y las naciones es a menudo inestable y destructivo. La Biblia ofrece muchos ejemplos. Dios especifica un remedio para la naturaleza pecaminosa de la humanidad, pero no se trata de proponerse hacer algo mejor como persona, grupo o nación. Más bien, el remedio es la confianza y la fe en Dios, que se dio a Sí mismo por nosotros, pagó por nuestro pecado, y abre un camino para que el comportamiento social adecuado se desarrolle individualmente a medida que la persona confía en Él. Esta confianza a lo largo del tiempo produce cambios en la persona, que pueden afectar a un grupo o a una nación si muchas personas están involucradas o afectadas por este proceso.
- La perspectiva bíblica para los estudios sociales es raramente tratada en los libros o en las instituciones, y en algunas naciones está siendo irrespetada o proscrita.

C. Lección

Visión Naturalista o Evolucionista con Comentario

La visión naturalista del mundo (en su forma pura) no tiene lugar para la moral. El desarrollo del universo, luego de la Tierra y finalmente de la vida, no tiene un supervisor o diseñador. No hay un propósito para su comienzo o su progreso a través del tiempo. Es amoral, o sin contenido moral. En cierto sentido, el naturalismo está en bancarrota moral, ya que los elementos del comportamiento bueno o malo del hombre sólo tienen sentido si el objetivo es avanzar, o estar en la cima de la evolución. Sin embargo, la mayoría de los adultos consideran que esto es insostenible para los niños. Después de todo, la mayoría de la gente quiere impartir algún sentido de buen o mal comportamiento para que la conducta de los individuos, los grupos de personas e incluso las naciones enteras sea civilizada. Pero, ¿qué queda si Dios o cualquier tipo de deidad se elimina de la consideración en la mayoría de las naciones (especialmente en los sistemas educativos para niños)? Las normas culturales e históricas cobran cada vez más importancia. Como resultado, hay más cursos que nunca diseñados para revitalizar los valores morales que han sido debilitados por una visión del mundo que elimina a Dios.

Sin embargo, hay un problema con las normas culturales o históricas, porque no siempre son buenas y pueden cambiar con el tiempo. El comportamiento social y los libros de texto relacionados con los estudios sociales en la mayoría de los sistemas educativos se guían por esas normas. Puede mencionarse un concepto indefinido de religión, pero la tendencia es eliminar esta influencia en la mayoría de los lugares. Al fin y al cabo, la visión evolutiva del mundo, tan arraigada en otras asignaturas, no permite considerar ninguna forma de deidad.

Hay otra tendencia que está teniendo lugar y que afecta aún más al comportamiento moral. Los países influyentes, que suelen ser ricos y producen la mayoría de los materiales educativos, también están produciendo la mayoría de los medios de comunicación que proliferan en todo el mundo. En estas naciones, como Estados Unidos, el material centrado en el placer se comercializa y exhibe en gran medida. En algunos de esos mismos países, las relaciones aceptables incluyen cualquier cosa placentera, independientemente de la elección de género o de la edad. Los medios de comunicación de fácil acceso están acelerando los cambios en todo el mundo. En países influyentes, las opiniones o normas cristianas suelen quedar marginadas por la gran magnitud del impacto mediático. Esto suele ir acompañado de cambios legales para aceptar relaciones distintas a la de marido y mujer. Los libros de texto relacionados con los estudios sociales reflejan con mayor frecuencia los mismos cambios de opinión, y los niños pequeños son educados en consecuencia. Así pues, una gran parte del sentido de lo que es aceptable para el comportamiento individual y las relaciones está cambiando, y el cambio se está produciendo rápidamente. Las normas culturales, al no ser estáticas, están cambiando con las tendencias.

Entonces, ¿cuál es el resultado general de los típicos libros de texto para niños en la educación secular de escuelas primarias y secundarias? La composición de la familia se está definiendo en términos menos claros (puede no tratarse de un marido y una mujer) y la orientación moral de lo bueno y lo malo es mucho menos clara. En las sociedades que ya adoptan plenamente las visiones naturalistas y evolucionistas del mundo, en las que la moral basada en las normas bíblicas tiene poca influencia, cada vez hay menos objeciones a esta tendencia.

Los medios de comunicación (especialmente la comunicación móvil) están acelerando los cambios. Así, los efectos más amplios y generales del pensamiento evolucionista o naturalista están proliferando rápidamente, saltando fronteras y regiones en una generación. Los cambios culturales se aceleran. El comportamiento social sigue el mismo camino. Los libros de texto para los jóvenes están captando los cambios.

El resultado neto en los libros de texto de estudios sociales para niños de todo el mundo, es una mezcla de normas de comportamiento no religiosas y generalmente aceptadas, basadas en normas culturales que cambian rápidamente. Esas normas son impulsadas por los mayores productores tanto de medios de comunicación como de libros de texto, que presionan para que se acepten las relaciones no tradicionales, incluso en los países tradicionalmente conservadores.

Las nuevas generaciones de adultos se comportan cada vez más de forma muy diferente a las anteriores, y cada vez más en contraste con las normas bíblicas. Sin embargo, una visión evolutiva del hombre no proporciona ninguna base para objetar el comportamiento amoral porque, por definición, no tiene ninguna autoridad o norma moral absoluta.

PPC Digamos que un país tiene un cuerpo legislativo de políticos. En el pasado, casi todos ellos estaban casados y tenían hijos. Una generación después, la mitad de ellos está casada y la otra mitad vive con alguien (sin relación legal). Una parte de los que no tienen relación legal se han unido a personas del mismo sexo. ¿Qué efectos crees que tendrá esto en la elaboración de leyes?

Visión Bíblica con Comentario

1. Comportamiento Nacional y Regional

Los estudios sociales en términos de Creación bíblica, utilizando las declaraciones y normas de Dios, son el estudio del comportamiento humano como individuos, grupos de personas y naciones, con Dios como Autoridad preeminente y Supervisor que establece las normas. La relación de una persona con Él se basa en la forma en que responde: ¿se inclina una persona, región y nación hacia Dios o se aleja de Él? Lo mismo ocurre con los individuos que con las culturas y los pueblos. Por ejemplo, la Biblia habla del tema en términos nacionales o de grupos de personas en **Proverbios 14:34** e **Isaías 40:15**. En **Proverbios 28:2, 15-16** se habla de los líderes. La actitud de un país se aborda en **Proverbios 28:2**. Dios se dirige a la cultura en los días de Noé en Génesis 6 (Unidad 2, Lección 4).

PPC En una rápida discusión dirigida por el profesor, sugiere y vota para elegir la mejor y peor nación del mundo en términos de pobreza, estabilidad del gobierno y actitud hacia los vecinos. Pon las dos naciones una al lado de la otra y aplica **Proverbios 14:34** y **28:2** como criterio de medición entre ambas. Utiliza tu conocimiento común de su historia reciente y la reputación de cada país en las tres categorías. ¿Cómo los evalúas?

'Parece' que Dios sabe las cosas mejor que la humanidad, que generalmente ignora el concepto de un Dios activo que supervisa los asuntos. La Biblia muestra que Dios nunca ha dejado de ser un supervisor. Debería ser evidente que Dios sabe lo que convierte en buena a una nación o cultura, y lo que no. No todas las naciones y culturas son iguales, pero Dios conoce las diferencias, las recuerda y trata con la gente. Especialmente trata con aquellos que lo invocan. Este punto de vista de los estudios sociales es muy difícil de encontrar en cualquier libro de texto que esté impulsado o influenciado por un fundamento evolutivo.

Por parte de Dios, Él conoce lo que hay en el hombre y todos los hombres provienen de la misma familia (**Génesis 8:21**). Por eso necesitamos un Salvador. Desde la perspectiva de la Creación bíblica, la cultura está sujeta al examen de Dios al igual que las personas. No todas las cosas culturales son aceptables para Dios. Lo mismo ocurre con las personas. Lee **Romanos 1:18-32** para revisar una descripción breve pero precisa de las tendencias del pecado o las cosas malas según la definición de Dios. Es una excelente referencia entre muchas otras en el Nuevo Testamento. Hay escrituras equivalentes (como **2 Pedro 1:3-**

9) que muestran lo que sucede con los individuos y las personas que son influenciados por una relación con Dios.

2. Comportamiento y Relaciones Individuales

Los estudios sociales, que surgen de nuestro sentido de lo que somos en la historia, son la base de nuestra comprensión de las relaciones humanas. En muchas naciones, la salud y el comportamiento humano están siendo fuertemente afectados por un reciente cambio en la moral (una 'ausencia' de moral, dirían algunos) para cubrir la creciente aceptación de tipos de relaciones fuera del matrimonio entre un hombre y una mujer. No es de extrañar que en esta clase de cultura aumente la necesidad de tratar las enfermedades de transmisión sexual. Muchos textos modernos van más allá: las representaciones de la familia empiezan a prescindir de la mención del marido y la mujer. Al fin y al cabo, pueden ser dos mujeres, dos hombres o casi cualquier otra combinación que se desee. Otra tendencia es que la exposición a los cambios de opinión se presenta en textos para niños cada vez más pequeños. Esto está empezando a erosionar la barrera de la edad en los mismos temas.

Aunque una visión naturalista o evolutiva de los estudios sociales parece neutral a primera vista con respecto a las relaciones, no lo es. Cuando se une a los efectos de los medios de comunicación, la erosión general de las relaciones culturalmente aceptables se parece cada vez más a la descripción de **Romanos 1:18-27**. Una visión evolutiva del mundo no proporciona base para el deseo de instituir ninguna norma absoluta de moralidad sexual.

En contraste, la Biblia tiene serias objeciones a un enfoque amoral de las relaciones sociales. Recordemos que los principios bíblicos provienen de la Creación bíblica. Si recuerdas Génesis 2, que cubrimos en la Unidad 1, Lecciones 13-14, Dios describió las condiciones iniciales y las relaciones ordenadas por Él. Primero, nosotros, que fuimos hechos a Su imagen, estábamos destinados a caminar con Él. En segundo lugar, la humanidad estaba destinada a reproducirse y a poblar la Tierra basándose en Su definición de matrimonio, que es la forma en que la reproducción fue diseñada para ocurrir. Génesis 3, por supuesto, documenta la desobediencia de la humanidad y ocurre la Caída. Este acontecimiento, sin embargo, no cambia la norma de Dios en cuanto al comportamiento y las relaciones, que se establece firme y repetidamente como un tema principal en la Biblia. Génesis 6 recoge la evaluación de Dios sobre la cultura anterior al Diluvio del Génesis. **Génesis 19** incluye un relato sorprendente sobre la inmoralidad en Sodoma que lleva a su destrucción por la mano directa de Dios. Jesús afirma la institución del matrimonio en los cuatro Evangelios (**Mateo 19:1-12, Marcos 10:1-12, Lucas 16:18** y **Juan 8:1-11**). Otros libros de la Biblia tratan directamente de las relaciones sexuales inmorales (**Romanos 1:26-27, 1 Corintios 6:9-10** y **Gálatas 5:19**, por ejemplo). En conclusión, la cosmovisión bíblica vincula nuestros inicios y nuestra historia con Sus normas para el comportamiento humano. Además, Dios hace referencia a nuestro comportamiento con ejemplos específicos: lo que es aceptable para Dios y lo que no lo es.

El tema para esta parte de la lección es ver la diferencia entre el fundamento de una Creación bíblica y las cosmovisiones naturalistas en lo que respecta a los estudios sociales sobre el comportamiento humano. La diferencia es sorprendente. Hay que reconocer que la visión amoral del mundo evolucionista está cada vez más arraigada, y los medios de comunicación intensifican el ritmo del cambio haciendo hincapié en las relaciones no tradicionales y aumentando la importancia del placer. Mientras tanto, Dios no cambia. Los libros de texto de estudios sociales y las instituciones educativas de hoy en día, en la mayoría de los casos, han tomado una dirección popular que reduce la importancia del bloque de construcción fundamental para una familia: un esposo y una esposa. En su lugar, la posición actual dice que cualquier relación, independientemente de la forma, debe respetar a las personas y no hacerles daño, pero los fundamentos morales, especialmente los de la Biblia, son generalmente eliminados. El cambio y la tendencia son anti-bíblicos. El condicionamiento temprano que provocan los libros de texto para niños sólo se intensifica en la educación avanzada.

Los cambios van más allá, ya que algunas instituciones y varias naciones, por lo general las que cuentan con tecnología avanzada o riqueza, junto con un fácil acceso a los medios de comunicación, han asegurado el enfoque amoral al incluirlo en el derecho público. Una vez más, ha sido a expensas de la posición central de las normas bíblicas para una relación de marido y mujer. En este caso, la norma bíblica simple ha desaparecido; una familia puede estar encabezada por cualquier tipo de relación entre adultos. Esto abre la puerta para que se practique y explore casi cualquier cosa cuando se desee. Las condiciones han cambiado de tal manera que países como EE.UU. y Canadá a menudo han prohibido específicamente que se enseñen normas cristianas de relaciones en las escuelas públicas (paralelamente a las tendencias de los medios de comunicación). Esto presenta condiciones muy desafiantes para los jóvenes y los profesores temerosos de Dios. Las tendencias en algunos países se asemejan a lo descrito en **Romanos 1:18-27**.

PPC Si la cosmovisión bíblica de marido y mujer ya no se mantiene en el distrito escolar donde tienes hijos, y no tienes otra escuela para elegir, ¿qué y cuándo le enseñarás a tu hijo? ¿Cómo controlarás lo que el niño aprende en la escuela? Discutan un plan como si ustedes, como clase, actuaran como los padres. Enumera al menos 5 puntos o consideraciones clave para tu plan.

[Notas de investigación: *marriage, homosexuality, morals*]

D. Asignación

Considera la célula viva más simple. Recuerda sus funciones inherentes. Con cualquier referencia disponible, comprueba el conocimiento general de la codificación de la célula que permite o gobierna las funciones de la misma. ¿Cómo se escribe el código del dispositivo electrónico más rudimentario? ¿Qué se necesita para escribir el código? Entonces, ¿cómo se escribió el código de una célula viva? ¿Puede el código escribirse a sí mismo? Responde a las preguntas en media página. Cita las referencias que desees.

E. Actividad de Aprendizaje

PPC Divídanse por equipos y examinen algunos libros de estudios sociales seleccionados que se utilizan en las naciones industrializadas modernas. ¿Qué describen como comportamiento ideal para las personas? ¿Con qué autoridad lo afirman? ¿Se mencionan en algún momento las normas bíblicas? ¿Se da algún mérito a las opiniones religiosas?

F. Resumen Final

Los temas relacionados con los estudios sociales se tratan de manera muy diferente desde una cosmovisión bíblica en comparación con una cosmovisión evolucionista. La primera está centrada y definida por Dios; la segunda es amoral.

Lección 6 Comparación de las Cosmovisiones Según las Ciencias Biológicas y Geológicas

A. Objetivo General de la Lección

- Comprender los diferentes presupuestos para la biosfera y sus inicios en las ciencias biológicas y de la tierra.

B. Plan de la Lección

- Los libros de Biología de la educación secular suelen mencionar que el origen de la vida comienza con algún tipo de vida simple (quizás un organismo unicelular) a partir del cual se conjetura la evolución biológica que da lugar a la vida tal y como la vemos hoy. Unas breves imágenes e ilustraciones suelen denotar la visión naturalista como un hecho antes de pasar a la biología clásica, que es la ciencia operacional sobre los seres vivos.
- Normalmente, se hace referencia a las ciencias de la Tierra y la enseñanza sobre los orígenes. Se suele explicar que el origen de la Tierra comenzó en el 'tiempo profundo.' Se presentan como un hecho los métodos de datación (sin mencionar las presuposiciones y los problemas). El origen de las rocas y del suelo se define con la visión naturalista según los principios uniformistas. Normalmente, en la educación secular no se menciona favorablemente ni se tolera ninguna otra cosmovisión.
- La visión bíblica del mundo ve el origen de la vida y la complejidad que presenta como el resultado del poder infinito de Dios y Su capacidad de crear. El registro del Génesis no sólo trata de la creación de todas las cosas, sino que Dios hace a menudo valoraciones en la Biblia sobre diversas partes de la Tierra y la vida en ella.
- El punto de vista bíblico también trata sólidamente el estado de deterioro del hombre que condujo al Diluvio del Génesis, que cambió la superficie de la Tierra y requirió de un arca como lugar seguro para una familia y especies representativas de seres vivos durante el evento del Diluvio. Por lo tanto, el estudio de la superficie y la corteza terrestre puede ser una ciencia saludable, y también puede mostrar muchos efectos del Diluvio del Génesis. El estudio de la vegetación en la Tierra y la vida vegetal en los mares es la clásica biología operacional, que muestra la obra de Dios.
- Quienes creen en la perspectiva bíblica pueden apasionarse por las ciencias biológicas y de la tierra, ya que revelan mucho sobre el poder y la capacidad de Dios para crear y sostener la Tierra. Una visión bíblica también promueve la evaluación de nuestro buen o mal uso de los recursos de la Tierra.

C. Lección

Resumen

Las asignaturas y libros de texto en los que más predomina la visión naturalista o evolucionista son la biología (normalmente en el nivel de secundaria) y las ciencias integradas o de la Tierra (normalmente para alumnos unos años más jóvenes). Uno podría preguntarse: '¿Por qué no permanecer neutral sobre los orígenes de la Tierra y la vida?' El hombre es curioso y quiere respuestas. Cuando quiere respuestas fuera de Dios, sigue empeñado en dar sentido al mundo, de una forma u otra. La mayoría de los libros de texto, por tanto, no son neutrales; a los niños se les enseña desde los grados elementales que la Tierra y la vida se desarrollaron por sí mismas. Los efectos de esto pueden no ser inmediatamente obvios. Cuando el alumno llega a una edad responsable, los años de 'hechos' de los libros de texto tienen mucho más peso que una Biblia. La vida religiosa ya ha sido percibida como algo separado (aunque esto no es correcto), por lo que la Biblia y sus conceptos de Creación quedan marginados. Puedes decir: '¡Esto es demasiado extremo! No puede ser así.' Como sugerimos en la última lección, examina los libros de texto comunes. Aunque el tema de la visión naturalista o evolutiva del universo ocupa sólo una pequeña parte de los libros de texto, es fundamental, y la mayoría de los niños lo toman como un hecho. Además, los presupuestos naturalistas que se desprenden suelen *permear* gran parte del pensamiento del resto del libro, aunque a menudo no sea evidente. El hombre (autor de los libros) debe tener una respuesta, así que su mejor respuesta (después de eliminar a Dios) es el naturalismo y la evolución. Aunque no es un hecho comprobado, casi todos los aspectos de este punto de vista se presentan como si lo fuera. Esto es especialmente frecuente en la biología y en las ciencias integradas o de la tierra, porque ambas tratan del origen de la vida, de la Tierra y del universo.

La siguiente sección aborda el tratamiento básico que se encuentra en la mayoría de los textos seculares. La última sección lo compara con la perspectiva bíblica de la Creación. Esta última rara vez se menciona en los libros de texto, y casi nunca se presenta como realista, moderna o pertinente para la vida en comparación con la visión naturalista o evolutiva.

El Punto de Vista Naturalista o Evolutivo

1. ¿Ciencia, Teoría o Conjetura?

Casi todos los libros de texto comienzan con el método científico. El método puro para la ciencia operacional o comprobable es sistemáticamente preciso y bueno. Sin embargo, las explicaciones y comparaciones suelen ser pobres. ¿Por qué? Porque no distinguen adecuadamente las teorías de las conjeturas. Tampoco suelen tener en cuenta los efectos primordiales de una cosmovisión en la aplicación del método a la 'ciencia' de los orígenes. ¿Por qué las comillas alrededor de 'ciencia'? Porque los orígenes no son observables ni repetibles; nadie estuvo allí. La 'ciencia' histórica no puede comprobarse como la ciencia empírica u operacional.

El niño, en consecuencia, aprende a partir de un conjunto de presupuestos no escritos que acompañan a la visión naturalista del mundo, pero no a ninguna otra. Se presentan como hechos: la vida vino de la vida simple; la vida simple vino de la no-vida; la no-vida vino de una fuente no específica (normalmente el Big Bang). Esto NO es ciencia; es una cosmovisión que se asume y que conduce a la ciencia en direcciones específicas y, por definición, niega cualquier otra visión del mundo.

Por sus características, el naturalismo (que requiere alguna forma de evolución, es decir, que las cosas se hagan a sí mismas, en esencia) es en última instancia no verificable. Sin embargo, por la forma en que se presenta en los libros de texto uno tiene la impresión de que es una teoría comprobable, del mismo modo en que es comprobable la gravedad, por ejemplo. A menudo se incluyen capítulos enteros sobre las evidencias que apoyan un origen naturalista de la vida, pero esas pruebas pueden interpretarse, a menudo de forma más directa y sencilla, como pruebas de la Creación. Los presupuestos fundamentales de esta cosmovisión descartan automáticamente a Dios como Causa y Creador del universo o de la vida. La visión naturalista se presenta como algo totalmente factual. Cuanto más joven es el niño, más autoridad tiene el texto.

Muchos textos dan ejemplos de la preeminencia de la ciencia porque el método científico elimina la superstición y las conjeturas. Cuando se menciona la religión, lo que es poco frecuente, se presenta como un pensamiento no científico o 'anticuado.' El estudiante, por tanto, concluye que la religión no tiene cabida en el tema de los orígenes en el mundo moderno. De hecho, muchos capítulos se titulan de forma que enfatice este punto, donde la religión se considera 'pensamiento antiguo' y el método científico se considera 'pensamiento moderno.' (Ignoran el hecho, mencionado anteriormente, de que la ciencia moderna debe su propio nacimiento a la Biblia y al cristianismo).

En resumen, la cosmovisión del naturalismo y la evolución es la única verdad realista y permitida. Se encuentra por primera vez en las ciencias integradas o de la tierra, y en la biología. Se sigue presentando en otras asignaturas y a otros niveles hasta el nivel universitario, donde se forman la mayoría de los profesores, que luego enseñan a las generaciones más jóvenes. No es difícil ver que varias generaciones con el mismo enfoque eliminan automáticamente la autoridad de la Biblia, disminuyen la influencia de la enseñanza de la Iglesia y desconectan de Dios al mundo que nos rodea. El efecto neto puede tener graves consecuencias, no sólo en la sociedad, sino también en el propio esfuerzo científico. Esto se discutirá más adelante.

2. Historia u Origen de la Vida

Los cursos introductorios de la ciencia (como las ciencias de la tierra o la ciencia y la biología integradas) dedican varios capítulos al origen de la vida, la historia de la vida y el origen del universo. Aunque el origen no es comprobable en un sentido clásico y el tema es realmente un enfoque de la vida desde una perspectiva específica del mundo (en contraste con la ciencia operacional), se presenta como un hecho. En realidad, se trata de una conjetura o una suposición, porque no cumple la definición estándar de una teoría. Una teoría se presenta a menudo como una *hipótesis* que puede ser probada rigurosamente. ¿Puede probarse el origen de la vida? ¿Puede probarse el origen del universo? Los libros de texto ignoran estas distinciones, porque simplemente asumen la visión naturalista y evolutiva como un hecho. Así, las secciones de los libros sobre el origen de la vida suelen comenzar con conjeturas naturalistas como si fueran teorías científicas comprobables.

La presentación del origen de la vida suele ser bastante sencilla: la vida comenzó como no-vida en las primeras etapas del desarrollo de la Tierra. Como resultado de eones de tiempo y casualidad, aparece accidentalmente algún tipo de sustancia especial no viva. Algo más ocurre (nunca definido) para que esta no-vida se convierta en vida, entidad reproductora que puede aprovechar la energía y las materias primas de su entorno. Este es el punto de partida fundamental de la mayoría de los libros de texto, pero sin ningún detalle (porque no lo hay).

Los periodos de tiempo que se presentan son generalmente los mismos desde hace muchos años en las naciones industrializadas: unos 15-18 billones de años desde la *generación espontánea* del universo (alguna versión del Big Bang) y unos 4500 millones de años desde que la Tierra se convirtió en una esfera real de algo sólido. Esto se presenta como un hecho. El origen del universo, en términos del método científico, no es una teoría, ya que no es observable ni comprobable. Es una conjetura. Por mucho que se defienda una cosmovisión como esta, no cumple la definición formal de teoría.

Entiende esto desde la perspectiva de un niño. La mayoría de los niños oyen esto como un hecho a una edad temprana, y está en los libros de texto autorizados que enseñan profesores bien intencionados. Los estudiantes y los padres ven la escuela como una base de conocimiento general y confiable. Los niños están en la escuela casi 40 horas a la semana; consideran que todo lo que se enseña en la escuela es verdad. ¿Puede ser posible otra cosa desde el punto de vista del niño? Han transcurrido varias décadas (al menos dos generaciones) desde que se enseña el naturalismo con la exclusión de cualquier referencia a la Creación bíblica. Entonces, ¿cómo puede la mayoría de la gente saber si el naturalismo no es verdad?

3. Evolución

Como tenemos un deseo innato de saber quiénes somos y de dónde venimos, es raro que los libros básicos de biología/ciencia integrada no traten el tema. Se convierte en la respuesta a la pregunta del niño que crece: ¿de dónde venimos? La evolución es la única respuesta que se da seriamente a la pregunta. La evolución se divide de la siguiente manera:
   a. Evolución Cósmica y Geológica. Se suele enseñar como la única posibilidad creíble para el origen del universo y de la Tierra.
   b. Evolución Química (*abiogénesis* u origen de la vida a partir de la no vida, por sí misma). Los libros de la mayoría de las escuelas suelen comenzar con una breve descripción de las sustancias no vivas de la Tierra que se han 'elaborado' mediante la temperatura y otras condiciones especiales. No se dan detalles porque no los hay. Las descripciones son sólo generales, pero la conclusión se establece claramente: la vida ocurre.

PPC ¿La vida simplemente ocurre? La implicación de la *abiogénesis* es que sí, siempre que el periodo de tiempo sea lo suficientemente largo. Un tiempo prolongado, ¿ayuda o no? Analícenlo.

   c. Evolución Biológica (lo que los creyentes en la Creación bíblica suelen llamar 'de los microbios a los microbiólogos'). Lo que sigue después del origen de la vida es una serie de pasos que son clásicos para la teoría evolutiva, donde a menudo se dibuja un árbol para representar la idea de que todos los seres vivos han descendido de este ancestro unicelular 'simple' durante eones de tiempo. Una de las ramas conduce a alguna forma de simio, luego al hombre primitivo y después al hombre moderno. Los árboles tienen ramas con nombres que suenan formales; esto se presenta como un hecho. La evidencia se expone de la siguiente manera:
      i. Asociación de rasgos similares con presuntos vínculos entre las cosas que los tienen.
      ii. Asociación de funciones similares con presuntos vínculos entre las cosas que las tienen.

PPC Características y funciones similares, ¿significan que tienen el mismo ancestro o el mismo diseñador? Analícenlo.

      iii. Información genética que se presume apunta a un mismo ancestro.
      iv. Información fósil, donde se muestra la imagen común del tiempo terrestre desde un punto de vista evolutivo. Las capas de roca fósil se muestran como una progresión de vastos períodos de tiempo. La suposición general es que se producen cambios continuos durante largos períodos.

4. El Hombre: El Animal más Moderno

   a. La evolución y la cosmovisión naturalista exigen que el hombre provenga de algo. Por lo tanto, ese 'algo' debe ser menos que humano. Por lo tanto, dado que obviamente nos parecemos más a los simios que a cualquier otra cosa, ese ancestro debe ser una criatura parecida a los simios. Esa criatura, a su vez, debe proceder de algo menos parecido a los simios. Esto continúa hasta que tenemos una sola célula en la base del árbol. Entonces se pasa a la evolución química (también conocida como abiogénesis) para el resto del cuadro. Así que, ¿qué es el hombre moderno?

    b. El hombre moderno en esta cosmovisión es, por definición, un producto del azar y de procesos no dirigidos. Eso significa que, aunque crea que es importante y único, no lo es; eso es un producto de la imaginación. La aplicación de este concepto no sólo disminuye la importancia del hombre, sino que conduce automáticamente a un conflicto de conciencia y de identidad en un joven. ¿Por qué no puedo tener lo que quiero? ¿Por qué algo está mal o bien? ¿Por qué no puedo determinar por mí mismo lo que significa? Son preguntas legítimas si se piensa seriamente en el hombre moderno desde una perspectiva evolutiva. Al fin y al cabo, quiere aumentar sus posibilidades de supervivencia en la cima del 'montón' de productos evolutivos. En este ambiente educativo, se recurre cada vez más a la cultura, la tradición, la *Psicología* o cualquier otra cosa que dé una definición más suave del hombre moderno, porque la alternativa es algo inquietante.

5. Información Biológica. Según el punto de vista naturalista, toda la información biológica, que es la información registrada en los genes, surgió de forma natural. Este complejo conjunto de instrucciones se desarrolló a partir de ninguna instrucción. A medida que la información se produjo en la vida básica, su complejidad aumentó por sí misma lentamente a lo largo del 'tiempo profundo,' sin ninguna influencia externa, hasta llegar a la complejidad que vemos hoy en la información de los genes. [Nota de investigación: ***biological information***.]

La Visión Bíblica de la Creación

Los cinco primeros párrafos que siguen son paralelos a los de la sección anterior. Comprenden un breve resumen de los principales puntos de la Creación bíblica con respecto a la Biología:

1. ¿Ciencia, Teoría o Conjetura? Una visión bíblica de la Creación no sólo defiende una buena ciencia operacional, sino que la exige. La ciencia se ve potenciada y motivada por la pasión por el Dios vivo, que quiere que Su Creación sea investigada y estudiada. Este punto de vista fomenta el descubrimiento. El fundamento, sin embargo, es que Él ha revelado cosas sobre Sí mismo, sobre lo que creó, sobre cómo y en qué orden lo creó. Esto incluye el universo no viviente, la Tierra no viviente, la vegetación y los seres vivos. Cada uno tiene sus complejidades *insondables*, pero los seres vivos son, con mucho, los más complejos e intrigantes. Como hemos comentado, el método científico surgió de la influencia de la Biblia, y no es casualidad que los padres fundadores de prácticamente todas las disciplinas científicas fueran cristianos creyentes en la Biblia y/o creyeran en el relato del Génesis. Para ellos, el registro de Dios era el punto de partida. He aquí algunos ejemplos: Newton, Kepler, Galileo, Faraday, Pasteur, Euler, Morse, Joule, Maxwell y Eccles. [Nota de investigación: ***scientists of the past who believed in a creator***]
2. Historia u Origen de la Vida. **Génesis 1** no puede ser más claro sobre el origen del universo, la Tierra y la vida. Fue una serie de eventos milagrosos durante seis días acorde a la rotación de la Tierra.

3. Evolución. La evolución (en el sentido que normalmente se entiende por la palabra) no tiene lugar en ninguna de las creaciones bíblicas. La especiación, o el cambio dentro de una especie, puede tener lugar –incluso rápidamente– pero no se trata de una evolución tipo árbol de la vida, en el que los microbios se convierten en microbiólogos a lo largo de millones de años. En opinión y

valoración de Dios, no mejoramos. Pecamos desde que nacemos, tenemos la oportunidad de llegar a Dios independientemente de cuándo y dónde vivamos (**Hechos 17:26-27**), y morimos. Los que creen estarán con Dios. Los que no, seguirán tratando con Dios, pero su resultado es totalmente diferente. En general, la humanidad está empeorando en sentido moral (**Romanos 1:18-32**). Y cada vez hay más pruebas de que esto también está sucediendo genéticamente. [Nota de investigación: ***genetic entropy***.] El universo, como nosotros, se está desgastando (**Romanos 8:20-22**). Desde el punto de vista de la Creación bíblica, el universo tiene una dirección, una consecuencia y un final; la situación que vemos ahora no continuará para siempre. (Esto se trata brevemente en la Lección 4, en la Segunda Parte de la Unidad 4)
4. Hombre: La Creación Especial de Dios. No hay disculpas en las Escrituras sobre el lugar del hombre en el universo. Dios habla de ello en el Génesis (**Génesis 1:27, 2:7**); Jesús habla de ello en los Evangelios (**Mateo 10:31, Juan 6:40**); el Apocalipsis habla de nuestro carácter especial (para los que creen) cuando habla del fin y de los creyentes que pronto estarán con Él (**Apocalipsis 12:10-11, 19:9**).
5. Información Biológica. La información biológica en los genes es extremadamente compleja y no puede, por sí misma, aumentar su complejidad de forma significativa. Dios, el Maestro de la Información, creó la información para que estuviera escrita en cada 'especie' de vegetación y vida. También diseñó los mecanismos para que la información, a través de procesos muy complejos, pudiera transferirse de generación en generación, así como proporcionar la información esencial para mantener la vida.

PPC ¿Quién escribió el código y cuándo se escribió? Revisa la asignación para esta clase y discute los resultados sobre los tipos de código que se han escrito y lo elaborados que son. Teniendo esto en cuenta, ¿quién escribió y cuándo se escribieron ciertas partes del código? Apoya las respuestas con referencias bíblicas.

En conclusión, la cosmovisión bíblica proporciona una perspectiva totalmente diferente de las ciencias de la tierra en comparación con el naturalismo. Los capítulos de la Unidad 1 cubren la creación de la tierra firme, que fue totalmente reordenada por el Diluvio del Génesis. El Diluvio del Génesis afectó a casi todo lo que vemos, ya que los continentes y mares actuales son el resultado de este período. Además, la vegetación que vemos –la cantidad y el lugar en que aparece– es producto del período del Diluvio. La extinción masiva de algunos seres vivos (en particular, los grandes dinosaurios) se produjo debido a las duras condiciones que se dieron después de dicho período, a su caza debido al rápido crecimiento de la población y al cambio climático. Los cambios en el nivel del mar afectaron a las migraciones de las generaciones posteriores a Noé y a la dispersión tras el incidente de la Torre de Babel. Al subir el nivel del mar después de la Era de Hielo, los grupos humanos se separaron al desaparecer los puentes terrestres. En resumen, la agitación duró siglos y produjo la topografía, las divisiones de las personas, las divisiones de los seres vivos y la vegetación que vemos hoy.

El creyente de hoy, después de tener esto en cuenta, puede apasionarse por las ciencias biológicas y de la tierra porque revelan mucho sobre la capacidad creadora de Dios y Su atención a los asuntos de los hombres. Aunque Él promete que no volverá a ocurrir un diluvio que cubra la Tierra, ha dejado amplias pruebas de sus efectos para que no olvidemos lo que ocurrió. La Tierra 'recuperada' también muestra Su misericordia, porque la tierra sigue siendo regada, produciendo frutos y dando a la humanidad la oportunidad de acercarse a Él. Este punto de vista rara vez se menciona o es aceptable en la educación secular. Sin embargo, la Palabra y la evidencia que nos rodea atestiguan su validez.

D. Asignación

La tabla periódica, que es una excelente imagen de los elementos conocidos por el hombre, muestra un modelo increíble. Busca una versión de la tabla y considera esta pregunta: ¿Es posible que la sustancia ordenada del universo se haya producido por casualidad, o que se haya producido por diseño? Defiende tu posición con una fuente. Explica tu defensa en un párrafo.

E. Actividad de Aprendizaje

Divídanse en dos equipos. Repasen rápidamente el **Salmo 104**. Es deliberadamente poético, pero aun así enumera las múltiples obras de Dios (la frase del versículo 24). Enumera esas obras en columnas en lo que respecta a la geografía, el agua y las fuentes de agua, la vegetación, las aves y los animales, y la vida marina. A continuación, utiliza los versículos 28-30 para explicar en un breve párrafo –no más de 150 palabras– cómo se relaciona todo esto con Dios. Compara los resultados entre los equipos.

F. Resumen Final

La Tierra es un hogar especialmente creado para la vida, diseñado para ser habitado. Tanto las características de la Tierra como la vida apuntan al Creador. Así, el estudio de la biología y las ciencias de la tierra puede ser apasionante al contemplar la maravilla de la biosfera y del planeta en el que fue creada.

Lección 7 Comparación de las Cosmovisiones Según la Química y la Física

A. Objetivo General de la Lección

- Comprender el valor de la química y la física operacionales –se ocupan de fenómenos reales que son comprobables, medibles y repetibles. Sin embargo, no se ocupan adecuadamente de los orígenes.

B. Plan de la Lección

- La química como tal es una ciencia sólida y operacional, pero casi todos los libros e instituciones seculares mencionan el punto de vista naturalista del origen de los elementos y, a veces, la creencia inherente (aunque sin fundamento) de que la vida procede de la no vida. Si se menciona esto último, se trata como un hecho en el sentido de que debe haber ocurrido... de alguna manera.
- La física también es una ciencia operacional sólida, pero la mayoría de los libros seculares también mencionan que los orígenes son naturalistas. Las fotografías e ilustraciones a menudo retratan el 'tiempo profundo' de alguna manera, subrayando así el tratamiento similar en otras ciencias. La *cosmología* (el estudio y/o la filosofía de los orígenes del universo), si se menciona, suele tratarse como ciencia, sin serlo.
- La cosmovisión bíblica, que rara vez se acepta o se menciona, proviene del Génesis, donde el orden y la apariencia de las cosas asociados con las palabras y la acción de Dios dan lugar al tiempo, el espacio, la materia, la energía y la Tierra (como el único planeta que está diseñado para ser habitado).
- Quienes creen en la cosmovisión bíblica tratan las ciencias operacionales con tanta pasión como cualquiera, sabiendo que Dios es el Creador y el sustentador de un universo lleno de complejidad, variedad y vida en el caso de la Tierra. Sin embargo, la cosmovisión bíblica rara vez se presenta o se acepta en las explicaciones de química o física.

C. Lección

Resumen

La física trata de la materia, la energía y la masa. La química trata de átomos, moléculas y sustancias. ¿Deben los estudiantes de física y química 'preocuparse' por las cosmovisiones? ¿Son importantes? ¿Están implicadas en estas asignaturas? Tras examinar varios libros de física y química, no cabe duda de que en ambas asignaturas hay autores que se preocupan mucho por los orígenes. ¿De dónde vinieron la materia y la energía? ¿Cuándo llegaron? ¿Dónde está el vínculo de la química con la biología en la larga cadena evolutiva de la química a la biología? La visión del mundo está en el centro de estas preguntas, y la mayoría de los libros de texto no tienen reparo en hacer afirmaciones generales o referirse a los avances científicos que se enmarcan en una visión naturalista o evolutiva. Esto es lo que se enseña a los niños, pero también es el presupuesto fundamental de una investigación considerable. La situación se vuelve tan sesgada a favor del punto de vista naturalista, que es difícil obtener títulos avanzados en ciencias en algunas instituciones si la persona se adhiere públicamente a la perspectiva de la Creación bíblica.

El grueso del material académico de los libros de texto de física y química es fiable. Los elementos siguen siendo los elementos; las reacciones y sus clasificaciones no han cambiado; las relaciones de materia y energía se siguen enseñando como siempre. Estas cosas ocupan la mayoría de los capítulos. Pero hay una necesidad aparente en las personas de saber quiénes son y de dónde vienen que casi siempre aparece en los libros de texto. Se suele presentar sólo un punto de vista: el naturalismo o la evolución. Aparece en los marcos temporales de la historia de la humanidad, el supuesto origen de la materia, la supuesta transición de las reacciones químicas a un ser biológicamente vivo, la cuestión, disfrazada de investigación científica, de si los extraterrestres pueden existir y el concepto de la larga edad del universo. Los comentarios van invariablemente en una dirección: somos el producto accidental y no dirigido de la evolución, al igual que el resto del universo. Esto sólo reafirma el material de biología e historia antigua que proviene del mismo punto de vista. La información se considera material aceptable y comprobable. Los presupuestos no se mencionan. El punto de vista alternativo (la Creación bíblica) rara vez se menciona; si lo hace, se considera un pensamiento 'anticuado' y no pertinente desde la llegada del método científico.

Los puntos sobre la cosmovisión naturalista o evolutiva están en la siguiente sección; seguidos por la perspectiva de la Creación bíblica. Gran parte del material repite piezas de lecciones anteriores, pero la presentación de la sección naturalista/evolutiva y los comentarios provienen de una revisión de más de dos docenas de libros de texto de química y física a nivel de escuela secundaria.

La Cosmovisión Naturalista o Evolutiva

Los temas sobre los orígenes que aparecen a continuación representan partes pequeñas pero críticas de esos libros de texto. Se presentan junto a material factual, de tal manera que el estudiante o los padres no perciben fácilmente la distinción entre la información factual y la supuesta teoría de la evolución. No se sugiere ninguna alternativa (como la Creación). Los puntos principales suelen ser los siguientes:

1. La discusión sobre la edad de las cosas siempre se basa en la evolución y presupone un 'tiempo profundo' (billones de años). Casi todos los libros de texto incluyen una sección sobre los métodos de datación (normalmente la datación por radiocarbono) y proporcionan ejemplos. A continuación, vamos a proyectar hacia atrás los procesos existentes para llegar a una discusión sobre los orígenes del universo o de los elementos, según el tema. En muchos casos, se utilizan como ejemplo las técnicas de datación de fósiles. No se discuten las presuposiciones de los métodos de datación, no se discute ningún proceso que sugiera tiempos cortos y no se discute la interpretación de los métodos de datación. Las respuestas o ejemplos son familiares: billones de años para la edad del universo, la Tierra y la primera vida. Por supuesto, se presume que los humanos aparecieron en la Tierra hace bastante poco tiempo (un puñado de millones de años) y que su desarrollo fue parte del proceso accidental, no dirigido.
2. Las leyes de la ciencia se presentan adecuadamente, pero nunca se mencionan sus orígenes. ¿Por qué están presentes? ¿Por qué el comportamiento de las cosas es tan predecible en un universo accidental, por azar? ¿Cómo puede ser todo esto? Mientras que los orígenes de la evolución se asumen como un hecho, la conexión con un universo predecible y con orden nunca se discute. ¿Cómo puede ser así? Si se da una respuesta, lo cual es raro, siempre tiene que ver con la evolución y el naturalismo. Las preguntas nunca se responden realmente, pero la cantidad de explicaciones 'científicas' se considera suficiente para pasar al tratamiento clásico de los temas.
3. Los elementos (en la tabla periódica). Cuando se habla de su origen, se dice que han evolucionado a partir de otros más simples tras el supuesto inicio explosivo del 'Big Bang.' Es

cierto que los procesos nucleares en las estrellas son capaces de transformar un elemento en otro en un sentido restringido. Pero afirmar que todos los elementos superiores se formaron de esta manera a lo largo de 18 billones de años sin ningún mecanismo conocido es una suposición importante y sin fundamento.
4. Se presume la evolución química (abiogénesis, o vida a partir de sustancias químicas). Suele haber alguna discusión, que se basa en unos pocos experimentos que realmente han demostrado muy poco y llegan a un callejón sin salida. [Nota de investigación: *origin of life*.] Casi siempre hay una supuesta explicación del vínculo básico entre el desarrollo químico y el biológico que llevaría a la primera 'evidencia' de la vida. Las dudas, las lagunas de información, las enormes presuposiciones y los experimentos que sugieren lo contrario nunca se presentan ni se discuten. Cualquier niño o joven quedaría convencido de que se trata de material firme y basado en hechos. Aunque estas secciones son breves, constituyen el marco de la física y la química con respecto a los orígenes tal y como se enseñan hoy en día en la mayoría de los libros de texto.
5. Se presume una evolución *estelar* continua. Todas las cosas están en un universo de cambio no dirigido. En la vida real, se ven estrellas que se consumen, que mueren, que explotan, pero el marco evolutivo estelar supone que todo evoluciona, por añadidura, hacia arriba. Tanto si las cosas que se estudian o se presentan pertenecen a la química o a la física, o a una combinación de ambas, se presume un origen (normalmente, el Big Bang o sus primos), pero el proceso nunca se ha detenido. El tema se presenta dando ejemplos de nuevos hallazgos sobre el Sistema Solar o las estrellas. Las conclusiones, que se asumen como hechos, son que la evolución estelar se conoce bien y sigue ocurriendo. No se cita ninguna observación de nuevas estrellas. Las teorías de los orígenes del Sistema Solar se centran en la '*hipótesis nebular,*' pero no se mencionan los enormes problemas. [Nota de investigación: *nebular hypothesis*.] Nunca se presentan o discuten otros problemas de la 'teoría' evolutiva estelar.

La Cosmovisión Bíblica de la Creación

1. El universo fue creado por Dios a Su orden, como se registra en Génesis 1 y 2 (Unidad 1) durante los primeros seis días de la Creación, y el resto del registro bíblico indica una Tierra joven a partir de ese momento. Hay información de apoyo de la ciencia, así como evidencia histórica de las Escrituras, para una Tierra joven. A continuación, se enumeran las evidencias clave, comenzando por las Escrituras:
    a. Línea temporal bíblica. Hay una lista directa de generaciones que se citan en **Génesis 5 y 10** para el período inicial. También se dan referencias temporales para las edades en el momento de los acontecimientos, y listas de generaciones en libros posteriores. La información combinada muestra que la Tierra tiene aproximadamente 6000 años; el Diluvio ocurrió 1656 años después de la semana de la Creación, con un pequeño margen de error. La Creación se terminó en el día 6 por la clara declaración de Dios en **Génesis 2:1**. Declaraciones en otros lugares (**Nehemías 9:6, Job 38:4, Salmo 74:16-17, Isaías 45:12, Mateo 19:4**) indican que los eventos de la Creación se completaron como lo indica el uso del tiempo pasado. Se refieren al relato del Génesis. Jesucristo, el Mesías, se remite al relato del Génesis.
    b. Las observaciones de una Tierra y unos cielos jóvenes se resumen a continuación.
        i. Los cometas. Los cometas son como bolas de hielo sucio que pierden gran parte de su masa cada vez que pasan por el Sol. Los cálculos muestran que los cometas habrían desaparecido hace mucho tiempo según una cosmovisión de

billones de años. En lugar de aceptar esta posibilidad, los evolucionistas postulan, o bien una región de nacimiento de cometas de período largo no observada que se llama Nube de Oort, o bien un Cinturón de Kuiper que tiene suficientes objetos pequeños para ser núcleos en el desarrollo de cometas de período corto. Ambas teorías tienen graves defectos, no se ha observado el nacimiento de cometas y no se ha definido ningún proceso de auto-nacimiento. [Nota de investigación: *comets*]

    ii. Decadencia estelar. Como se mencionó anteriormente, la decadencia estelar puede observarse, definitivamente, mientras que la evolución de nuevas estrellas, aunque se afirma como un hecho desde una cosmovisión naturalista, nunca se ha observado. La decadencia estelar es consistente con la decadencia del universo, que ha sido sometido a un proceso de muerte junto con el resto de la Creación. Además, el evento de la creación de las estrellas está claramente en tiempo pasado en varias escrituras fuera del Génesis:
Isaías 48:13, 51:16; Job 38:31-32. Las estrellas fueron creadas, colocadas y nombradas (**Salmo 147:4**). Dios dice que la Creación se detuvo al final del sexto día, como se indica en **Génesis 2:1**.

    iii. Vulcanismo de los planetas. La larga edad evolutiva de los planetas (la edad del Sistema Solar) no tiene sentido en vista del vulcanismo recientemente descubierto en varios planetas pequeños o lunas. Desde un punto de vista naturalista, estos deberían haberse enfriado hace mucho tiempo y ya no deberían ser volcánicamente activos.

    iv. Órbita y posición de la Luna. La Luna retrocede gradualmente de la Tierra; si se calcula al revés, la Luna estaría demasiado cerca de la Tierra en mucho menos tiempo que la predicción de las teorías naturalistas. [Nota de investigación: *moon recession*].

    v. Sal marina. La tasa de aumento neto de sal en los océanos indica una edad máxima para los océanos mucho menor que los billones de años evolutivos. [Nota de investigación: *salty seas*]

    vi. Erosión. Con estimaciones razonables de la erosión, las características de cualquier continente importante serían totalmente diferentes de lo que vemos en tiempos muy inferiores a los millones de años que sugieren las conjeturas naturalistas.

    vii. Inundación mundial que produjo el registro fósil reciente. Estos son algunos de los indicadores del reciente Diluvio del Génesis: (1) presencia generalizada de roca sedimentaria que muestra una rápida formación de capas *flexibles*/maleables antes de que se endurezcan rápidamente, (2) la presencia de fósiles que cruzan diferentes estratos, indicando un rápido enterramiento (no tienen sentido dentro de la noción de eones de depósitos graduales, uniformes, de material), (3) indicadores de que los dinosaurios se extinguieron mucho más recientemente de lo que se cree debido a los hallazgos de tejidos blandos, proteínas identificables, células sanguíneas e incluso ADN en muestras, mientras que las conjeturas naturalistas de la edad de estas criaturas superan los 65 millones de años.

    viii. Defectos en el método de datación (véase también la Lección 3 de la Parte 1 de la Unidad 4). Los distintos métodos de datación arrojan resultados muy diferentes; no deberían. Los métodos de datación se basan en presuposiciones, y una de las presuposiciones recurrentes son las propias edades largas. El

carbono 14 (radiactivo) no debería ser detectable en una muestra de más de 100000 años como máximo. Pero si se analizan muestras que supuestamente tienen millones de años, casi siempre está presente. La cantidad de helio, formado a partir de la desintegración radiactiva, todavía presente en los cristales de circón (se escapa continuamente) es demasiado alta e indica una Tierra joven.
2. El registro claro y coherente de la Creación por parte de Dios también es consistente con Su carácter declarado en la Biblia: Él no miente (**Números 23:19**); no es el autor de la confusión (**1 Corintios 14:33**); Su universo está lleno de leyes que lo hacen predecible y ordenado (**Job 38:33, Jeremías 33:25**). Otras escrituras de Job y de los Salmos llaman la atención sobre partes de Su Creación, que muestran una gran variedad de orden y relaciones complejas entre las diferentes cosas. Ilustran lo opuesto a un universo y una Tierra accidentados que se desarrollaron por casualidad (sin dirección alguna).
3. Pasar de la Creación a la observación y a la utilización de los aspectos de la misma que nos rodean implica apreciar el genio químico y físico del Creador. Con la disponibilidad ordenada y las características de los elementos, el hombre tiene los bloques de construcción para explorar combinaciones y reacciones. Es capaz de utilizar las ordenanzas de la física para observar la dinámica de la energía, la materia y el tiempo. El orden y el comportamiento predecibles de las cosas atestiguan la atención del Señor a los bloques de construcción con los que trabajamos para producir cosas, ir a lugares y hacer que las cosas sucedan. La variedad de materiales y procesos atestigua la magnitud de Su sabiduría, y hay mucho más que aprender y emplear. El tenor de las conversaciones con Job, el desafío de los profetas a considerar la maravilla de la mano del Creador, y el flagrante señorío sobre la Creación exhibido por Jesucristo hablan de algo que está mucho más allá de nuestra capacidad intelectual para comprenderlo plenamente. Dios, el Creador, invita a cualquiera (no sólo a los científicos) a sumergirse, descubrir, producir cosas útiles y explorar lo desconocido. Las oportunidades para resolver problemas abundan, y este autor cree que Dios está esperando que los creyentes apasionados con experiencia en estos campos se pongan a trabajar. Esta visión de estos campos simplemente falta en las instituciones educativas seculares, lo que es una pena, en vista de Su mano para crear las mismas cosas en cuestión.

D. Asignación

En menos de media página, explica por qué la Creación bíblica podría tener efectos en el pensamiento de una generación joven y cuáles podrían ser esos efectos.

E. Actividad de Aprendizaje

Divídanse en equipos opuestos. Un bando defiende **Juan 1:10** como verdadero en tres minutos, con no más de 3 puntos. Uno de ellos debe estar relacionado con la química y la física, o hablar de ellas. El equipo contrario adopta la posición de que esto no es cierto, que todas las ordenanzas, leyes, elementos y procesos surgieron estrictamente por casualidad. Tres puntos como máximo. Cada equipo dispone de 30 segundos al final para rebatir con una afirmación lo que el otro equipo ha dicho.

F. Resumen Final

La química y la física hablan del orden y la previsibilidad del universo creado, ya que sus elementos se pueden medir, probar, hacer y predecir. Sin embargo, estas materias son inadecuadas por sí mismas para explicar los orígenes, excepto como ejemplo de la obra de Dios entendida desde una cosmovisión bíblica.

Unidad 4 Parte 2 ¿Importa la Creación Bíblica en el Mundo Real?

Resumen de la Parte 2 de la Unidad 4

La segunda parte de la Unidad 4 se refiere a la aplicación de la Creación bíblica al mundo real. Cuando se trata de grandes categorías de comportamiento humano y de acontecimientos mundiales, ¿importa la visión del mundo? Mostraremos por qué importa. También se tratarán las grandes tendencias, ya que la visión del mundo de una persona puede afectar al sentido de dónde estamos y hacia dónde nos dirigimos. Los últimos capítulos cubren las aplicaciones en la vida: qué significa tener una cosmovisión bíblica o naturalista como estudiante o adulto trabajador, en vista de lo que se ha aprendido en el plan de estudios.

La segunda parte también contiene una definición de los proyectos que pueden llevarse a cabo en lugar de realizar un examen final.

Lección 1 Cuestiones Humanas Fundamentales: Economía, Comercio e Intercambio

A. Objetivo General de la Lección

- Apreciar las pautas y los beneficios de entender cómo se puede hacer negocios teniendo en cuenta una cosmovisión bíblica.

B. Plan de la Lección

- Desde el principio, Dios ha intervenido en los asuntos del hombre, ha hecho valoraciones sobre sus actividades y ha proporcionado orientación sobre el comportamiento.
- La Palabra proporciona una guía práctica sobre la conducta de la economía, el comercio y los negocios, que ilustra Su preocupación sobre cómo nos comportamos.
- Él conoce nuestras motivaciones, decisiones y acciones en los asuntos prácticos del día a día. Él nos mantiene a la vista y nos hace responsables de nuestras acciones, probando para ver si elegimos aplicar nuestra fe en Cristo, nuestro Creador, a estos asuntos.

C. Lección

Resumen

Ahora que hemos estudiado la cosmovisión de la Creación bíblica y hemos visto algunas materias escolares comunes que se ven afectadas por esta visión, ¿importa en el mundo real? Los estudiantes se enfrentan a la siguiente ronda de escolarización o podrían estar entrando en su lugar de trabajo. Los padres jóvenes están en su lugar de trabajo o tratando de encontrar trabajo. Aproximadamente la mitad de la población mundial tiene problemas para encontrar un trabajo a tiempo completo, y algunos no pueden ir a la escuela porque el dinero es escaso. Una gran parte de la humanidad vive en zonas donde la vida no es fácil; la inestabilidad política, la pobreza, el hambre, las enfermedades y los conflictos afectan a grandes regiones. Estos son los tipos de cosas que afectan a los puestos de trabajo y al futuro de la mayoría de la gente. ¿Importa la perspectiva que tengo del mundo y lo que creo cuando me encuentro en medio de circunstancias como éstas?

La mayoría de la gente tiene una visión del mundo que incluye algunas ideas bastante difusas (indefinidas). Por lo general, implica un dios de algún tipo. Puede que no crean del todo en la cosmovisión naturalista del universo y la Tierra, aunque ésta sea la cosmovisión más popular y la base actual de las materias escolares clave que hemos revisado en la Unidad 4, Parte 1, Lecciones 4-7. Si preguntas a una docena de personas en la calle en qué creen, es más que probable que mencionen algún tipo de trasfondo o creencia religiosa, pero los detalles que la relacionan con el siguiente paso o día de la vida probablemente no sean tan sencillos. Y, en un entorno en el que la ciencia y la tecnología se consideran a menudo la fuente de la verdad, el concepto de un dios que se relacione con el mundo real probablemente parezca ficción. Dios es pertinente para la vida, pero no es generalmente conocido. A menudo queda oscurecido por caminos de la vida que lo evitan. (**Juan 1:10, Mateo 7:13-14**).

Entonces, ¿en qué se diferencia una cosmovisión de la Creación bíblica? ¿Y qué sucede cuando esta perspectiva del mundo se enfrenta a graves problemas humanos?

Recuerda las primeras lecciones en las que tratamos el tema de Génesis 1. Dios nos dio el relato de la Creación. Al principio era "buena" (valoración de Dios) sin excepción. La muerte y el sufrimiento no formaban parte del cuadro hasta la Caída del hombre, que estuvo marcada por la entrada del pecado y sus consecuencias. Sin embargo, Dios no se cansó de la humanidad y siguió interviniendo en los asuntos de los individuos. Ellos lo olvidaron rápidamente. Así ha sido desde el Génesis.

La cosmovisión de la Creación bíblica apunta a un Dios personal. Él permanece involucrado en las circunstancias, ya sean fáciles o difíciles, pero la gente se olvida del Creador. Aunque las personas no lo conozcan, Él sí nos conoce. Su propia Creación está destinada a recordárnoslo, porque apunta a Él. El ateo empedernido no lo cree. Algunos, que están convencidos de la perspectiva naturalista del mundo, lo niegan. Pero, ¿qué pasa con la persona media, que es representativa de la mayoría de la gente y cuya visión es una mezcla de cosas? ¿Le importa? Y si le importa, ¿qué hacemos?

La respuesta es clara: nosotros decidimos creer o no. Dios, que conoce nuestras circunstancias e identifica nuestra *predisposición* al pecado, dice que creer en Él cambia nuestra forma de vivir. Aunque no elimina la mayor parte de las consecuencias del pecado en una Creación caída, sí marca la diferencia en el corazón de una persona en esta vida y abre la puerta a la vida eterna. La Biblia dice claramente que creer en Él cambia esa parte central de las personas que es tan importante. Además, el cambio y sus efectos son independientes de las circunstancias, ya sean buenas o malas (**1 Tesalonicenses 5:18, Filipenses 4:12-13**).

Teniendo esto en cuenta, queremos examinar tres áreas de los asuntos humanos que son comunes al hombre. Si una persona conoce al Dios de la Creación bíblica, hay una manera de vivir a través de las circunstancias fáciles o duras que atañen a estas tres áreas. La forma en que vivimos marca la diferencia, porque Dios ve, entiende y puede estar con nosotros en ellas. ¿Cómo podemos estar seguros de esto? Nos lo recuerda señalando los acontecimientos del Génesis: cómo guardó a Noé en tiempos malos (**Hebreos 11:7; 2 Pedro 2:5-9**).

Economía, Comercio e Intercambio

Desde la perspectiva de la Creación bíblica, las actividades del hombre son diferentes porque son supervisadas por el Gran Supervisor. Las primeras lecciones muestran que Dios es un Dios que interviene; la vida de las personas ha estado sujeta a Su atención desde el principio. Dios no ha cambiado. Sus normas para el comportamiento humano aplicadas a los individuos son las mismas que las de los grandes grupos de personas. Esas normas son fijas. Dios proporciona orientación y ejemplos que se aplican a la economía, el comercio y el intercambio, que son actividades comunes e incluso dominantes en la vida. Son los principales medios a través de los cuales las personas obtienen riqueza, pero también por los que otros se ven sometidos, entran a la pobreza o incluso salen de ella. Los siguientes párrafos ofrecen una perspectiva bíblica sobre la economía, el comercio y el intercambio:

1. Dios odia las pesas ilegales, el engaño, la estafa o el robo por cualquier medio, con pesas y medidas engañosas en el proceso de comercio o transacciones de cualquier tipo. El mismo principio, aplicado más ampliamente, cubre cualquier tipo de práctica engañosa en el comercio o los negocios. Puede parecer que una persona o empresa gana haciendo esto, pero el cliente o comprador pierde, y Dios lo ve. Consulta **Proverbios 20:10 y 23**. Las empresas no son más que organizaciones de personas individuales que proporcionan un producto o servicio. Ya sea que una decisión o acción sea de una persona o de una gran compañía, esta escritura y otras

similares muestran que Dios pesa nuestras actividades económicas. Las prácticas falsas y engañosas reciben Su atención, porque la naturaleza de esas cosas es directamente contraria a la naturaleza de Dios desde el principio. Dios demuestra esta atención al detalle desde el principio, en la Caída del hombre. Cuando Adán es cuestionado por comer la fruta prohibida, culpó a Eva. Eva le echó la culpa a la serpiente. Es el mismo tipo de acción que encontramos hoy en día: transferimos la culpa o llamamos la atención sobre otra cosa para evitar la verdad y tratar de justificar las acciones que fueron incorrectas. En el centro del asunto está el engaño. Dios no se deja engañar. Él declaró los resultados de la desobediencia: la muerte y el sufrimiento entraron en Su Creación desde la época de Adán y Eva. Nosotros no hemos cambiado. Incluso con leyes y regulaciones en el mercado, tendemos a pecar. Y, si pecamos, solemos intentar echar la culpa a alguien o a algo más.

2. Creer en Dios afecta a las actitudes individuales hacia el dinero y la economía. Esto se demuestra en una escena (**Lucas 19:1-9**) con Zaqueo, un recaudador de impuestos, cuando elige creer en Jesús. No sólo decide no hacer trampa, sino que promete devolver lo que había tomado ilegalmente. La visión del mundo de Zaqueo cambia con su contacto con Dios. **Mateo 6:24** expresa el principio en términos más amplios.

3. **Isaías 58:3-5** habla del maltrato a los trabajadores en un contexto revelador de gerentes que se quejan a Dios de que han ayunado, pero están molestos porque Dios no se ha dado cuenta. La sección es mucho más que un comentario sobre el ayuno. Más bien, es un desafío a los estilos de vida, donde Dios ve la diferencia entre la conducta mala y la buena que nosotros pasamos por alto tan fácilmente. Dios señala el estilo de vida correcto después de estos versos. ¡Considera la audacia de Dios para 'sugerir' una asociación entre cómo llevamos nuestro estilo de vida y cómo lo amamos a Él! Él sugiere que el estilo de vida de un creyente debe tener los mismos atributos que tiene Dios. Por lo tanto, liberar a la gente de la esclavitud, atender a las necesidades prácticas y evitar la maldad son consistentes con la creencia en Dios. Con qué rapidez olvidamos que nuestros estilos de vida 'elegidos' se encuentran en una franja de tierra habitable creada específicamente para que tengamos la oportunidad de llegar a Él (y llegar a ser como Él) o no (**Hechos 17:27**).

¿No suenan los versículos de Isaías muy parecidos al mismo Dios que trata con Adán y Eva, Caín y Abel, Noé y las primeras generaciones? Cuando tratamos con Dios, estamos tratando con el mismo Dios de estas primeras personas, el Dios de Isaías, y el Dios de hoy. La verdadera creencia en este Dios de la Creación bíblica afecta a la forma en que nos comportamos en la economía, el comercio y el intercambio. Como hemos aprendido en las lecciones, Dios es personal: observa e interviene en los asuntos de las personas.

Al final, nos hace responsables de nuestros actos. Él recuerda las decisiones y las acciones. Comenzó el día en que le dio a Adán una orden: come libremente de todos estos árboles, pero no comas de un árbol en particular. Desde entonces no lo hemos hecho bien. Por eso necesitamos un Salvador. Dios conoce la diferencia entre vivir una vida a nuestro antojo y una creencia en Él que afecta a nuestras prácticas económicas, comerciales y de intercambio. Por lo tanto, cuando observemos las terribles condiciones económicas, recordemos que Dios no es el máximo culpable. Lo somos nosotros. Así ha sido desde el principio. Asimismo, cuando la gente se regodea en las riquezas mientras sus vecinos pasan hambre, ¿no crees que Dios se da cuenta? Si un pobre ajusta un poco la balanza para obtener un poco más por un producto, ¿no se da cuenta Dios? Puesto que Él puede colocar y nombrar cada estrella del universo como parte del trabajo de creación de un día, es capaz de observar y evaluar adecuadamente nuestros comportamientos económicos.

D. Asignación

Considera **Lucas 3:14**. Amplía su significado con tus propias palabras. Considera **Juan 14:27** y amplía la frase sobre la paz con tus propias palabras. A partir de estos versículos, explica por qué crees que Dios conoce tanto el conflicto como la paz. Prepárate para compartirlo en la próxima clase.

E. Actividad de Aprendizaje

Nota para el profesor: este ejercicio es más largo que la mayoría. Puede ser necesaria una sesión aparte. Divídanse en equipos. Evalúen la situación del siguiente párrafo y corrijan los errores emitiendo un juicio (basado en los principios de esta lección). Expongan el error o los errores cometidos, emitan un juicio o hagan recomendaciones. Cada equipo dispone de 10 minutos para exponer.

Una empresa de cinco personas presta servicios de catering en una escuela de 100 niños. Hacen una estimación de la factura para el colegio de $150 por niño. En el último momento, un proveedor de alimentos cambia los precios, de modo que el coste real baja un 25%, por lo que la empresa obtendrá un 50% más de beneficios. La escuela es pobre. Cuando hay que pagar la factura, la escuela sólo paga por el 75% de los niños, pero promete el resto en una semana. Uno de los trabajadores de la empresa de catering es padre de dos de los niños que van a la escuela, y ha comunicado al colegio el beneficio imprevisto que ha obtenido la empresa. Pasa una semana. No se paga a la empresa de catering. La empresa de catering lleva al colegio a los tribunales para cobrar lo que se le debe. La escuela contraataca, alegando que debería haber sido informada de la bajada de precios de la empresa de catering y haber renegociado un precio más bajo con la escuela. Por lo tanto, según el administrador de la escuela, no se debe ningún dinero a la empresa de catering. Mientras tanto, la empresa de catering despide al empleado, padre de dos hijos que no puede pagar las cuotas del siguiente trimestre. El colegio da de baja a los hijos y los manda a casa sin apelación posible. El padre lleva al colegio a los tribunales, exigiendo la reincorporación de los dos niños y un plan financiero para recuperar las cuotas perdidas. Hoy es el día en que todos están en el juzgado. ¿Qué vas a hacer tú, como juez, para resolverlo? Y, por cierto, tu hijo mayor es presidente de la empresa de catering. Utiliza los principios bíblicos tratados en esta lección.

F. Resumen Final

Dios ve cómo hacemos negocios y tiene normas bíblicas por las que examina nuestra conducta.

Lección 2 Cuestiones Humanas Fundamentales: Guerra y Paz

A. Objetivo General de la Lección

- Comprender que una cosmovisión bíblica puede explicar el conflicto o la paz, de modo que entendamos que Dios conoce todas las cosas y puede proporcionar una guía para caminar a través de ambos.

B. Plan de la Lección

- El conflicto y la guerra implican circunstancias y comportamientos extremos, pero Dios, desde el principio, está al tanto de estas cosas. Al igual que el Génesis, el registro del Nuevo Testamento ilustra que nuestra conducta personal en estos tiempos sigue estando bajo escrutinio.
- Los tiempos de paz son iguales en este sentido: Dios mira nuestros tiempos de paz, pero Su Registro muestra más preocupación por la paz en los corazones. La Biblia llama la atención sobre las diferencias entre la paz real y la paz que no llega ni afecta al corazón.
- La paz es un atractivo popular para la gente, pero si no implica el mismo tipo de paz que Dios da cuando elegimos caminar en una relación con Él, entonces no es el mismo tipo o calibre de paz.

C. Lección

Resumen

Muchos medios de comunicación dedican un tiempo desmesurado a los conflictos humanos. La Biblia predice que las guerras y los rumores de guerra serán frecuentes en los últimos días. La historia ilustra el increíble coste de los conflictos humanos. Al mismo tiempo, existe un sentimiento generalizado de necesidad de paz, pero ¿es una paz real? Las organizaciones defienden el valor de la paz y gastan billones de dólares para promoverla. ¿Es este concepto de paz una respuesta a todos los problemas? Estas son preguntas importantes. Esta lección proporciona un contexto de Creación bíblica para la guerra y la paz.

PPC Con los resultados de la asignación, el profesor identificará las valoraciones de los alumnos sobre la conciencia que tiene Dios de la guerra y la paz. Versículos de referencia: **Lucas 3:14, Juan 14:27**.

PPC Explica la conciencia de Dios sobre los grados de violencia (**Génesis 6:13**)

Guerra

La guerra y la paz son términos que se refieren al estado de las relaciones entre distintas partes de la humanidad. Aunque las normas de comportamiento de Dios no han cambiado, hay que darse cuenta, como hemos dicho, de que la humanidad está caída (Lecciones 8-9). Peca desde su nacimiento, pero se le dan oportunidades de acercarse a Dios (**Hechos 17:26-27**). En el curso de la vida, las personas y las naciones pueden estar en conflicto o en paz, pero tienen la oportunidad de llegar a Dios en ambas situaciones. Ambas se abordan en las Escrituras a través de personas y eventos reales, o por lo que Dios dice o no dice sobre las personas durante la guerra o la paz. Considera los siguientes dos ejemplos:

1. El centurión visita a Jesús en **Mateo 8:5-13**. El contexto es fundamental. Jesús era judío por ascendencia; los judíos eran gobernados por la fuerza en aquellos días; pagaban al Imperio Romano dinero en forma de impuestos mientras ocurrían los acontecimientos citados en los Evangelios. Un centurión, responsable de llevar a cabo parte de este gobierno, acudió a Jesús con una necesidad. Jesús, el mismo que hizo el universo y la Tierra, no dio (nunca lo hizo) un sermón sobre Roma ni le dijo al centurión que cambiara de profesión. Lo recibió, escuchó su necesidad y comentó su fe. El siervo del centurión fue curado. Los dirigentes judíos locales debieron de agitarse mucho. En otra parte de la Biblia, Juan el Bautista habló con soldados que estaban convencidos de sus pecados y le preguntaron qué debían hacer. Juan no los sermoneó sobre su empleo, pero les dijo que no abusaran de su autoridad como soldados en el trabajo. ¿Quién es este Dios que hace estas cosas? Él reconoce que los comportamientos humanos más duros están presentes en nosotros, pero se dirige a nuestra actitud como individuos en estos asuntos. Fíjate, también, en la actitud de Dios hacia la autoridad de los gobernantes en **Romanos 13:1-7** y su papel en la contención del pecado en un mundo caído.
2. Dios permite dificultades económicas e incluso la guerra. A veces, Él hace que sucedan para que la gente se arrepienta. ¿Es tu Dios lo suficientemente grande como para supervisar tales asuntos? Es el mismo Dios que creó el universo el que lo hace. Dios puede incluso utilizar a hombres incrédulos y malvados para lograr Sus propósitos, por ejemplo, utilizando la conquista de gobernantes paganos para traer el juicio sobre Su pueblo Israel. También hay ejemplos en los que Él usa a gobernantes paganos e incrédulos para traerles bendiciones, como lo que ocurrió cuando el rey persa Ciro emitió un decreto para reconstruir el templo. Ahora lee **Amós 4**. Considera lo que Dios está haciendo para llamar la atención de un pueblo. Esta no es una porción cómoda de las escrituras, pero Dios conocía el corazón de cada persona, de cada pequeño pueblo y de cada pequeña familia en los campos de la zona cuando se escribió este capítulo. La guerra también ocurre en algunos de estos versículos. Léanlo en oración. Este es el Dios Creador que lo sabe todo y reconoce que tendemos a no responderle. Pero Él persevera para llamar nuestra atención –incluso en circunstancias duras. Fíjate en los últimos versículos, donde Dios se identifica como el Dios de la Creación.

La Paz

El atractivo de la falsa paz es un tema bíblico, con una lección que proviene de una visión de la Creación bíblica. Hay varias porciones de la Biblia en las que la paz, según los estándares del hombre, fue declarada falsa por Dios. La guerra es ciertamente una cosa terrible y llena de violencia. La paz, en cambio, puede parecer muy agradable. Sin embargo, en su forma no divina es tan perjudicial como la guerra. ¿Cómo puede ser esto? Dios diferencia la verdadera paz de la falsa paz, así como reconoce la diferencia entre la paz en el corazón y la paz temporal que no toca ni ayuda al corazón del hombre. Considera la clase de paz a la que Dios se refirió en **Juan 14:27**, la cual dijo que era diferente comparada con la paz que el mundo da. ¿Qué dice el mundo que es la paz? Una definición típica de paz significa que no nos estamos golpeando en un gran conflicto. ¿Pero estamos en paz con Dios? ¿Recuerdas los días de Noé? Dios dijo que el pensamiento de todo hombre era malo, lo que incluía a todo cuerpo humano sin excepción –pequeños, ancianos, doncellas, muchachos. No se hicieron excepciones, sólo Noé. Dios hizo el juicio; Sus evaluaciones son sin error. Esto no se refería a la guerra en el sentido clásico que conocemos. La guerra externa, sin embargo, no es lo que se describe. La gente se casaba como si fuera una época normal (**Mateo 24:37-40**). ¿Pero lo era? Dios dice que la violencia en los corazones de los hombres era tan mala que no se podía reparar ni cambiar (**Génesis 6:5-7**). Entonces no es una sorpresa que Dios dijera que el mensaje del Evangelio no causa 'paz'; causa conflicto al ser desafiadas nuestras visiones del mundo por la diferencia con las declaraciones de Dios sobre la humanidad en comparación con nuestras nociones. Jesús abordó la misma cuestión en **Lucas 12:49-53**. Paralelamente a los conceptos populares de búsqueda de la paz, la mayoría de la gente tiene la noción de que el mundo (las personas que lo habitan) está mejorando; esta conclusión también es evidente desde una visión evolutiva del mundo. Dios no está de acuerdo. La visión bíblica de la Creación es lo contrario: Dios creó todas las cosas como "buenas," pero fueron infectadas por el pecado; empeoramos. La Biblia es clara: la inclinación de nuestros corazones no es pacífica sin el remedio de Dios (creer en Jesucristo) —no importa cuán pacífico parezca ser el mundo.

Conclusión

Uno puede ver en estas porciones de la Escritura que Dios no es ajeno a nuestros caminos guerreros o pacíficos, aunque Él trabaja a través de las circunstancias en ambos casos. Él sabe que todo era bueno antes de que el hombre cayera; también sabe que las cosas no han sido buenas desde entonces. Sin embargo, Él se ofrece como la fuente de la verdadera paz en el alma del hombre a través de la creencia en Jesucristo. No podemos comprender fácilmente cómo Él trabaja en múltiples y radicalmente diferentes circunstancias (desde la guerra hasta las cosas que parecen pacíficas), pero olvidamos que Él es el Supervisor Perfecto, Consejero y Ayudante en tiempo de necesidad o bendición. Todo el libro de Job habla de tal situación. Job no podía ver su situación real. Dios sí podía. ¿Esperarías algo diferente de un Dios Creador Eterno, que fue capaz desde el principio de la humanidad de ver nuestras fragilidades, fracasos y caminos violentos, y sin embargo ser perfecto en Su juicio y extender la misericordia como es apropiado?

PPC Si un Dios no fuera capaz de entender completamente el comportamiento del hombre de guerra y de paz, ¿sería verdaderamente Dios Eterno? ¿Por qué, o por qué no?

D. Asignación

Utilizando libros de historia o recursos en línea, calcula el número de países y personas afectados desde el año 2000 por grandes catástrofes, enfermedades o hambrunas. Las cifras pueden ser difíciles de obtener, así que proporciona una estimación general de sólo cinco.

E. Actividad de Aprendizaje

Un padre y una madre tienen tres hijos. Los quieren a todos. Hace poco, hubo una guerra en la frontera de su país. Un hijo se opuso a matar por motivos religiosos y fue encarcelado durante 3 meses. Otro hijo era un oficial condecorado, cuyo pelotón fue el que más enemigos mató en menos tiempo que el resto de las unidades. Un tercer hijo trabajaba para la ONU y había intentado negociar la paz antes de que se produjera la batalla que provocó las muertes en el país vecino, a manos del pelotón del segundo hijo. Actualmente, ninguno de estos hijos se lleva bien y están resentidos el uno con el otro. Ustedes, los padres, como cristianos, deben decir algo para mejorar la situación. ¿Qué van a decir? Utilicen las lecciones aprendidas en la clase para formular su discurso y consejo paternal. Enumeren y discutan los puntos principales.

F. Resumen Final

Dios es consciente de nuestros caminos de guerra y de nuestros esfuerzos por traer la paz a la Tierra sin Él. Conocerle a Él es la solución a estos asuntos del corazón.

Lección 3 Cuestiones Humanas Fundamentales: Desastres, Enfermedades y Hambre

A. Objetivo General de la Lección

- Comprender que Dios está al tanto de nuestra posición y de cómo conducimos nuestra vida, aunque nos encontremos en circunstancias duras como el desastre, el hambre y la enfermedad.

B. Plan de la Lección

- Las consecuencias del pecado, que tienen su origen al principio, en la Caída del Hombre, son dolorosas y duras a la luz de la historia y los efectos del desastre, la enfermedad y el hambre. Sin embargo, nuestro Dios Creador no es ajeno a estas condiciones ni a las personas que las padecen.
- La capacidad eterna y múltiple de Dios se hace evidente cuando uno se da cuenta de que la Palabra muestra ejemplos de Su conciencia, supervisión y uso de condiciones peligrosas y duras, ya sea que estemos sujetos a ellas o en posición de ayudar a otros en ellas.
- La cuestión de los desastres, las enfermedades y el hambre puede dar lugar a la pregunta: '¿Por qué me pasan estas cosas a mí?' La pregunta más apropiada, con una visión bíblica del mundo en mente, es esta: '¿Por qué no me van a pasar a mí? ¿Cómo manejo mi vida con estas cosas presentes?'

C. Lección

Resumen

En la Biblia se mencionan eventos que involucran desastres, enfermedades y hambrunas. Recuerda el poder y la capacidad de supervisión de Dios que se analizó en la Lección 1. Él sabe cómo somos y qué experimentamos. También utiliza las circunstancias para llamar nuestra atención: tanto para corregir como para mostrar Su amor (**Job 33:29-30; 37:13**). Estas escrituras son muy incómodas de considerar en los tiempos modernos. Sin embargo, a lo largo de la historia se producen acontecimientos extremos. ¿Cómo podemos vivirlos? Si ocurren cosas en regiones o naciones –buenas o malas– los líderes ocasionalmente llamarán a la gente a orar, convocarán un período de ayuno y se levantarán para ayudar a los que están desesperados. En ciertos casos, un líder incluso considerará que cuidar de los demás es una tarea que Dios le ha encomendado. A veces la gente se ayuda entre sí en caso de desastre, enfermedad y hambruna; otras veces no. Dios tiene algo que decir sobre este tipo de circunstancias y sobre cómo debemos responder a ellas.

Ejemplos de la Escritura

Aquí hay cinco ejemplos de la Palabra que ilustran el obrar de Dios en circunstancias que implican desastre, enfermedad y hambruna:
1. El hambre y la sed fueron utilizadas para llevar a la gente a Dios en **Amós 4**.
2. Job soportó un sufrimiento increíble que parecía no tener ninguna razón, pero Dios proporciona un registro de la historia real en **Job 1** y **2**.

3. La aflicción muestra las necesidades de nuestros corazones y nos hace tomar decisiones. Diez leprosos vinieron a Jesús para ser curados en **Lucas 17:11-17**. Eran parias a causa de su enfermedad. Después de sus curaciones, sólo uno regresó para dar gracias. Dios comenta sobre uno, pero también sobre los otros. No se olvida del trabajo de la enfermedad, pero reconoce que Su toque también provoca decisiones: damos crédito a Dios o no lo hacemos.
4. La historia de José en Génesis 37-47 es una historia muy conocida, pero siempre vale la pena volver a leerla. Dios proporcionó la historia con mucho detalle. Observa las condiciones que cambiaron en la vida de José, las circunstancias que llevaron a José a una posición de poder, y la sabiduría que obtuvo de Dios para salvar a su familia en una hambruna que no estaba prevista al principio. Comenzará a darse cuenta de la asombrosa red de circunstancias que Dios utilizó para cumplir sus propósitos. Lee **Génesis 45:4-8** para ver la conclusión de José sobre los años de dificultades. Aunque originalmente estaban destinados al mal, Dios los usó para el bien. Se puede ir más allá: la misma salvación de esta familia conduce a otra generación y a otro líder en Egipto que culminó en un famoso conjunto de circunstancias en la vida de Moisés. Dios no ha cambiado; Él es detallado en sus preocupaciones hoy en día cuando hay un desastre, hambre o enfermedad, al igual que fue detallado en las vidas de las primeras generaciones de personas en el Génesis. Él las utiliza para sus propósitos.
5. Jesús señala la sustancia de la verdadera fe de los creyentes en Dios al mostrar estilos de vida contrastantes en **Mateo 25:31-46**. Algunas personas creen; otras dicen que tienen fe, pero sus acciones no coinciden con sus palabras. Dios ve la diferencia como un pastor que es capaz de separar claramente las ovejas de las cabras. Las circunstancias se componen de personas que necesitan comida, ropa, refugio o visitas porque están enfermas o en la cárcel. Las personas que se dicen creyentes y atienden las necesidades de los más pequeños se consideran ovejas. Las personas que dicen ser creyentes y no hacen nada son llamadas cabras. El juez de la situación es Dios. Por lo tanto, las personas que son verdaderos creyentes deben atender a las personas que sufren desastres, enfermedades y hambrunas, si es que pueden hacerlo. Dios ve tanto la circunstancia de los necesitados como las circunstancias de los que podrían atender esa necesidad.

¿Qué Debemos Hacer?

Sólo Dios puede supervisar y utilizar plenamente las duras circunstancias de un mundo caído para cumplir Su voluntad. Es el Dios de la Creación quien lo hace, y se identifica con las personas en tales circunstancias. El sufrimiento humano clama por soluciones. Seguirá existiendo. Sin embargo, la forma en que respondemos marca la diferencia si creemos, vemos y actuamos desde una visión bíblica de la Creación. Podemos reconocer que estamos en un mundo caído (consecuencia de las acciones de las personas), pero Dios ve y utiliza todas las circunstancias para cumplir Su voluntad. Él conoce el final desde el principio y no olvidará nuestra fragilidad.

D. Asignación

Hasta qué punto somos conscientes del pasado, la conciencia que tenemos del presente y hasta dónde podemos ver hacia adelante depende de cuán alertas estemos. Explica el factor común en estos versículos que nos hacen conscientes de nuestra vida en términos de tiempo. Consulta **Proverbios 10:27** y **Salmo 90:11,12**.

E. Actividad de Aprendizaje

A partir de los resultados de la asignación para la clase, el profesor publicará los acontecimientos significativos anotados en las respuestas de los alumnos. Anota la fecha, el tipo de acontecimiento, el lugar y el número de personas afectadas. ¿Qué grado de prevalencia tienen estos acontecimientos, a juzgar por los resultados?

F. Resumen Final

Dios está al tanto de nuestras circunstancias y sabe si atravesamos una catástrofe, una enfermedad o una hambruna.

Lección 4 Grandes Tendencias: Dónde Estamos y Hacia Dónde Vamos

A. Objetivo General de la Lección

- Comprender que Dios conoce nuestro principio, nuestra dirección y nuestro fin, como individuos y como humanidad.

B. Plan de la Lección

- En claro contraste con el 'tiempo profundo' para el pasado o el futuro en la cosmovisión naturalista, que incluye la conjetura de la evolución del hombre, la cosmovisión bíblica tiene un principio, una dirección y un final distintos para los individuos y la humanidad.
- La cosmovisión bíblica nos da una vara de medir y una definición de dónde estamos, hacia dónde nos dirigimos y cómo terminará todo.
- El conocimiento de estas cosas, de acuerdo con la Palabra, está destinado a hacernos abrazar la vida en Cristo y caminar hacia adelante con Él, en lugar de vagar por la vida ignorando el contexto bíblico de nuestro mundo.
- Dios no es neutral en cuanto a nuestra visión de las cosas o a nuestro caminar por la vida, lo cual quedó demostrado desde el principio (en el Génesis), donde comenzaron nuestras decisiones y las consecuencias de las mismas.

C. Lección

La Cosmovisión Dominante: Una Mezcla de Naturalismo y Religión

La perspectiva dominante en la mayoría de las sociedades es el naturalismo, que suele estar mezclado con algo de religión y cultura. Dado que la parte naturalista de la mezcla carece de valores y está moralmente en bancarrota, es mucho más aceptable cuando se mezcla con las normas culturales y la religión local para proporcionar algunas pautas morales, especialmente para la educación de los niños. El resultado neto, sin embargo, es un dios que no tiene ningún sentido ni influencia en la vida real. El resultado dista mucho del Dios de la Creación bíblica.

¿Por qué, entonces, la gente no busca al Dios de la Biblia, el que creó todas las cosas? En las culturas actuales, se debe en parte a que se ha asumido que la creencia de los hombres en la ciencia y la tecnología es más fundamental que Dios. La respuesta de Dios sobre la situación es clara: los hombres aman las tinieblas (**Juan 3:19**). Renunciar a la autoridad es difícil. Cuanto más inteligente, más rico o más arrogante es el hombre, más difícil es ceder a Dios (**Mateo 11:25, 1 Corintios 1:26-29**), que es el verdadero Creador de la Tierra, del universo y de la gran variedad de leyes y ordenanzas que forman parte de él.

Parte de la resistencia a Dios es la comprensión de que, si creemos en Él, Él describe cómo somos, lo que incluye de dónde venimos, dónde estamos, hacia dónde nos dirigimos y hacia dónde se dirige el universo. Estas tendencias, que se explican en numerosas partes de la Biblia, ilustran lo singular que es la visión bíblica de la Creación. No es popular, porque nos hace responsables de lo que ocurrió y de lo que ocurrirá.

Un Resumen de la Cosmovisión Bíblica de la Creación

El increíble amor y cuidado del Dios Eterno ha proporcionado la visión bíblica de la Creación para que veamos lo que ocurrió al principio. Sus lecciones, sin embargo, son de gran alcance y se extienden a cómo vemos las cosas a nuestro alrededor y cómo nos vemos unos a otros. Su obra de creación original se lanza con un propósito, tiene como objetivo el "bien," crea al hombre para la comunión, y luego declara todo como "muy bueno." No hay muerte ni sufrimiento. La cobertura de esta parte de la Creación está en la primera unidad del material.

Con palabras claras sobre las primeras personas y generaciones en la Biblia (Génesis), Dios registró Su trabajo con los hombres cuando éstos eligieron algo más que tener comunión con Él. La elección que hizo el hombre de ser como Dios, pero sin Él, llevó a la entrada y al dramático aumento del mal en un mundo perfecto. Las cosas se pusieron tan mal que Él destruyó el mundo con el Diluvio, excepto una familia. Un poco más tarde, después del Diluvio del Génesis, Dios volvió a resumir la condición del hombre (**Génesis 8:21**). Él restringió aún más a la humanidad en la Torre de Babel. Todo esto se analiza en la segunda unidad de este curso.

Dios continuó trabajando a través de Su pueblo elegido, Israel, pero ellos también continuaron fallando... y fallando... y fallando. Él soportó su terquedad, pero la Biblia dice que planeó un camino para nosotros desde el principio, para ser rescatados de nuestra condición 'oscura' (**Juan 1:1-3**). Como dice **Hebreos 1:3**, Jesucristo es la imagen expresa de Dios para nosotros. Vino a la Tierra a través del linaje de un pueblo que se remonta a Adán (**Lucas 3:38**). Eligió ser el Único Hombre Perfecto, pero también el Dios Perfecto. Fue claro en Su mensaje: Vino a salvar. Ellos ('nosotros,' por extensión) lo mataron en cuerpo, pero Él resucitó de entre los muertos y, con ello, confirmó y aseguró un camino de salvación válido para todas las naciones y para todos los tiempos.

¿Qué más podría haber hecho para rescatarnos de nuestra condición caída que se remonta al principio? A no ser que quisiera crear robots para la comunión desde el principio, que no es el caso, Él permite que cada persona decida si le cree o no. ¡Qué amor! ¡Qué paciencia! Mientras tanto, Su Creación habla de Su obra, ya sea que uno mire los cielos o la tierra. También tenemos la cruda evidencia del Diluvio del Génesis a nuestro alrededor para recordarnos lo que sucedió. El acontecimiento es tan obvio y tan importante que Jesús y algunos de los otros escritores se refieren a él. El Diluvio del Génesis es un claro recordatorio de que Él quiere decir lo que dice.

Teniendo en cuenta estas cosas, la visión bíblica de los acontecimientos de la Creación sienta las bases y el contexto de las grandes tendencias que describiremos a continuación.

Dónde Estamos

Nada ha cambiado en la condición general del hombre desde el principio. Jesucristo repitió lo mismo (**Juan 3:19-20**). Así que, hoy en día, esta es nuestra condición general: nuestro punto de partida para saber dónde estamos.

Las parábolas de los Evangelios, que examinaremos brevemente, ilustran que, en última instancia, la gente decide creer a Dios o no. Nos inclinamos hacia Dios o nos alejamos, hacia la luz o hacia las tinieblas (**Juan 3:20-21**). Aunque las personas y sus circunstancias no nos parezcan tan claras, Dios ve con claridad. Recuerda: Él es el Supervisor Perfecto; Él no miente; Él es justo y preciso en todos los aspectos. En nuestra condición actual, aunque el número de personas a lo largo del tiempo parece ser grande, Él hace provisión para cada circunstancia a lo largo de la historia, para que cada persona tenga oportunidad durante su vida de decidir si creer o no. Las personas siguen viviendo, a menudo, mal, por los efectos del pecado, pero dentro de su experiencia son capaces de tomar la decisión de llegar a Dios o no (**Hechos 17:24-27**).

Hacia Dónde Nos Dirigimos

Algunas de las parábolas de Aquel que creó todas las cosas muestran que la situación no persistirá para siempre. Veamos **Mateo 25:1-13**. Ya hemos abordado que la Creación tiene un propósito y una dirección, pero también una consecuencia final. El Creador Principal y Científico del universo lo llevará, con toda su complejidad y variedad, a su fin en un momento determinado. Dios también señala las tendencias que conducen a ese punto. Él dice que la negativa a creer en Él inicia una tendencia (**Romanos 1:18-32**), y otra tendencia ocurre entre los que creen (**2 Pedro 1:3-11**). Ambas tendencias de la humanidad marchan hacia el fin, que estará marcado por el juicio de Dios y el regreso de Cristo.

Hacia Dónde se Dirige el Universo

¿Qué dice Dios sobre el universo? En primer lugar, el universo terminará en algún momento (**Mateo 24:35-36, 28:18-20; Apocalipsis 21:1**). Segundo, estaremos con Dios o no en dependencia de qué hayamos creído en esta vida. Es la misma cuestión del principio: ¿cree el hombre en lo que dice Dios y vive en consecuencia o no lo hace? Esto afecta a la forma en que vivimos y morimos. La gran diferencia al final es que la muerte en esta Tierra para el creyente no es la muerte, sino una entrada a la presencia de Dios en quien ha creído (**Juan 6:38-40**).

Dios no es neutral respecto a nuestras creencias: sabe quiénes creen en Él; sabe quiénes no lo hacen; su conducta en la vida y sus fines son totalmente diferentes (**Apocalipsis 21:5-8**). No hay nada oculto sobre el asunto porque Dios lo deja claro en parábola (**Mateo 25:1-13**) tras parábola (**Mateo 25:14-30**). Luego lo aclara en otros libros del Nuevo Testamento (**Efesios 5:1-13**), así como en el último libro (**Apocalipsis 1:5-7, 21:5-8**). Cuando finalmente marque el momento en que ponga fin a las cosas, el universo tendrá un final definitivo y se producirá un juicio. El universo comenzó por Su orden; terminará por Su orden. Fue juzgado una vez con agua unos 1656 años después de la Creación de seis días debido a la maldad de los hombres; el juicio final se menciona en **2 Pedro 3:1-10**.

Las declaraciones sobre el fin del universo suelen provocar una pregunta inmediata. ¿Cuándo ocurrirá esto? Cuando las escrituras no establecen un tiempo conocido, es mejor que el hombre no lo establezca. Las advertencias que se escribieron sobre esto tienen unos 2000 años; todavía son verdaderas y pertinentes. La verdadera cuestión no es cuándo, sino cómo debemos vivir mientras el fin está en algún lugar frente a nosotros. Esto se discutirá en las lecciones 6 y 7. Las respuestas no son complicadas. Recuerda, Dios quiso que Su Registro de la Creación y el resto de la Palabra de Dios fueran claros para todos. Aquellos que eligen creer en Dios tienen muchas cosas emocionantes que hacer, y su forma de vida puede ser fructífera. También tienen una esperanza eterna; cuando mueran, estarán con Él (**Hebreos 9:27-28**).

¿Cómo sabemos que todo esto es cierto? El registro y la evidencia del Diluvio (ver lecciones en la Unidad 2) se consideran un ejemplo primordial en la Biblia. Revisa lo que dice Jesucristo en **Lucas 17:26-30**. Por eso es importante el rechazo a considerar el evento del Diluvio del Génesis como verdadero. Estas escrituras señalan la seriedad de la advertencia del próximo día del Señor al referirse al Diluvio, que no es un mito o una broma. Es un recordatorio muy real de los acontecimientos clave de la Creación. Dios basa Su autoridad en el registro de la Creación en el Génesis, específicamente en el evento del Diluvio. El registro observable del Diluvio es fuerte porque tenemos una amplia evidencia geológica sobre la que estamos parados: los nuevos continentes, la extensión de las capas sedimentarias rápidamente depositadas (ahora roca sedimentaria) sobre la mayor parte de la Tierra, la muerte violenta y el enterramiento de las criaturas en múltiples capas de estratos, los enormes depósitos de carbón de la biomasa comprimida y enterrada, y las enormes características de la superficie que muestran el poder de las aguas en retroceso. El ruido del mantra evolutivo –cambios uniformes a lo largo de billones de años– es ensordecedor, pero la evidencia geológica del Diluvio sigue en pie. Es difícil no verlo, a menos que una persona sólo vea una perspectiva del mundo: la del desarrollo accidental y fortuito del universo (naturalismo y evolución).

Parte de la razón de este estudio es para que los estudiantes tengan la oportunidad de entender por qué es sabio cambiar las gafas. Podemos elegir ver el mundo que nos rodea a través de los ojos de la Creación bíblica. La evidencia de una Tierra y un Sistema Solar jóvenes hacen lo mismo, por ejemplo, recordando a la gente que hay otro punto de vista que es plausible y que también está respaldado por la autoridad de Dios... si elegimos creerle. Lo mismo ocurre con otras facetas de Su Creación. Se trata de lo mismo: ¿creemos lo que Dios ha dicho? En contra de la opinión popular, hay científicos y especialistas que están entusiasmados por descubrir lo que Dios ha hecho y creen en lo que Él dice. ¿Qué crees tú? Muchas cosas se verán afectadas por tu decisión. Tu decisión tendrá consecuencias.

D. Asignación

Lee la lista de posibles proyectos que se encuentra al final de la siguiente lección. Selecciona, por orden de prioridad, cuál de ellos te gustaría hacer.

E. Actividad de Aprendizaje

PPC Utilizando los recursos proporcionados por el profesor, divídanse en equipos e identifiquen a cuatro científicos o especialistas famosos de los últimos 1000 años, que creían que Dios era el Autor y Creador del Universo. Por lo tanto, sabían cómo empezó, en qué punto de esa Creación se encontraban y hacia dónde se dirigían. Enumera su contribución al avance de la ciencia. [Nota de investigación: *scientists, past, creation*]

F. Resumen Final

Dios conoce Su propio universo creado, dónde estamos en él y hacia dónde nos dirigimos.

Lección 5 Asignación de Proyecto

A. Objetivo General de la Lección

- Participar en un proyecto en equipo, eligiendo entre varias alternativas, que promueva una revisión, construcción o presentación activa de un tema relacionado con la cosmovisión bíblica.

B. Plan de la Lección

- Participar en un proyecto para ampliar, discutir o presentar un tema que subraye las lecciones aprendidas a partir de una cosmovisión bíblica.
- Interactuar con compañeros de equipo, profesores e instructores en la presentación o discusión del proyecto.
- Funcionar como un equipo para llevar a cabo la tarea.

Nota: La lección 5 puede intercambiarse con cualquier otra lección anterior de la Unidad 4, Parte 2, si se desea disponer de más tiempo para el trabajo del proyecto.

C. Lección

Resumen

Esta sección contiene las directrices del proyecto y describe las opciones para el mismo. Las fuentes legales de investigación para el material de revisión bíblica pueden ser documentos, vídeos, revistas y artículos de Creation Ministries International (creation.com tiene una amplia ventana de búsqueda en línea y una biblioteca), Institute of Creation Research (ICR) o AiG (Answers in Genesis). En los mismos sitios se puede encontrar material naturalista o evolutivo.

Los proyectos están diseñados para que puedan realizarse de forma competitiva o como presentaciones independientes. Para las presentaciones del curso normal, la clase se divide en equipos para presentar sus proyectos. Cada equipo debe ceñirse a la definición del proyecto elegido o asignado, como se explica a continuación. Los equipos serán juzgados competitivamente según los criterios comunes que se presentan al final de esta sección. La competición tiene por objeto promover los objetivos clave del curso y fomentar el uso de la Biblia como libro de texto históricamente preciso y espiritual que fomenta el pensamiento crítico.

Las presentaciones de los proyectos pueden utilizarse en un concurso regional o nacional. Con el fin de aprovechar el trabajo en equipo premiado para la competición intercolegial, puede haber algunos requisitos o restricciones adicionales en las directrices del proyecto. Esas diferencias tienen prioridad y deben ser incorporadas.

Es posible que se necesiten reglas adicionales, definidas por los profesores o la escuela, para proporcionar algunas restricciones razonables. A continuación, algunos ejemplos:
– Se podría asignar un proyecto para todos los equipos, y luego la sesión de clase sería una sesión de planificación del mismo proyecto por parte de cada equipo.

– Se pueden requerir o desautorizar ciertos materiales para promover la innovación que sea aplicada de manera más predecible por todos los equipos.
– Los tiempos de presentación pueden ampliarse en ciertos proyectos para permitir que se presenten más detalles de los que se podrían anticipar.
– El uso del vídeo y de los medios de comunicación puede tener una serie de reglas para adaptarse a la capacidad media de los equipos o de las escuelas participantes.

Opciones de Proyecto

1. Haz un arca a escala (de no más de 1 a 2 m de longitud, utilizando cartón, papel o madera ligera). Sugiere dónde podrían residir algunas de las principales 'especies' en el arca, en función del tamaño, la alimentación o las exigencias de cuidado. Sugiere sistemas de manipulación, almacenamiento, suministro de alimentos, residuos, sistemas de aire y agua que serán supervisados y gestionados por 8 personas. Deben describirse de forma general las especies que hay a bordo. Incluye y discute al menos dos pares de behemot juveniles y al menos otro tipo significativo de ser vivo de gran tamaño (puedes referirte a la Revista de la Creación o a su sitio web), así como su crecimiento estimado durante el período en el arca (casi un año). Las necesidades de almacenamiento tanto de la tripulación como de todas las especies deben describirse de forma general en la presentación. Recuerda: debes tener en cuenta que el arca experimentará algunos períodos de cabeceo (20 grados) y balanceo (35 grados) durante las peores partes de la catástrofe. Tiempo de presentación verbal: 15 minutos. Se anima a presentar información para complementar el modelo del arca y llamar la atención sobre los puntos clave. Cinco minutos para que el moderador/juez/profesor haga dos preguntas y reciba las respuestas del equipo. Tiempo total: 20 minutos.

2. Debate del punto de vista bíblico contra el punto de vista naturalista, en el que cada parte del equipo hace una presentación inicial de 5 minutos, pero cada equipo también debe hacer una refutación en el momento de la presentación del otro equipo. 15 minutos como máximo. Se espera al menos una pregunta del moderador, profesor o juez que deberá ser contestada en el acto por cada equipo (2 minutos por equipo. 1 minuto para la presentación de las preguntas). Tiempo total: 20 minutos.

3. Haz una presentación sobre los descubrimientos de fósiles en los últimos 30 años que incluya seres vivos de cuerpo blando que fueron fosilizados, descubrimientos de tejidos no fosilizados (incluyendo proteínas y hemoglobina, por ejemplo), actividad inusual en el momento del enterramiento (como dar a luz), huevos de dinosaurio fosilizados y grandes cementerios fósiles lejos del mar o a grandes alturas. Describe al menos dos de los grandes cementerios de fósiles con todo el detalle que puedas con respecto a lo que se encontró y dónde se hizo el descubrimiento (lugar, distancia sobre el nivel del mar), y lo que dice sobre el alcance del evento del Diluvio. Presenta un resumen de los hallazgos de los naturalistas, pero luego contrasta esos hallazgos con las conclusiones de los científicos de la Creación y de los miembros de tu equipo. Tiempo de presentación: 15 minutos. Cinco minutos para que el equipo presente y responda a las preguntas del profesor/moderador/juez. Tiempo total: 20 minutos.

4. Haz una presentación sobre la teoría de la información y/o la genética con respecto a este tema: ¿puede la información auto-desarrollarse sin influencia inteligente, o requiere del Dios creador? Defiende la posición bíblica y di a la audiencia por qué la posición naturalista no funciona. 15

minutos como máximo. Prepárate para recibir al menos 2 preguntas inesperadas o desafíos a tus afirmaciones al final de tu presentación por parte de un profesor o adulto invitado. 5 minutos. Tiempo total: 20 minutos

5. Imagina que los miembros de tu equipo pertenecen a una clase en la que el profesor te exige que aceptes por escrito que algo como un 'dios' o una religión no tiene nada que ver con la ciencia real. Debes defenderte ante él en 15 minutos sobre por qué crees que eso no es cierto, y que una visión del mundo que incluye a Dios es un presupuesto de base legítimo para su curso sobre ciencias de la tierra. Y, prepárate para recibir dos preguntas o desafíos del moderador/profesor/juez a las que debes responder. Cinco minutos como máximo. Tiempo total: 20 minutos.

D. Asignación

Responde a esta pregunta: ¿Cómo puede Dios conocernos antes de nacer? Utiliza **Apocalipsis 1:8,** el **Salmo 139** y **Hechos 17:26-27** como referencias principales para tu respuesta.

E. Actividad de Aprendizaje

PPC Con la descripción del proyecto asignado en la mano, cada equipo
- seleccionará un capitán de equipo y un grabador
- debatirá, esbozará y registrará los pasos probables para conseguir completar el proyecto
- acordará las tareas
- escribirá los resultados en un papel como Plan de Proyecto
- obtendrá la aprobación del profesor
- volverá a discutir cualquier sugerencia del profesor que pueda suponer una diferencia en el plan (hacer cambios en el plan del proyecto basados en esas sugerencias)
- volverá a presentar el proyecto para que lo apruebe el profesor

F. Resumen Final

Los conocimientos aplicados, como los proyectos prácticos que trabajan con la información de las lecciones, mejoran lo aprendido.

Lección 6 Viviendo Activamente Como <u>Estudiante</u> en un Mundo Caído: Una Perspectiva Bíblica

A. Objetivo General de la Lección

- Comprender que el estudiante, que invoca al Señor y camina con Él, tiene un lugar definido en este mundo que comienza con el estudio, la observación y el autodescubrimiento, que puede llevar a una vida de aprendizaje con Su afirmación.

B. Plan de la Lección

- Los deseos muy reales de Dios para nosotros se dan a conocer a partir de su Registro, y el origen de esos deseos se registra primero en el Génesis.
- Muchas partes de la Palabra amplían el mismo tema: tenemos un lugar para vivir en este mundo independientemente de las circunstancias, que incluyen las condiciones de nuestro mundo caído.
- El lugar de un estudiante comienza con el estudio, la observación y el autodescubrimiento, y puede apasionarse por una visión bíblica del mundo.

C. Lección

Resumen.

¿Tenemos un futuro en vista de la condición del mundo caído que Dios describe en el Génesis (después de la Caída)? ¿Puede esta vida ser emocionante y llena de descubrimientos, o está el estudiante relegado a una existencia mundana en cualquier circunstancia en la que haya nacido, sabiendo que el mundo está roto por las consecuencias del pecado, que se derivan de los acontecimientos del Génesis? Estas no son preguntas ociosas. Esta lección considera estas cosas con respecto a los estudiantes. Si eres un estudiante, ¿cómo defines quién eres? ¿Hacia dónde te diriges? ¿Qué te depara el futuro? Cuando observas a los que les va bien a tu alrededor, ¿es eso suficiente? Los que tienen dificultades quieren saber si la vida es más de lo que han experimentado. ¿Qué pasa si tienes dificultades delante de ti? ¿Cómo le encontrarás sentido? Si te limitas a vivir el presente con los placeres que consideras importantes, ¿es eso suficiente?

Dios pasa mucho tiempo en la Biblia hablando a las personas que creen en Él y le invocan. Pasa mucho tiempo registrando cómo la gente no cree en Él o en lo que ha dicho. Vienen de todas las clases sociales y circunstancias. Su perseverancia con la humanidad desde el principio, que has estudiado, es notable. Su perseverancia dice que Él ve nuestras circunstancias y que trabajará a través de ellas si se lo permitimos. Muchos en este mundo parecen tener poca elección sobre las circunstancias en las que viven, pero todavía tienen la opción de confiar en Él o no, de creer lo que el Creador dice. Esto se aplica también a los estudiantes, pero los estudiantes están especialmente posicionados para aprender de lo que les rodea. Dios espera que los estudiantes comiencen a evaluar estas cuestiones. Sin embargo, de alguna manera, esta evaluación debe traducirse en las elecciones que hace el estudiante. Así pues, tratemos el tema y comencemos con un pequeño repaso de los atributos de Aquel que hizo el escenario sobre el que vivimos y aprendemos:
    a. Él conoce a cada uno antes de que nazca (**Salmos 139:15, Hechos 17:26**)

  b. No es negligente en sus promesas (**2 Pedro 3:9**)
  c. Sus caminos están muy por encima de los nuestros (**Isaías 55:8-9**). Lo que Él hace en nuestras circunstancias individuales puede ser muy diferente de lo que esperamos. Su tiempo puede ser una sorpresa. Sin embargo, Él es el Gran Supervisor, el Chef Maestro y el Dios Eterno. Él no tiene dificultad en ver los pasos de una persona. ¿Recuerdas Su supervisión en los primeros capítulos del Génesis?
  d. Él es plenamente capaz de conocer nuestras circunstancias y guardar nuestras almas (**Salmos 121:3, Santiago 5:10-11** y **Judas 24-25**), aunque no podamos verlo. Si entiendes esto, entonces te aferrarás a Su guía, ya sea que las cosas parezcan correctas o no.

El Deseo de Dios: Que Descubramos y Estudiemos el Universo Creado

Las lecciones de la Unidad 3 incluyen muchos estímulos para observar y estudiar el universo de Dios. La Unidad 4, Parte 1, examina las principales cosmovisiones con respecto a las áreas temáticas que más se enseñan a los estudiantes. La mirada paralela a la visión bíblica y a la visión naturalista invita al estudiante a decidir: ¿Cómo ves? ¿Con qué ojos evalúas las cosas? El proceso no requiere una formación específica o profesional para pasar al siguiente paso, pero sí requiere reflexión. Al final, hace falta un poco de convicción: ¿Quiero (o no quiero) caminar con la comprensión de que una visión bíblica de las cosas puede cambiar la forma en que observo el mundo que me rodea? Además, al observar mi propio comportamiento, ¿es mi forma de caminar coherente con una visión bíblica?

Caminar por la vida creyendo que Dios hizo los cielos y la Tierra puede apasionar al estudiante por la observación disciplinada. Los detalles de la vida, la Tierra y los cielos están esperando a que los estudiantes observadores los descubran y evalúen. No importa si el observador es un trabajador en un arrozal, un vendedor ambulante o un científico que hace investigación avanzada en un laboratorio. Se presentan muchas de las mismas oportunidades para ver, observar detenidamente y aprender. Este enfoque puede animar a un alumno interesado en la ciencia, los estudios sociales o la historia.

Los niños son curiosos por naturaleza, y la curiosidad puede moldearse y formarse para que la observación disciplinada sea una habilidad natural. Sin embargo, sigue siendo necesario un esfuerzo para pensar y evaluar lo que se ve, y la visión bíblica del mundo hace que el proceso sea personal para cada alumno. La evaluación se vuelve más importante a medida que el estudiante crece, especialmente cuando se combina con decisiones que se relacionan con la forma en que uno vive.

Considera lo siguiente: Todo el libro de Proverbios tiene este enfoque. A un joven se le exhorta respecto a cómo vivir, pero la mayoría de las exhortaciones implican la evaluación de las cosas que se ven con la expectativa de que el hijo haga una elección de cómo caminar. El joven es un estudiante. El libro de Job adopta el mismo enfoque: Dios exige a Job que considere la Creación por medio de la observación, porque apunta a Aquel que la hizo. Al final, Job pudo elegir entre recibir lo que se le dijo y actuar en consecuencia o tomar otro rumbo. En realidad, Job volvió a ser un estudiante, aprendiendo en las circunstancias, y teniendo que presentarse ante su Maestro para dar cuenta de su punto de vista.

Sin embargo, a medida que las personas envejecen, las preocupaciones y prioridades de las cosas terrenales comienzan fácilmente a dominar. Las relaciones pueden estar llenas de drama, pero ¿con qué propósito? Las cargas, las preocupaciones y los placeres desconectados de Dios conducen a toda clase de pecados que juegan un papel cada vez más importante en la vida. Si esto sucede, se hace más difícil 'ver' y apreciar la Creación de Dios que nos rodea. Esto puede ocurrirle a los jóvenes estudiantes al igual que a los adultos mayores. Puedes ver estas tendencias en la parábola del sembrador en Mateo 13. **Mateo 13:22-23** resume los efectos de un corazón que está lisiado, por lo que la fecundidad de una persona muere lentamente. No tiene por qué ser así. El corazón de una persona puede cambiar cuando se encuentra con Dios. Su Creación siempre nos está llamando para que lo consideremos. Si esto sucede, los ojos ven cosas que no habían visto antes o que habían olvidado. Algunas personas lo describen así: los colores se vuelven más brillantes; la sensibilidad a las características del universo aumenta.

¿Cuál es el fin del asunto para el estudiante? Si elige observar y evaluar con una visión bíblica del mundo, puede, si se lo pide al Creador, obtener un sentido más fuerte de identidad con Él. Puede proporcionarte un medio para evaluar los asuntos que observas a tu alrededor. Puede darte la capacidad de tomar decisiones más sabias. Puede hacer que te apasiones por tu estudio, dando un contexto al proceso de estudio y aprendizaje. Con la evaluación y las decisiones, puedes caminar con una mejor visión de las cosas que te rodean, y tienes un método para evaluar tu propio caminar.

Si nuestro caminar nos lleva a una verdadera relación con el Creador, entonces el proceso de aprendizaje pasa a otra dimensión –ampliando nuestra comprensión y profundizando nuestra experiencia de aprendizaje porque comenzamos a caminar con Aquel que lo hizo todo. Con Él, nunca dejamos de ser estudiantes, sino que nos acercamos al Maestro.

D. Asignación

Define lo que significa 'gobernar la Tierra' desde un punto de vista bíblico. Responde utilizando **Génesis 1:28** y **Mateo 20:25-28**.

E. Actividad de Aprendizaje

PPC Divídanse en equipos. Cada equipo hará y expondrá una rápida representación para mostrar a dos estudiantes en un aula. Un grupo quiere aprender con una visión bíblica en mente; al segundo no le importa en absoluto su visión del mundo, excepto ser el centro de la misma. Muestra las diferencias que crees que exhibirán en su enfoque del aprendizaje. Utiliza **Génesis 4:1-7** y **Proverbios 8:32-36** como referencias principales. 15 minutos.

F. Resumen Final

Los estudiantes que se toman en serio el aprendizaje desde el punto de vista de la Creación bíblica se beneficiarán enormemente de la experiencia.

Lección 7 Viviendo Activamente Para Cumplir los Mandamientos Originales Desde una Perspectiva Bíblica y Preguntas de Examen

A. Objetivo General de la Lección

- Aplicar los fundamentos bíblicos de la Creación a la vida activa y repasar los puntos clave del curso.

B. Plan de la Lección

- El deseo de Dios: trabajar con una visión bíblica de la Creación en mente, caminando con Él en ella.
- El mandato de Dios: gobernar adecuadamente la Tierra, lo que requiere consultar al Creador para ser eficaces, y saber que Él puede guardar el alma de quien gobierna o es gobernado.
- A través de todo esto, apegarse a Él y no a los patrones de este mundo, que se pueden resumir en términos simples: hacer las cosas a nuestra manera y no consultar a Dios para hacerlas a Su manera.

Nota: Es la opción del profesor tener un examen o usarlo como crédito extra, o pedir un proyecto en equipo en lugar del examen. Si se hace un examen, sólo debe cubrir las lecciones completadas hasta ese momento. Parte de este tiempo de clase, si se elige un examen, es un repaso de la Unidad 4, Parte 2.

C. Lección

Resumen

Ser estudiante generalmente tiene un objetivo: tener una profesión para ganarse la vida, tener una forma de incorporar lo aprendido en algo que se pueda producir o un servicio que se pueda prestar. Aunque una persona nunca deja realmente de aprender, hay un cambio hacia producir algo, ser de utilidad, y tener la capacidad de vivir independientemente con un ingreso para apoyar esas metas, tener una familia y enseñar a los niños a hacer lo mismo. La cosmovisión bíblica puede producir una manera de trabajar o una actitud hacia el trabajo que aporte una plenitud que ninguna otra cosa puede proveer. El origen del trabajo y las primeras declaraciones sobre nuestro propósito en la vida se presentaron en el Génesis. No han cambiado. Considera lo siguiente: La tarea original de Adán era cuidar un jardín; su tarea conjunta era tener dominio sobre partes de la Creación. La cuestión en el mundo caído sigue siendo la misma: ¿buscaremos hacer estas cosas con Dios o no?

El Deseo de Dios: Trabajar con una Cosmovisión Bíblica en Mente

La ingeniería, los campos tecnológicos y las ciencias aplicadas comprenden una serie de disciplinas, trabajos, industrias y servicios. Queda mucho por hacer; los problemas de la Tierra no están desapareciendo. Muchos están empeorando. Para las personas que creen en Dios y son capaces de ser buenos observadores, una formación más rigurosa en las escuelas proporciona las herramientas básicas necesarias para entrar en esta fuerza de trabajo. Si una persona es un ávido observador, que aprecia lo que el Señor ha creado y sostenido, existe la oportunidad de poner en práctica esa perspectiva. Lo mismo ocurre con las ciencias puras. Hemos escuchado a numerosos científicos y especialistas de la Creación decir lo mismo: 'Hay una gran necesidad de personas con una perspectiva bíblica que trabajen en los campos científicos.' Pueden marcar la diferencia.

Una cosa es ser un padre o un trabajador medio con un trabajo que hacer. Cada papel implica enseñar y dar ejemplo, a veces malo, a veces bueno. ¿Qué pasaría si estos roles estuvieran potenciados por una cosmovisión bíblica y una relación con Él? En ese caso, dar ejemplo o influir en los demás surge del contexto del Evangelio: cómo empezaron las cosas, qué pasó y cómo una relación con el Creador es la forma de mejorar las cosas. El trabajador bajo autoridad con esta perspectiva es estable: sabe de dónde viene, hacia dónde se dirige y cómo terminará. Sabe que Dios observa y evalúa todo lo que hace. Puede llevar a cabo sus tareas con mayor eficacia porque sabe dónde se encuentra y a Quién sirve en un sentido definitivo. Como su relación con el Creador –a través de Jesucristo– es real y madura, puede hablar de esa relación viva cuando hay oportunidad.

Es oportuno recordar el poder del libro de Job. Dios supone que Job observaba, pero Job no apreciaba completamente lo que estaba viendo o en qué punto estaba con Dios en medio de sus circunstancias. Cuando Dios tiene Su dramática conversación con Job, pregunta y pregunta y pregunta (ejemplos: **Job 38:1-4, 40:2**). No libera rápidamente a Job de su reprimenda; persigue a Job con un punto tras otro. Utiliza un sarcasmo deliberado sobre la falta de sabiduría de Job (**Job 38:18-21**). Repetidamente le recuerda a Job las cosas que había visto pero que no había entendido del todo. No es porque Dios necesitara saber la respuesta; es porque Job necesitaba recordar los atributos y cualidades de su Dios Creador, que son fácilmente observables e interpretables a partir de Sus actos de creación. Dios dice algo difícil en el contexto del dilema y el sufrimiento de Job: Dios está por encima de todas las cosas y no es reprochable. Dios utiliza Su Creación como punto central de la conversación y lleva a Job al arrepentimiento. Nosotros podemos tener el mismo sentimiento de observar y descubrir cosas sobre Dios al ver lo que Él ha hecho, sin importar las circunstancias en las que vivamos. Al igual que Job, este conocimiento puede llevarnos al arrepentimiento y a un camino más fiel con Él. Ese ha sido el deseo de Dios desde el principio.

Romanos 1:20 es muy similar a Job. **1 Corintios 15:35-58** menciona que las partes de la Creación tienen una gloria propia. Sin embargo, su gloria no se compara con la gloria de lo que viene, que es imperecedero (la Creación es perecedera). Incluso esta porción de la Escritura se remonta a la perspectiva bíblica de la Creación, ya que se hace referencia al Génesis. Hay una conclusión dinámica en el versículo 58, que anima a los creyentes a mantenerse firmes en nuestro Dios Creador, porque nuestro trabajo no es en vano. He aquí una aplicación parafraseada del versículo 58: 'Por tanto, los que creéis que nuestro Dios Eterno es el Creador de todas las cosas, manteneos firmes. Entrégate plenamente a vivir en vista de Su poder y atributos que son capaces de actuar en ti, si has creído en Sus palabras.'

En conclusión, hay un lugar en la Tierra para que las personas observen con avidez lo que Dios ha creado y, luego, dejen que esa apreciación migre a sus funciones como estudiantes, profesores, padres y personas en el hogar, en la escuela o en el trabajo. Gran parte del Nuevo Testamento se considera aplicable sólo a la iglesia, pero el creyente medio trabaja y la mayor parte de su vida transcurre fuera de la vida eclesiástica. El objetivo de las exhortaciones es cambiarnos allí donde vivimos. Nuestra vida en el hogar y el trabajo, incluyendo los bienes que ganamos, están destinados a ser tocados por el Creador.

El Mandato de Dios: Gobernar la Tierra

¿Recuerdas el mandato de Dios de tener dominio sobre la Creación en **Génesis 1:26-28**? El mandato no ha sido rescindido ni cancelado. Aunque la Tierra y las personas sufren por la Caída, este mandato permanece. Si se estudian las palabras 'someter' o 'tener dominio' (nota: no asolar o saquear) desde una perspectiva bíblica de la Creación, queda claro que el mandato nunca estuvo destinado a separarse de las intenciones de Dios hacia nosotros. ¿Recuerdas Sus intenciones? ¿Qué sugieren **Proverbios 8:8-31** y el **Salmo 104**? ¿Muestran a un dios despiadado y desinteresado, que quiere subyugar a las personas y las cosas como un tirano subyuga a una nación y sus recursos? ¿O muestran al Dios de la Biblia como el Hacedor de cosas y personas únicas?

Este siglo está marcado por graves problemas que están profundamente arraigados. Los problemas van desde el agua en mal estado, los contaminantes peligrosos, las dificultades energéticas, las prácticas agrícolas perjudiciales, la mala gestión de los recursos y el mal gobierno hasta los efectos del hambre, la pobreza, la enfermedad y los conflictos. Los efectos de las catástrofes naturales se ven magnificados por el aumento de la densidad de población, con personas que viven en estructuras inseguras o en zonas indebidamente aprobadas por funcionarios corruptos o ignorantes. El hombre caído es la causa de muchos problemas o contribuye a ellos. Las personas piadosas tienen la oportunidad de marcar la diferencia, pero tienen que estar dispuestas a dejar que una visión bíblica de la Creación afecte a sus vidas para que sean conscientes de la opinión de Dios sobre nuestros caminos. Tienen que estar dispuestos a formar parte de las soluciones. Tienen que estar dispuestos a formarse, si es que pueden hacerlo. Tienen que elegir profesiones y habilidades teniendo en cuenta la 'opinión' de Dios; tienen que buscarle a Él para obtener sabiduría (**Santiago 1:5**). Al omitir a Dios de la ecuación se omite la parte más importante de la solución.

El Mandato de Dios: Aférrate a Él; No te Aferres al Mundo

La perspectiva bíblica de la Creación es directa sobre el estado del hombre. Como hemos mencionado muchas veces, esto no ha cambiado. En la Biblia se dan muchas advertencias serias que hablan de las opciones que tenemos en medio de un mundo que generalmente rechaza a Dios. Esto no cambiará. Por eso continuará el choque de cosmovisiones. La gente impía seguirá haciendo ruido y logrando un efecto. Esto no va a cambiar ni siquiera en el último momento del universo actual (**Apocalipsis 9:20-21, 16:8-11**).

Hebreos 12:1-3, Santiago 3:13-18 y **1 Pedro 4:1-10** (entre otras referencias) lo dejan muy claro: tenemos opciones sobre cómo vivir. Las decisiones deben tomarse en situaciones que, a menudo, no elegimos ni deseamos. A veces nuestros propios deseos siguen siendo contrarios a la dirección y a los mandatos revelados por Dios en las Escrituras, por lo que la batalla está muy a menudo dentro de nosotros. Nada está oculto para Dios, y Él es consciente de la batalla. Lo vemos en **Génesis 4:6-7, Job 42:3-6, Gálatas 5:16-26, 2 Pedro 1:8-9**, y docenas de otros lugares. Nuestra vida es un camino; no una sola decisión. La advertencia de las escrituras es clara: si pecas, corrígelo (**1 Juan 1:8-9**); si tienes un problema, arrepiéntete o vuélvete en otra dirección (hacia Él). Sobre todo, camina conociéndole.

Así como el Dios de la Creación perseveró con la gente en el Génesis, persevera con nosotros. Él continúa desafiando los motivos y las acciones todo el tiempo –como lo hizo al principio. Él quiere que seamos fructíferos en nuestros esfuerzos. Él entiende que no estamos en un mundo de paz desde la Caída del hombre. Tener el Evangelio en el corazón no disminuye nuestra conciencia de estas cosas, sino que la aumenta. Él sigue implicándose en los asuntos de los hombres. Si el camino de la vida no se desarrolla en esta línea, el compromiso con Dios es superficial y a menudo muere como una semilla en un suelo poco profundo. En cuanto le da el sol, se marchita.

Juan 3:16 se cita a menudo al final de los estudios y libros bíblicos. Es una escritura fundamental para una visión bíblica del mundo porque dice mucho con muy pocas palabras. Sin embargo, la parte restante de la cita (**Juan 3:17-21**) es importante porque proporciona un resumen de las dos direcciones que puede tomar la vida: una que tiene el beneficio de conocer al Creador y resulta en la vida eterna; la otra que no tiene relación con el Creador. Dios observa ambos caminos y juzga en consecuencia. Un camino salva a la persona del pecado; el otro camino significa que la persona permanece separada de Dios. La conversación concluye en el versículo 21 con el punto clave de Dios: si vives de acuerdo con la verdad, sigues viniendo a la Luz, tu caminar se vuelve más transparente, y este proceso y actitud influye en cómo conduces tu vida en el mundo real, todo el tiempo.

En esta época, pues, hay espacio para un futuro para cualquier creyente en el Dios de la Biblia, que es el Creador. Si entiendes la fuerza de la cosmovisión de la Creación bíblica y te has vuelto a Dios con esa visión en mente, tienes un futuro. Puedes marcar la diferencia porque Dios puede marcar la diferencia en ti. La consecuencia de una perspectiva de la Creación bíblica es que se nos anima a caminar hacia adelante con Él en la mente y el corazón. Si caminas de esta manera, el Creador caminará en tu vida dondequiera que te lleve.

Puntos Para el Examen

Si los estudiantes están tomando un examen y no están participando en un proyecto en equipo, los indicadores se proporcionan al final de esta página. Este es un repaso de auto-estudio para el examen.

D. Asignación

Trabajar en el proyecto en equipo.

E. Actividad de Aprendizaje

Trabajar en el proyecto en equipo.

F. Resumen Final

PPC Divídanse en los equipos ya asignados para el proyecto. Cada equipo tiene cinco minutos para presentar los tres puntos principales, basados en la lección anterior:
1. El valor de observar desde una perspectiva bíblica.
2. El mandato de Dios de gobernar la Tierra.
3. El mandato de Dios de aferrarse a Dios y no al mundo.

PUNTOS DEL EXAMEN DEL ÚLTIMO TRIMESTRE

Explica las diferencias en la historia del universo, el origen de los elementos, el origen de la vida/hombre entre una cosmovisión bíblica y una cosmovisión naturalista.

Explica cómo los estudios sociales del comportamiento del hombre se interpretan en las dos cosmovisiones.

Explica las normas de comportamiento del hombre desde una cosmovisión bíblica en comparación con una cosmovisión evolucionista.

Explica el origen de la vida y hacia dónde se dirige para cada cosmovisión.

Explica las diferencias con respecto a la línea del tiempo entre ambas visiones.

Explica cómo una cosmovisión bíblica puede marcar la diferencia en la forma de trabajar y vivir. ¿Existe alguna guía para vivir y trabajar en una visión evolucionista? ¿En qué se basa la autoridad de cada respuesta?

¿Qué dos mandatos generales de Dios son pertinentes para la forma de vivir según la cosmovisión bíblica?

Lección 8 Presentación del Proyecto y/o Examen

A. Objetivo General de la Lección

- Demostrar los conocimientos adquiridos durante el curso en la presentación de un proyecto o en un examen.

B. Plan de la Lección

Para los Proyectos:

- Seleccionar con éxito un tema importante del curso para la presentación de un proyecto.
- Como equipo, presentar materiales de apoyo que ilustren claramente los puntos clave y las conclusiones a la audiencia.
- Como equipo, presentar con éxito el proyecto a la audiencia.
- Proporcionar respuestas reflexivas a las preguntas o retos sorpresa de los profesores o jueces.

Para el Examen:

- Demostrar el dominio de las materias esenciales del curso respondiendo con éxito a las preguntas. Hay 50 preguntas (de opción múltiple) y dos preguntas que requieren párrafos escritos para las respuestas.

C. Criterios de Calificación de los Proyectos

Las directrices, reglas y limitaciones deben cumplirse en su totalidad. Los profesores o los jueces habrán proporcionado una lista de comprobación cuando se asignó el proyecto por primera vez. Deberá ser firmada por los miembros del equipo y revisada por los profesores o jueces antes de comenzar la presentación. La hoja de datos de cada equipo también mostrará las responsabilidades de cada uno de los miembros (identificando qué papel ha desempeñado cada miembro). El tiempo de preparación de cada presentación no superará los 5 minutos, y ese tiempo lo iniciará el profesor/juez. A los 5 minutos se tomarán fotos de cada equipo y del montaje del proyecto. El tiempo para la presentación propiamente dicha comienza y el contador de tiempo se pone en marcha cuando el profesor/juez dice "comiencen." El tiempo de presentación de todos los proyectos es de 20 minutos como máximo.

NOTA: ESTA SESIÓN SERÁ UNA CLASE ESPECIAL Y REQUERIRÁ TIEMPO ADICIONAL. Profesores: cuenten con un total de 30 minutos por equipo que incluya el tiempo de cambio de la presentación de un equipo a la siguiente.

Los porcentajes sugeridos con respecto a los criterios clave de evaluación son los siguientes:

- 25% máximo: selección y presentación del tema.
- 25% máximo: los materiales de apoyo (carteles, accesorios, letreros y vídeos). Deben ser fáciles de entender, bien organizados, presentar los puntos clave y ser visualmente eficaces para resaltar el tema principal.
- 25% máximo: la presentación del equipo muestra una coordinación eficaz, una división de tareas o partes entre todos los miembros y es convincente.

- 25% máximo: si las respuestas a las preguntas sorpresa y a los retos de los jueces o profesores son reflexivas y convincentes.
- Cualquier exceso de tiempo en la presentación se registrará y supondrá una penalización en el cómputo final de las calificaciones.

Cada profesor o juez presentará una hoja de calificaciones. Se sumarán para llegar a la puntuación final. La puntuación final se ajustará por cualquier penalización por exceso de tiempo utilizado sobre el límite de 20 minutos para la presentación (hasta 20 seg: -5%, 20-40 seg: -10%; 40-60 seg: -15%; 1-3 minutos: 20%; más de 3 minutos: descalificado de la evaluación competitiva pero calificable por el contenido menos 30%).

Nota del Proyecto:

Los criterios de calificación y las penalizaciones por exceso de tiempo son firmes por las siguientes razones: (1) Cualquiera de los proyectos puede llevar fácilmente más de media hora de presentación. El proceso de reflexión en equipo para reducir la presentación y el material de apoyo a 20 minutos, exige decisiones sobre lo que es más importante. Los profesores y los jueces quieren ver los resultados de este proceso en las presentaciones. (2) En las reuniones de la vida real en la empresa o en el trabajo gubernamental, los responsables de la toma de decisiones rara vez tienen más de media hora para escuchar los argumentos clave, revisar el material de apoyo, hacer preguntas finales y tomar decisiones finales para las iniciativas. A menudo descartan o interrumpen las presentaciones que duran demasiado porque, sencillamente, no tienen tiempo. En la práctica, las presentaciones de cinco equipos durarán casi tres horas, incluido el tiempo para retirar o preparar el material.

Glosario

Este glosario se generó durante una revisión del primer borrador del estudio y una segunda revisión para el plan de estudios, desarrollado a partir del estudio original. Un pequeño grupo de profesores y pastores de una fundación filipina de escuelas cristianas seleccionó las palabras. La lista no es exhaustiva, pero incluye palabras que podrían suponer un reto para algunos alumnos de secundaria. La forma de la palabra en la lista es la misma que se utiliza en las lecciones. Muchas definiciones o partes de ellas proceden del diccionario online Meriam-Webster, o de una versión en papel del diccionario Webster. Las frases (normalmente relacionadas con la ciencia) se definen en términos generales a partir de diversas fuentes en línea.

Abiogénesis: fenómeno hipotético por medio del cual los organismos vivos surgen de la materia no viva.

Amainar: proceso de disminuir, reducir o encoger.

Amonestaciones: el plural de amonestación, que es un consejo de precaución, advertencia, reprimenda o exhortación sobre algo.

Arqueológico: relacionado con la arqueología o dedicado a ella, que es el estudio de los pueblos y las culturas antiguas. La arqueología tiene ramas que se extienden a muchas disciplinas. En una cosmovisión naturalista, incluye el estudio del hombre prehistórico. En una cosmovisión bíblica, es el estudio de los primeros pueblos y culturas desde la Creación (no antes de la Creación bíblica, hace unos 6000 años).

Artefacto(s): objeto(s) fabricado(s) por el hombre.

Astrofísica: rama de la astronomía que se ocupa de las propiedades físicas y químicas de los cuerpos celestes; la física del universo.

Autentificación: forma sustantiva del verbo autentificar, que significa probar, certificar o verificar la verdad.

Biomasa: cantidad de materia viva en un volumen o área.

Cataclismo: sustantivo que describe un acontecimiento trascendental o violento marcado por una agitación abrumadora.

Catástrofe: acontecimiento trascendental o violento, generalmente utilizado en sentido trágico y típicamente extendido.

Cese: final o detención.

Cielos: la extensión del espacio sobre la Tierra; en términos bíblicos, puede incluir la atmósfera, el espacio exterior y el lugar donde habitan Dios o los seres espirituales; la definición suele depender del contexto en el que se utiliza.

Clima: condiciones meteorológicas generales o medias (como la temperatura, la humedad y las precipitaciones) de una región determinada de la Tierra –o incluso de toda la Tierra– durante un período de tiempo (normalmente, treinta años).

Código genético: conjunto de instrucciones bioquímicas (información) sobre la composición y las características de un ser vivo, normalmente dentro una molécula llamada ADN. Se traducen en una secuencia correspondiente de aminoácidos para sintetizar proteínas. Éstas permiten que las características sean heredadas por las siguientes generaciones.

Conjetura: una inferencia o conclusión basada en gran medida en suposiciones.

Constelaciones: patrones de estrellas en los cielos nocturnos que son reconocibles por el ojo humano.

Cosmología: rama de la filosofía que trata de los orígenes del universo.

Depredador: que se alimenta de otros organismos vivos.

Disipar: hacer que la población se disperse o desaparezca.

Edad Media: período de la historia europea comprendido entre el 500 y el 1500 d.C.

Escabroso: adjetivo que describe un comentario o una valoración dura.

Escasez: estado de algo difícil de encontrar porque hay muy poco.

Estelar: relativo a, o consistente en, estrellas; el significado astronómico se ha extendido a otras cosas para indicar algo con cualidades elevadas o excelentes.

Extinción: estado o proceso de extinción o desaparición de una especie, familia o grupo mayor.

Extrapolación: sustantivo de extrapolar, que significa ampliar una estimación o tendencia basada en un subconjunto más pequeño de pruebas.

Fenómeno: suceso observable que resulta distintivo, diferenciado o definible.

Flexible: cambiable o movible; capaz de ser doblado.

Gen: unidad física básica de la herencia; se encuentra en un cromosoma.

Generación espontánea: conjetura de que la vida podría surgir de la no-vida sin inteligencia. En épocas anteriores, se creía que los microbios surgían así en la carne en descomposición o en el vino en fermentación, o los ratones a partir de trigo y trapos viejos. Al referirse a la idea evolucionista de que las sustancias químicas generaron espontáneamente al primer ser vivo, que luego evolucionó hasta convertirse en toda la vida, se suele utilizar el término abiogénesis (véase más arriba).

Género: categoría taxonómica principal que se sitúa por encima de las especies y por debajo de las familias; la forma plural es géneros.

Genocidio: destrucción deliberada y sistemática de personas relacionadas por su origen étnico, político o cultural.

Geología (adjetivo: geológico(a)): ciencia que se ocupa de la historia de la Tierra con respecto a las rocas; estudio de la composición, estructura y propiedades físicas de la tierra.

Guyot: volcán submarino con la cima aplanada.

Hipótesis: suposición o propuesta tentativa que suele someterse a pruebas y/o argumentos para verificarla o modificarla.

Hipótesis nebular: conjetura de que nuestro Sistema Solar (el Sol y los planetas, lunas, etc. que lo orbitan) supuestamente se condensó a partir de una nube giratoria de polvo y gas.

Humedad: la cantidad de humedad (vapor de agua o humedad) que hay en un área local de la atmósfera; suele expresarse como un porcentaje de una capacidad máxima, más allá de la cual se produce la condensación (niebla, rocío, etc.).

Inconsistencia: cualidad de ser incoherente o carente de coherencia.

Innato: perteneciente o determinado por factores desde el nacimiento; perteneciente a la naturaleza esencial o inherente de algo.

Inocuo: que no produce ningún daño o no tiene ningún efecto; que no es probable que despierte sentimientos fuertes o cause un alboroto.

Inquisitivo: dispuesto a examinar o investigar; inclinado a hacer preguntas o a ser curioso.

Insondable: adjetivo que describe algo que no se puede definir o que es demasiado profundo para entenderlo.

Isótopos: dos o más especies de átomos de un elemento químico que tienen el mismo número de protones pero diferente número de neutrones, a pesar de tener las mismas propiedades químicas, en particular, una forma radiactiva de un elemento.

Lamentar: expresar dolor, luto o arrepentimiento de forma demostrativa (mediante el habla, la escritura, etc.).

Lema: una declaración notable o autorizada basada en un principio, una proposición o una opinión fuerte.

Límites frontales: Los límites de los cambios meteorológicos regionales que suelen ir acompañados de precipitaciones, vientos o cambios de viento, cambios de presión y cambios de temperatura; pueden extenderse a lo largo de cientos de millas y tener un movimiento rápido en grandes áreas (cientos de millas por día).

Lógica: razonamiento realizado o comprobado según estrictos principios de validez.

Morrena: montones de tierra, roca y escombros empujados por el movimiento del hielo glacial.

Mutación: alteración aleatoria del código genético (ADN) de un ser vivo. Puede producirse en cualquier célula, pero se refiere principalmente a un cambio heredable, es decir, en el ADN de un espermatozoide o de un óvulo.

Naturalista: no hay nada sobrenatural; no existe Dios.

Pandemónium: desorden extremo, tumulto, alboroto.

Periodicidad: característica de repetirse a intervalos regulares.

Perjudicial: dañino, lo contrario a un resultado previsto.

Permear: difundir, propagar.

Piroclástico: adjetivo que describe los flujos de gases calientes, rocas y cenizas que son expulsados de un volcán y que se combinan con otros productos de la tierra al descender.

Plausible: creíble o verosímil.

Precipitación: fenómeno atmosférico como la lluvia o la nieve que proviene de la condensación del agua.

Predisposición: inclinación preexistente hacia algo. Por ejemplo, uno puede estar predispuesto a una creencia particular, debido a una inclinación o sesgo, o predispuesto (susceptible) a una enfermedad particular.

Preeminente: una posición principal o primaria; eminente por encima o antes de otras cosas.

Pregunta retórica: pregunta formulada con el fin de obtener un efecto y no para obtener una respuesta.

Prehistoria: un supuesto período anterior al hombre ('antes de la historia') dentro de una visión naturalista/de larga edad. Desde el punto de vista bíblico, no se puede hablar de 'prehistoria,' ya que la historia humana comienza en el día 6 de la semana de la Creación.

Psicología: disciplina que se ocupa de los estados o procesos mentales.

Ramificaciones: desarrollo o consecuencia que surge de un problema, plan o declaración y que a veces los complica.

Recogida: el proceso de retroceder, alejarse o descender.

Relación: relación proporcional; la magnitud de un número con respecto a otro.

Relatividad general: teoría de Einstein sobre la gravedad, intensamente probada, en la que la masa deforma el espacio-tiempo. Sus consecuencias incluyen la curvatura de la luz por la gravedad y los efectos de la gravedad en el tiempo (utilizados en la tecnología de localización GPS).

Renunciado: del verbo *renunciar*, que consiste en ceder, entregar o abandonar el derecho o la posesión de algo.

Repercusiones: efectos o consecuencias (normalmente involuntarias y/o negativas) de una acción o evento anterior.

Rudimentario: adjetivo que describe algo como básico o que implica principios fundamentales.

Sedimentación: adjetivo que describe algo (normalmente una capa de roca) depositado por un fluido en movimiento (normalmente agua, pero puede ser aire o gas volcánico, por ejemplo).

Selección natural: observación de que un organismo mejor adaptado para reproducirse (por ejemplo, por tener más probabilidades de sobrevivir en un entorno determinado) tendrá más probabilidades de transmitir sus genes a las generaciones futuras de una población. Así, los organismos menos aptos (y los genes que los hacen menos aptos) son eliminados.

Sofisticación: alto grado de complejidad o detalle, es decir, no es simple, es avanzado. (Aplicado a las personas, sofisticado puede tener un significado diferente referido a la experiencia mundana o al vocabulario complejo, etc.).

Sucinto: muy breve y claro.

Sumergido: del verbo *sumergir*, que es el acto de ser cubierto rápidamente; puede referirse a la actividad o pensamientos que dominan a una persona o personas.

Superficies de planación: término geológico que designa una superficie grande y plana formada por sedimentos consolidados que son aplanados por el agua corriente, de ahí que estén cubiertos por rocas redondeadas. Se encuentran en todos los continentes.

Técnicas de datación radiométrica: método que trata de calcular las edades de los objetos (generalmente rocas) mediante mediciones de las relaciones de los isótopos relacionados con la desintegración radiactiva, aplicando determinadas hipótesis.

Tectónica: rama de la geología que estudia el movimiento a gran escala de la corteza terrestre.

Topografía: cartografía detallada de las características de la superficie terrestre; características del relieve de una región de la superficie terrestre.

Vegetación: conjunto de plantas o vida vegetal de un lugar; proceso de vegetar.

Bibliografía, Fuentes, y Colaboraciones

Resumen

La bibliografía consiste en referencias clave del trabajo de mesa que se realizó para este plan de estudios y para el estudio original del que se deriva. Suelen estar disponibles a través de Creation Ministries International y algunos ministerios hermanos. Las dos primeras fuentes que se enumeran pueden ser especialmente útiles para los lectores porque pueden descargarse en el sitio web creation.com sin coste alguno. El uso del sitio web también es gratuito y muy recomendable, porque la ventana de búsqueda es muy útil. Las notas de investigación que aparecen en el texto se han tecleado, en parte, para su uso en la ventana de búsqueda del sitio.

Fuentes Escritas Principales

CBP = Creation Book Publishers, una división de Creation Ministries International en los Estados Unidos.

Nota: las dos primeras referencias están disponibles gratuitamente como descargas capítulo a capítulo en creation.com

1. ***The Creation Answers Book,* Batten, D., Ed., CBP, 2009.**
Respuestas y explicaciones detalladas a las preguntas más frecuentes (60 en 20 categorías), incluyendo las relativas a los dinosaurios, la datación por carbono, la Era de Hielo, la deriva continental, la mujer de Caín, el origen de las razas, y más.

2. ***Refuting Evolution,* Sarfati, J., CBP, 2012**
Un manual conciso y contundente que esboza los poderosos argumentos científicos contra la evolución y las largas edades.

3. ***Refuting Compromise,* Sarfati, J., CBP, 2011**
La defensa científica y teológica más completa y eficaz que existe del Génesis literal. Refuta sistemáticamente y a fondo la creación progresiva, la hipótesis del marco, la teoría de la brecha y la evolución teísta.

4. ***15 Reasons to Take Genesis as History,* Batten, D. y J. Sarfati, CBP, 2013**
No sólo el apóstol Pablo y los demás escritores del NT, sino el propio Señor Jesús siempre trataron el Génesis como historia directa. Un folleto compacto pero poderoso para el cristiano que sostiene la autoridad de la Biblia, pero que se siente inseguro sobre los fundamentos lógicos del Evangelio en el Génesis.

5. ***Explorando la Geología con el Sr. Hibb, Explorando los Dinosaurios con el Sr. Hibb*; Oard, M., CBP, 2012**
Estos dos libros de Oard, y otros, son para todas las edades y utilizan un personaje de dibujos animados para ayudar a explicar las características de la Tierra que vemos a nuestro alrededor en relación con el Diluvio del Génesis.

6. ***Wonders of Creation* (conjunto de nueve libros de Master Books), colectivo de autores, 1997**

Una serie de libros coloridos e informativos para todas las edades que cubren muchos aspectos de la Tierra desde una perspectiva bíblica de la Creación.

7. *The Young Earth*, Morris, J., Institute for Creation Research, 2007

Una evidencia geológica bellamente presentada respecto a una Tierra joven y a la obra catastrófica del Diluvio bíblico.

8. *Dismantling the Big Bang*, Williams, A., y J. Hartnett, Master Books, 2005

Una discusión semi-técnica de los problemas que presenta esta popular pero antibíblica teoría acerca de cómo el universo, supuestamente, se creó a sí mismo.

9. *Starlight, Time and the New Physics*, Hartnett, J., CBP, 2007

El Dr. Hartnett, profesor de física en una universidad australiana secular, esboza un modelo que muestra una posible solución a cómo la luz llegó a nosotros desde la galaxia más lejana en sólo días después del primer día de la semana de la Creación.

10. *Alien Intrusion: UFOs and the Evolution Connection*, Bates, G., CBP, 2010

Un relato muy ameno, bien documentado y equilibrado sobre el extendido fenómeno 'extraterrestre/OVNI' y su conexión con el pensamiento evolutivo.

11. *Dinosaur Challenges and Mysteries,* Oard, M, CBP, 2011

Un excelente libro para jóvenes adultos sobre cómo el Diluvio del Génesis da sentido a la evidencia de dinosaurios que se ha descubierto en las últimas décadas.

12. *Evolution's Achilles Heels*, Batten, D et al, CBP, 2014

Este libro muestra los fallos de la teoría evolutiva a la luz de la ciencia operacional moderna y de los hallazgos históricos. Los capítulos se componen de excelentes presentaciones de 9 científicos con doctorado. El libro se ha adaptado a una película con el mismo nombre.

13. *One Human Family*, Wieland, C, CBP, 2011

El autor aborda un gran tema: todos somos de la misma 'raza' que fue creada por Dios. En el proceso, aborda los terribles resultados del pensamiento evolutivo, que ha potenciado el pensamiento racial. Aborda desde un punto de vista bíblico cuestiones culturales y étnicas que se han visto afectadas por un pensamiento ajeno a la Biblia.

14. *Taking Back Astronomy*, Lisle, J.; Master Books, 2006

Lisle proporciona un texto muy legible sin sacrificar la visión básica de la astronomía desde una perspectiva bíblica. Contrasta esta visión con la visión naturalista que sugiere que todo surgió en los cielos a través de un contexto no dirigido por Dios.

Creation.com (fuente e información en línea)

En este sitio, fíjate en la prominente ventana de búsqueda. Las notas de investigación a las que se hace referencia en el estudio pueden introducirse directamente como citas para obtener los artículos pertinentes. Es una herramienta muy flexible. Se pueden introducir como términos de búsqueda muchos términos del glosario que tienen un contexto científico, los términos bíblicos relacionados con la

Creación y puedes utilizar los menús desplegables de la parte superior del sitio para buscar los artículos por temas.

Una vez realizada la búsqueda en el sitio, existe un procedimiento para enviar preguntas a los especialistas. El tiempo de respuesta puede ser lento, pero por lo general son capaces de responder.

Notas Finales

Reevaluando el Mundo Según la Perspectiva de la Creación Bíblica

Para aquellos que han sido expuestos recientemente al punto de vista de la Creación bíblica y que lo han adoptado, sean pacientes. Se necesita tiempo para reevaluar el volumen de conocimiento que se desarrollaron durante años utilizando el punto de vista naturalista o evolutivo dominante. Venir a Cristo requiere un compromiso inicial, luego toma más tiempo para madurar en un camino con Él mientras se alteran los viejos hábitos y los patrones de este mundo. La situación es similar cuando se cambian las gafas del naturalismo/evolución a la Creación bíblica. Se necesita algún tiempo para reevaluar el mundo que nos rodea y cómo encajamos en él.

Entrenamiento

Existen materiales de formación y módulos de formación en vivo. Algunos de ellos se publicarán en línea y se anunciarán en el sitio cwm4him.org cuando estén disponibles.

Ediciones del Plan de Estudios

El estudio bíblico de referencia (con el mismo título que este plan de estudios) comprende la Primera Edición. Sigue estando disponible de forma gratuita entre los cursos descargables en cwm4him.org en inglés o español.

La Segunda Edición, escrita en inglés con un nivel de lectura de escuela secundaria, está disponible en copias impresas y digitales en los Estados Unidos. Existe una segunda edición especial para las escuelas de IFL en Filipinas; ponte en contacto con IFL para obtener esa versión. A finales de 2020 debería estar disponible una versión gratuita compatible con teléfonos móviles que utiliza una APP especial.

Una Tercera Edición está en desarrollo con un nivel de lectura de cuarto grado. Está pensada para niños de grado elemental superior o adultos con capacidades de lectura limitadas. Se prevé que esté disponible en 2021. Esta versión tendrá menos referencias bíblicas, pero las referencias clave se citarán en su totalidad. Contará con explicaciones simplificadas, diferentes ejercicios y gráficos ampliados. Está prevista una versión gratuita compatible con teléfonos móviles, destinada a las regiones en desarrollo y a los pobres o necesitados.
Consulta cwm4him.org para conocer cualquier otra novedad, incluidas las traducciones de las ediciones en otros idiomas.

Registro de Cambios

De vez en cuando se incorporarán correcciones. Pueden enviarme sugerencias de cambios.

Roland K. Beard III,
rolandskyone@yahoo.com

Recursos de Enseñanza

Blogs Inspiracionales

Parábolas de la Tierra

Visitar: www.cwm4him.org/category/parables-earth/

Parábolas de la Tierra

Jesucristo es el Maestro de la enseñanza a través de parábolas. Su creación, personas y cosas, se convirtió en las imágenes visuales de las lecciones objetivas que Él presentó. Las Parábolas de la Tierra, de la misma manera, presentan breves lecciones o principios bíblicos basados en cosas que hemos observado y experimentado. Encontramos que Dios nos enseña constantemente de esta manera.

Las Parábolas de la Tierra se derivan de observaciones personales de la Tierra (su topografía, vida vegetal o animal).

¡Asegúrate de volver a menudo para ver nuevas entradas en el Blog!

Parábolas del Cielo

Visitar: https://www.cwm4him.org/category/parables-sky/

Parábolas del Cielo

Jesucristo es el Maestro de la enseñanza a través de parábolas. Su creación, personas y cosas, se convirtió en las imágenes visuales de las lecciones objetivas que Él presentó. Las Parábolas del Cielo, de la misma manera, presentan breves lecciones o principios bíblicos basados en cosas que hemos observado y experimentado. Encontramos que Dios nos enseña constantemente de esta manera.

Las parábolas del cielo se derivan de períodos de observaciones reales de los cielos, donde hemos observado cosas en los cielos. También incluye observaciones diurnas de los cielos.

¡Asegúrate de volver a menudo para ver nuevas entradas en el Blog!

Recursos Útiles en Video

Vídeos que resumen "Un Estudio de La Creación de Dios Rebosante de Propósito, Dirección y Consecuencia" para utilizar con profesores y alumnos.

¿Vienes de una "sopa primordial" y un mono, o eres especial? ¿Por qué las cosas están disparatadas a nuestro alrededor? ¿De dónde venimos y a dónde vamos? ¿Quién soy yo? ¿De dónde viene el universo? ¿Existen aún los dinosaurios? ¿Existen los extraterrestres? Estos son los tipos de preguntas que escuchamos a menudo de los jóvenes y profesores. Hay respuestas. La mayoría de ellas pueden responderse desde una visión bíblica del mundo, pero esto rara vez se enseña

Videos:

- Tráiler - Un Estudio de la Creación de Dios
- Video introductorio
- Unidad 1, Lección 1: El Chef Maestro—Estudio de la Creación, Parte 1
- 02: Más características del Chef Maestro - Unidad 1, Lección 1 de las Lecciones de Estudio de la Creación 2-6
- 03: ¿Qué pasó al Principio y qué significado tiene?
- 04: De la Cultura Envenenada al Diluvio Universal - Estudio de la Creación, Unidad 2
- 05: Las consecuencias del Diluvio, Babel, el Problema y la Solución
- 06: La edad de la Tierra y por qué es Importante
- 07: Por qué observar y estudiar el mundo que nos rodea
- 08: ¿Qué hay con los dinosaurios?
- 09: ¿Qué hay con los extraterrestres?
- 10: Información y por qué es importante la Creación Bíblica
- ¿Cómo compartir la aplicación Creation Study Helps?

Para ver más vídeos, visita nuestro Canal de YouTube de Creation Study Helps

Ayudas Visuales

Estas imágenes son utilizables y copiables para objetivos de enseñanza e instrucción o para uso personal. Los autores y profesores de "Un Estudio De La Creación De Dios..." utilizan muchas de ellas, que están protegidas por derechos de autor, en sus presentaciones y formación sobre la creación bíblica. Se pueden pasar a otros libremente con su permiso. Ninguna puede ser vendida.

Roland y Faylene Beard

Arca - representaciones artísticas del Arca de Noé a escala.
Hvns - registros de observación del estudio de objetos del cielo nocturno
Mar - fósiles marinos
Madera petrificada - madera fosilizada
Roca sedimentaria - imágenes de capas de roca sedimentaria
Haz clic aquí para descargar imágenes más grandes

Arca

La Biblia proporciona las dimensiones del Arca y algunas de sus características. Nadie tiene más información que pueda ser verificada. Sin embargo, el Arca era probablemente como una gran barcaza, como sugieren los conceptos de estos artistas. Los estudios muestran que su forma y características generales eran adecuadas para la tarea.

Arca en el Diluvio

El Arca desde lejos cerca de los volcanes

The Ark

- Height: 30 cubits
- Length: 300 cubits
- Width: 50 cubits
- 3 decks; roof to cubit above (Genesis 6:14-16)

Scale conversion: 1 cubit ~ 18" or 45 centimeters
(Vessel is 1.3 soccer fields long and over 3 stories tall; length to width ratio is 6)

Arca con Escalado

Hvns

Los cielos

Los cielos se mencionan en el cuarto día de la creación en Génesis 1, el Salmo 19 y otros versículos bíblicos. Se anima a observarlos. Estas imágenes son observaciones reales realizadas con herramientas astronómicas en un entorno doméstico en los Estados Unidos. Se representan varios tipos de objetos y muchas de las hojas de observación tienen detalles sobre el equipamiento. El autor, Roland Beard, a menudo presenta un versículo bíblico en las hojas de observación.

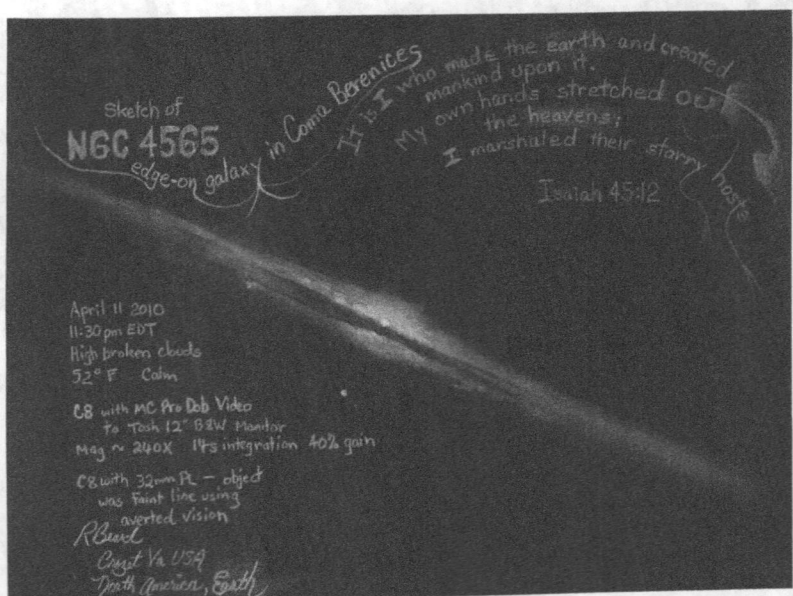

Borde de la Galaxia

Galaxia y Nebulosa Variable

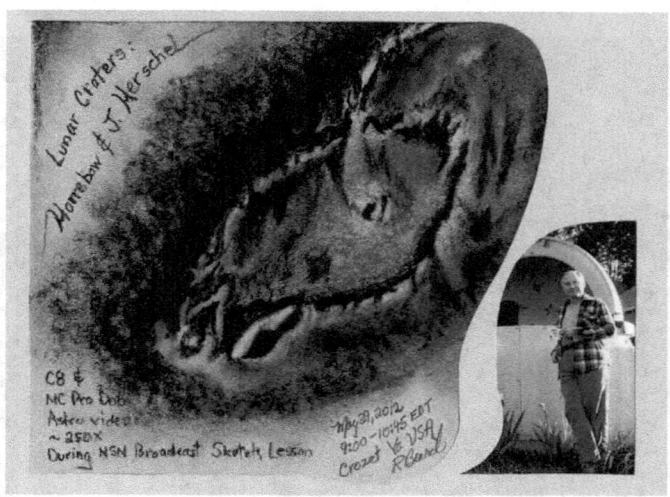
Cráter Lunar

Luna Llena

Nebulosa planetaria M27

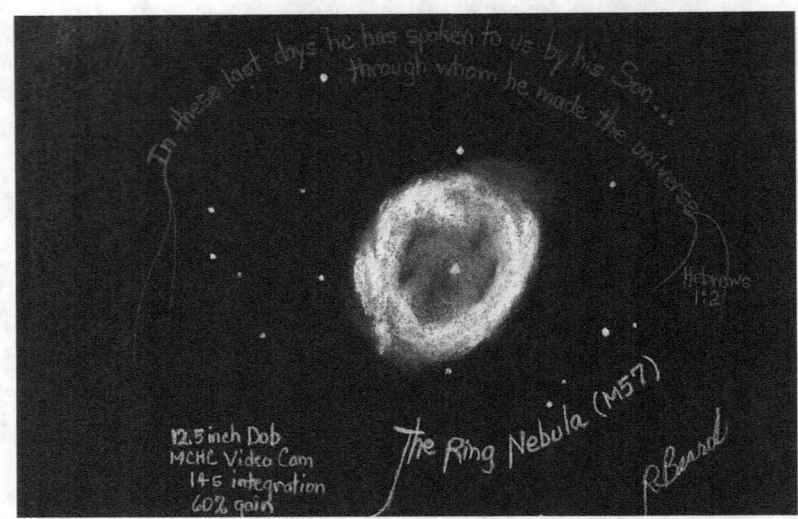

Nebulosa Planetaria

Luna en Otoño

Nebulosa Trífida

Mar

Los fósiles marinos constituyen la gran mayoría de los tipos de fósiles que se pueden encontrar alrededor del mundo. Los autores de "Un Estudio De La Creación De Dios..." han encontrado algunos en varios lugares de los Estados Unidos y los utilizan en sus entrenamientos y exposiciones. Los fósiles marinos se desarrollaron durante el Diluvio del Génesis. Si se sabe dónde buscar, se pueden encontrar desde las montañas más altas hasta debajo de los mares. Son un elemento clave del Diluvio del Génesis en todo el mundo.

Disposición de un Cefalópodo

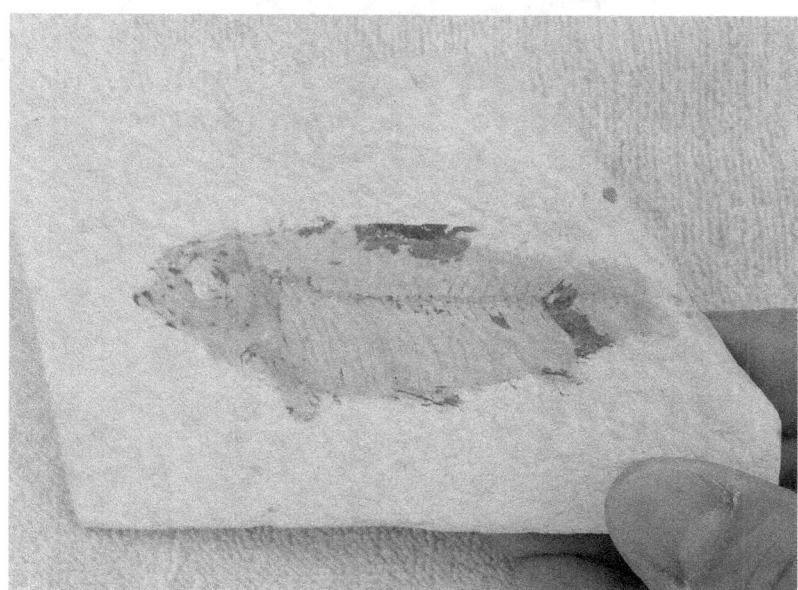

Fósil de Pez

Fósil Vegetal

Fósil de Voncha en Virginia Occidental

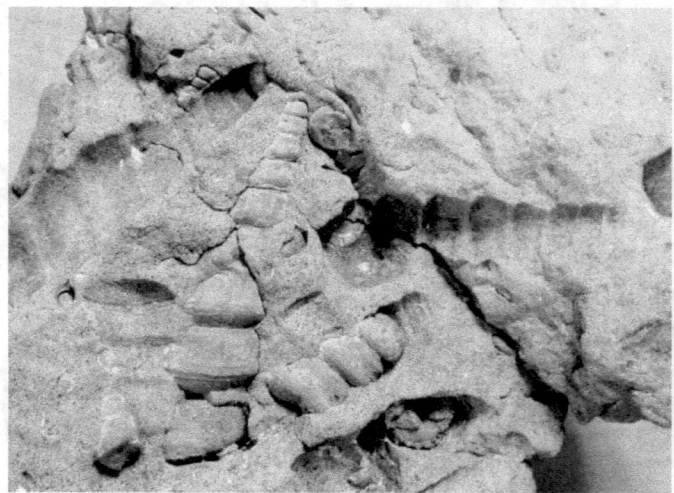
Molusco Turritella

Fósiles de Conchas en Virginia Occidental

Madera Petrificada

La fosilización requiere condiciones especiales. Gran parte del follaje (árboles y arbustos) quedó atrapado en los sedimentos que fueron depositados cerca del comienzo del Diluvio. El proceso químico para su fosilización dio lugar a la madera petrificada que se puede encontrar en todo el mundo. Estos ejemplares proceden de varios lugares del oeste de Estados Unidos. Se pueden encontrar cementerios forestales en muchos lugares. Los trozos de madera petrificada son tan comunes que a veces se utilizan para revestir zanjas de drenaje. Otras piezas son tan hermosas cuando se pulen que cuestan miles de dólares.

Trozo de madera petrificada - Arizona

Trozo de madera petrificada - Arizona

Trozo de madera petrificada - Arizona

Roca Sedimentaria

Dado que dos tercios de la superficie terrestre están cubiertos por capas de roca sedimentaria, no es difícil encontrar un registro de estas capas a lo largo de carreteras, desprendimientos, cañones y obras de construcción. Estas son algunas imágenes de varios estados de EE.UU. que muestran capas dobladas y plegadas cerca de carreteras públicas. También se pueden encontrar marcas de agua del Diluvio en algunas capas, fósiles de árboles que se extienden a través de diferentes capas de sedimento (fósiles polisatélicos), y variedades de colores y espesores en las capas de roca sedimentaria. Todo ello apunta a la violencia mundial del Diluvio del Génesis y a la rápida deposición de sedimentos durante el diluvio.

Capas sedimentarias — Montañas de Utah

Roca sedimentaria doblada — Virginia Occidental

Capas sedimentarias a lo largo de la carretera — Virginia Occidental

Roca sedimentaria fluyendo — Utah

Roca sedimentaria con una curva pronunciada - Virginia

Fósil de roca sedimentaria polisata - Virginia Occidental

Roca sedimentaria con una curva pronunciada - Virginia Occidental

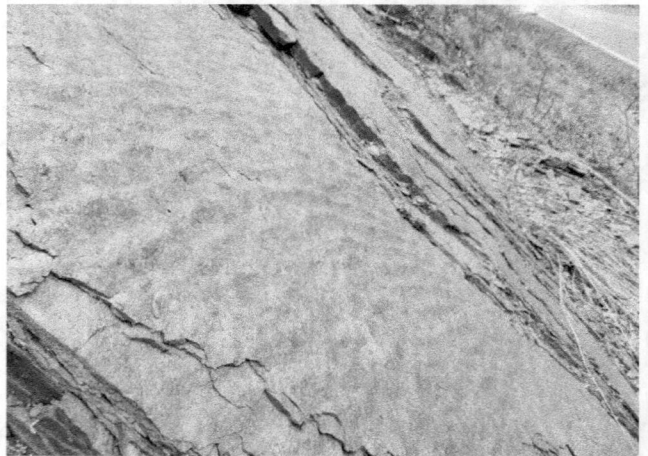

Roca sedimentaria con marcas de agua en la roca - Virginia

Para profundizar en el estudio:

Ponte en contacto con nosotros si tienes preguntas o comentarios escribiendo a:
info@cwm4him.org

Visita: www.cwm4him.org y pulsa el botón de suscripción para saber cuándo tenemos nueva información y blogs.

Enlaces útiles:

https://www.creation.com
Miles de artículos, vídeos y una maravillosa barra de búsqueda para encontrar más material. Con sede en varios países, utilizamos sus recursos con regularidad y demostramos el poder de su sitio cuando formamos a otros.

https://www.icr.org - sitio útil con buenos artículos y recursos.

https://answersingenesis.org - artículos actuales que son útiles.

Sobre el Autor

Roland Beard nació en 1950 en Estados Unidos y se licenció en Ingeniería Aeroespacial en la Universidad de Virginia, en 1973. Tras cuatro años en la Marina estadounidense, pasó más de 25 años como analista y escritor de tendencias técnicas en el gobierno de Estados Unidos. Se jubiló en 2005 para dedicarse a tiempo completo al trabajo cristiano voluntario.

Roland se convirtió en cristiano en la década de 1970, lo que le llevó a una práctica diaria de estudio, y a veces de enseñanza, de la Biblia. La hospitalidad cristiana en el hogar y las funciones ministeriales orientadas a la ayuda práctica se convirtieron en una forma de vida para él y su difunta esposa, Linda. Hacia el año 2000 se convirtió en un ávido observador aficionado de los cielos, lo que le abrió el tema de la Creación bíblica de una manera nueva. Esto le llevó a estudiar en profundidad para ayudar a un grupo de alumnos de escuelas en casa y a las iglesias locales. Se celebraron sesiones de observación astronómica en Estados Unidos y en el extranjero, como herramienta para presentar el Evangelio y a Dios como Creador y Sustentador del universo.

Roland dirigió cada vez más su atención a las necesidades de los niños en las regiones en desarrollo, con proyectos en EE.UU., Uganda y Filipinas. Las necesidades en un ministerio filipino, que incluía una federación de escuelas cristianas, su amor por los niños necesitados y el Espíritu Santo llevaron a Roland a desarrollar un estudio sobre la Creación bíblica, que luego se convirtió en este plan de estudios. El estudio bíblico, publicado en 2013, sigue disponible para descarga gratuita en cwm4him.org.

Roland perdió a su difunta esposa después de que ella soportara múltiples cánceres durante más de 20 años. Conoció el dolor, pero salió de él más fuerte y decidido a ser útil en el campo misionero. Al cabo de un tiempo, se casó con una vieja amiga, cuyo deseo de ser útil a los cristianos y de escribir era como el suyo.

En la actualidad, Roland y su esposa, Faylene, dividen su tiempo entre la labor misionera en Asia (principalmente en Filipinas) y en Estados Unidos. Tienen una pequeña cabaña en Virginia Occidental, donde escriben y observan los cielos u otras partes de Su Creación. Tienen muchos hijos, así como hijos del corazón, a los que animan y exhortan a conocer a Jesucristo.

www.ingramcontent.com/pod-product-compliance
Lightning Source LLC
Chambersburg PA
CBHW081741100526
44592CB00015B/2253

El Arca desde lejos cerca de los volcanes

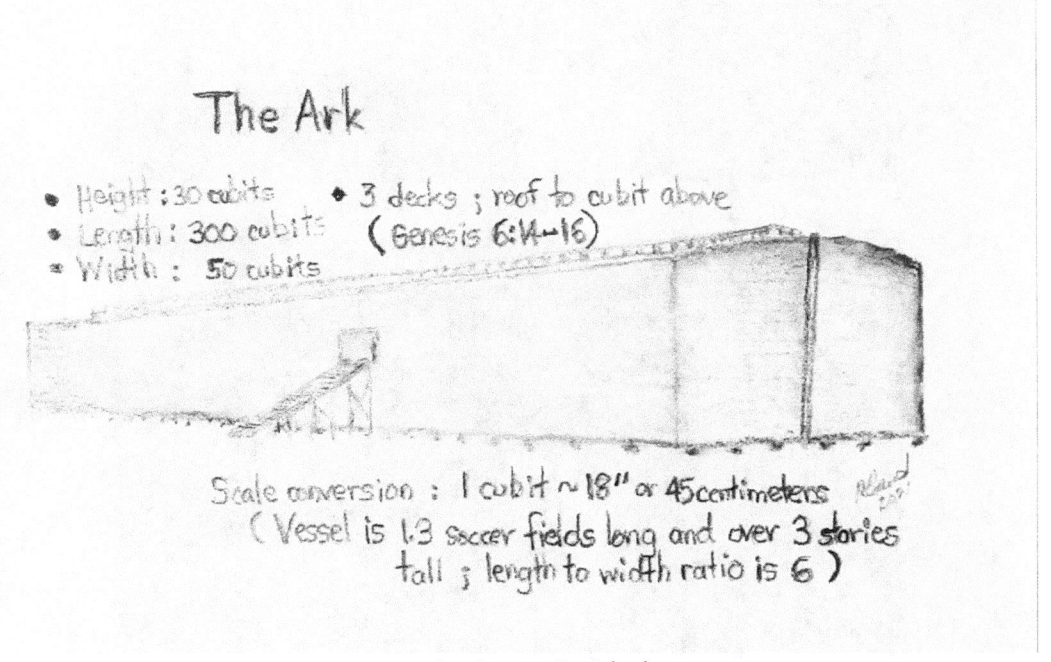
Arca con Escalado

Hvns
Los cielos

Los cielos se mencionan en el cuarto día de la creación en Génesis 1, el Salmo 19 y otros versículos bíblicos. Se anima a observarlos. Estas imágenes son observaciones reales realizadas con herramientas astronómicas en un entorno doméstico en los Estados Unidos. Se representan varios tipos de objetos y muchas de las hojas de observación tienen detalles sobre el equipamiento. El autor, Roland Beard, a menudo presenta un versículo bíblico en las hojas de observación.

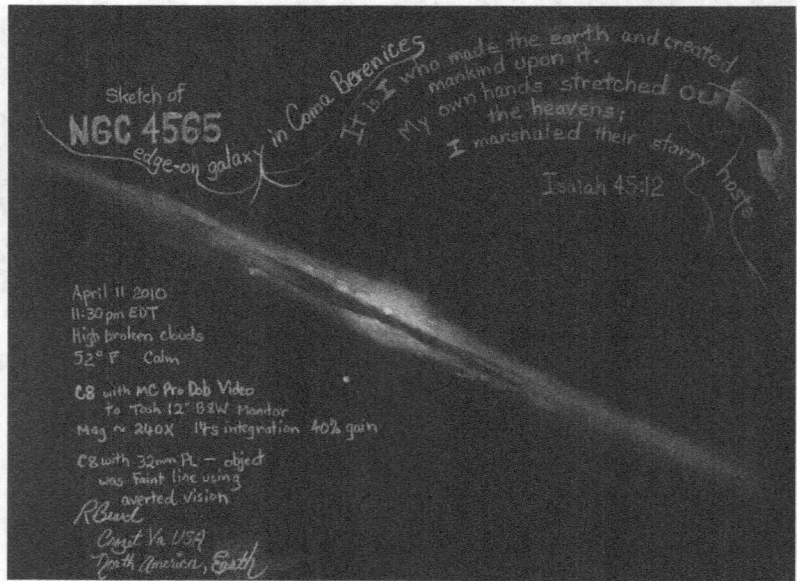

Borde de la Galaxia

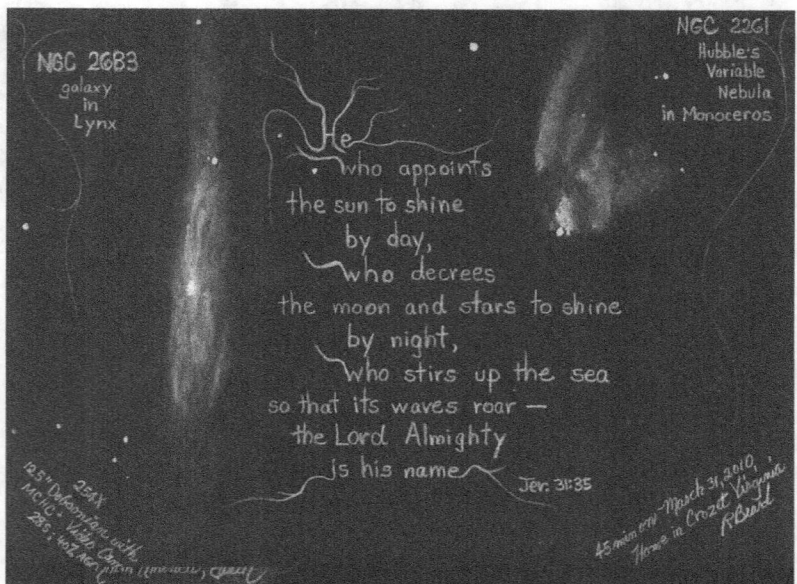

Galaxia y Nebulosa Variable